本书的出版受到西北师范大学教育学院的资助

农村教育综合改革政策的理路转向

——由农村"三教统筹"到城乡教育统筹

周晔 著

中国社会科学出版社

图书在版编目(CIP)数据

农村教育综合改革政策的理路转向：由农村"三教统筹"到城乡
教育统筹/周晔著. —北京：中国社会科学出版社，2017.3
ISBN 978 - 7 - 5161 - 9511 - 6

Ⅰ.①农…　Ⅱ.①周…　Ⅲ.①乡村教育—教育改革—
研究—中国　Ⅳ.①G725

中国版本图书馆 CIP 数据核字(2016)第 308821 号

出 版 人	赵剑英
选题策划	罗　莉
责任编辑	刘　艳
责任校对	陈　晨
责任印制	戴　宽

出　　版	中国社会科学出版社
社　　址	北京鼓楼西大街甲 158 号
邮　　编	100720
网　　址	http://www.csspw.cn
发 行 部	010 - 84083685
门 市 部	010 - 84029450
经　　销	新华书店及其他书店

印刷装订	北京明恒达印务有限公司
版　　次	2017 年 3 月第 1 版
印　　次	2017 年 3 月第 1 次印刷

开　　本	710×1000　1/16
印　　张	19.25
插　　页	2
字　　数	319 千字
定　　价	89.00 元

目　　录

图表目录

序　言

　　1978 年，党的十一届三中全会揭开了我国社会主义建设史上的新篇章，包括教育事业在内的各项事业进入了发展的新阶段。毋庸置疑，30 多年来，我国的教育事业取得了举世瞩目的成就。

　　教育是社会大系统中的一个子系统。我国当前的教育事业存在宏观层面的两大基本问题：一是教育需求与教育资源有限（尤其是优质教育资源紧缺）的矛盾；二是农村教育发展滞后，城乡教育差距过大的问题。这也是社会的两大矛盾——人口与资源紧缺的矛盾，农业、农村与工业、城市的矛盾——在教育领域的"射影"。

　　对于我国的城乡关系而言，1996 年中国科学院国情分析研究小组发表了国情研究第三号报告《城市与乡村——中国城乡矛盾与协调发展研究》，研究得出如下结论：一是城乡矛盾是中国现代社会的基本矛盾之一；二是城乡分割造成了城市化滞后、现代化受阻和农村贫困化等多种危害；三是传统发展战略和传统体制是造成城乡发展不协调的症结所在。这些结论同样可以对应于我国城乡教育。

　　对于教育事业来说，教育政策是关于教育机会、教育资源分配或调整的政府的规定和规则，直接关系到政策相关群体的利益，也是关涉教育事业发展的主要因素。在我国，教育政策的广泛研究始于 20 世纪 80 年代末。近 10 多年来，农村教育已经成为政府和全社会关注的重点领域，农村教育研究已经成为教育学界研究的热点，这在很大程度上是因为农村教育问题已经成为教育热点和社会焦点。

　　在城乡二元分制的制度背景下和教育资源有限的情况下，20 世纪 80 年代，我国开始了以"三教统筹"为主要特征的农村教育综合改革，至今，农村"三教统筹"在国家政策层面仍被不断提及和强调。30 多年来，以"三教统筹"为"旗帜"的农村教育综合改革到底取得了什么样的成效？为什么取得了如此成效？这是需要回答的问题。21世纪以来，毋庸讳言，我国的农村教育发展相对于城市教育发展而言已经大大落后，城乡教育差距超出了教育公平的底线。在这样的现实背景下，国家开始重视城乡教育统筹，意味着要打破城乡教育二元壁垒，在更高层次上对农村教育进行综合改革。为什么农村教育综合改革在国家政策层面会发生如此转向？城乡教育又该如何统筹？

《农村教育综合改革政策的理路转向——由农村"三教统筹"到城乡教育统筹》一书较好地回答了上述问题。本书是在笔者的博士学位论文《农村"三教统筹"政策之问题研究》（该研究受到顾明远教育发展基金资助，在此致谢！）的基础上，查阅大量文献资料，经过持续研究，修改完善而成的。该书从教育政策的角度，较为全面地梳理了以农村"三教统筹"为旗帜的农村教育综合改革政策，较为深入地论述了政策成效并进行了归因分析，揭示了政策背后的价值取向，在此基础上，进一步讨论了当前和今后一段时期内，农村教育综合改革要在城乡教育统筹的理念和方法论指导下进行。

全书分为九章。第一章为绪论，交代研究缘起、研究思路、研究方法论与方法和研究意义。第二章为研究现状与概念界定。第三章梳理了农村"三教统筹"由地方经验到国家政策的历程，交代了农村"三教统筹"的实践和经验，并做了政策定性分析。第四章论述了农村"三教统筹"政策的成效检视与现实困境，交代了教育政策成效评价的理论，从宏观层面考察了政策的成效，以甘肃省Q县的个案论证了政策的现实困境。第五章揭示了农村"三教统筹"政策的价值取向与对象主体需求之矛盾，阐明了教育政策应有的价值标准，论述了政策的价值取向及其必然性，并指出了政策价值取向与政策对象主体对教育需求的矛盾性。第六章分析了农村"三教统筹"政策的运行及其问题。第七章论述了农村"三教统筹"的历史价值。第八章阐述了城乡教育统筹的理念与方法论、政策背景，交代了什么是城乡教育统筹和为什么要进行城乡教育统筹。第九章提出了城乡教育统筹的架构与策略。

农村教育问题的复杂性与严重性决定了农村教育改革的复杂性与艰

巨性，本书也仅仅是对农村教育综合改革政策的一种探讨，在研究思考
与行文写作的过程中，难免顾此失彼，可能还存在一些不足，需要笔者
不断去进行深入的研究，也请方家不吝赐教。

周　晔

2016 年 7 月

前　言

　　农村教育在发展过程中出现的诸多问题和导致城乡教育差距不断扩大问题的因素，除了历史、地理条件等"自然"因素外，更重要的在于我国长久以来实行城乡二元割裂的教育政策以及农村教育政策执行不力等"人为"因素，而后者关乎社会的公平与正义。

　　始于 20 世纪 80 年代的农村教育综合改革，是由政府发起和推动的，其中农村"三教统筹"便是其标志内容和主要途径。农村"三教统筹"由最初一些地方政府改革农村教育的实践匆匆走上国家政策层面，成为 30 多年来国家（政府）改革农村教育的政策工具。对农村"三教统筹"政策从政策要素各方面考察，发现其属于"软性政策"，这也在一定程度上注定了"三教统筹"政策的成效不足的必然性。"三教统筹"政策的成效不足主要表现在两个方面：一是农村三种教育（基础教育、职业教育和成人教育）各自没有得到很好的发展；二是三种教育之间的结构不合理，尤其是职业教育和成人教育不能满足农村社会发展需要。这说明"三教统筹"政策的目标达成度低，也说明农村教育综合改革的成效不足。

　　关于农村"三教统筹"政策成效不足的问题，除了政策本身属于"软性政策"之外，还因为：一是农村"三教统筹"政策所体现的深层次价值取向与政策对象主体对教育需求（价值取向）相矛盾；二是在我国教育行政体制内的农村"三教统筹"政策在运行中遭遇多重困境。

　　研究发现，改革开放以来，我国国家（政府）方针、政策的价值取向（比如：教育方针的社会为本、国家至上；国家战略的效率优先、城市优先；教育政策的城乡二元割裂、城市偏向；等等）决定了"三教统筹"政策的深层次价值取向，其包括：社会为本，国家至上；效率优先，公平缺失；"留农"倾向，城乡割裂。这种实然价值取向在一定程度上违背了教育政策应有的基本价值标准——"以人为本"与"教育平等"。"三教统筹"政策所体现的深层次价值取向与在城乡二元社会境况下的"三教统筹"政策对象主体（农民及其子女）对教育的现实"有效需求"之间存在巨大落差和矛盾。

另外，农村"三教统筹"政策的运行具有历经多个层级，牵涉多个部门的特征，这决定了其一方面遭遇来自政府纵向层级的委托—代理问题的困扰，另一方面受到横向政府部门之间的过度张力，而这又与农村"三教统筹"政策的"软性"直接相关。这些导致理论上的农村"三教统筹"政策的运行机制在实践中无法落实，进而致使农村"三教统筹"政策在现实中的运行表现出统筹领导机构形同虚设、统筹制度和配套性政策不完善、相关部门的统筹协调名存实亡等种种问题。

当前和未来一段时期内，农村教育综合改革既要面向农村又要跳出农村，既要针对教育本身的问题又要具有全社会的大视野。要克服历史上农村教育综合改革的农村"三教统筹"政策的问题，使农村教育摆脱"内卷化"的发展困境，必须动"大手术"，需要克服城乡二元割裂思维，对农村教育进行重新理解与定位。政府要将教育统筹治理作为指导教育改革的思维和工作方法，即树立新的政府教育治理理念，在更高层次上考虑农村教育的改革与发展，确立城乡教育一体化的战略目标，对城乡教育进行统筹治理，做出新的政策设计与制度安排，并且从实践领域不断总结、推广经验。

第一章 绪论

第一节 研究缘起

研究之路，从"问题"出发，一上路就需带着一种情怀和关切，旅途中需有刺激和好奇相伴，如此到达终点才会有所得。"问题"在哪里？对人文社会科学研究而言，有一种"问题"源于研究者的经历，是久久萦绕在心头的挥之不去并渐浓的情怀和关切；研究之旅不会像欣赏沿途风景那般惬意，需要受到强烈的刺激，激起研究者对其刨根问底的好奇与勇气；研究之旅不能盲从他人，浅尝辄止，要有一种责任与使命感的催促。

一 求学之旅中的农村教育

笔者出生在甘肃省的一个贫困山村，没有接受过幼儿园教育和学前班教育（本村和周边村落也没有幼儿园，小学也没有学前班），8周岁之前，一直期盼着入学，1988 年（8 周岁后）入村小，学校占地一亩多，全校五个年级，五个班，50 多名学生，两间土坯教室，两位民办老师，开语文和数学两门课程，复式教学①。1993 年，笔者和同村伙伴步行七八里路去别的村子上六年级，刚入校，学校之大，叫人瞠目，小学里竟可以有十几间教室，几百名学生，几十位教师，居然开设自然课程。1994 年，以全年级第三名的小学毕业成绩顺利升

---

① 复式教学，是指教师在一节课里对两个或两个以上年级的学生交替进行教学的方式。教师给一个年级讲课，让其他年级学生自学、做作业或复习。

入初中，初中有三个年级，四个班（一个初三复读班）。1997 年以应届班四十几人中的第三名考入县城二中（其时全县仅有两所非完全高中），第四名没有考上中专或高中，没有考上高中或中专的大部分应届毕业生准备复读，有几个在家务农，几个外出打工。在农村，接触最多的职业就是教师，从入小学，立志将来做教师，2000 年考入西北师范大学。

要想继续学业，只有经过考试。求学一路，拼命走来，发现自己周围的同龄人一个个被考试层层"过滤"。出身农村的我，历经层层"关口"，挤过高考"独木桥"，逐渐进入了今天所谓的知识分子阶层，成为了被父老乡亲和儿时伙伴羡慕的大学教师，在空间和时间上都远离了那个生我养我的山村和儿时的伙伴。

伴随着我的求学经历，农村地区，村落荒凉萧条，高中生屈指可数，大学生依然寥寥。近些年来，虽然农村学生升入高等学校的人数增多了，但是升入普通高校（尤其是重点大学）的农村学生的比例严重下滑了。2006 年 1 月，国家教育科学"十五"规划课题"我国高等教育公平问题的研究"课题组发布了一项调查研究结果，结果表明，随着学历的提高，城乡之间的差距逐渐拉大——在城市，高中、中专、大专、本科、研究生学历人口的比例分别是农村的 3.5 倍、16.5 倍、55.5 倍、281.55 倍、323 倍。课题组同时还对国家重点高校进行了调查。清华大学、北京大学、北京师范大学等国家重点大学，20 世纪 90 年代以来招收的新生中，农村学生的比例呈下降趋势：清华大学 2000 年农村学生的比例为 17.6%，比 1990 年减少 4.1个百分点；北京大学 1999 年农村学生比例为 16.3%，比 1991 年减少2.5 个百分点；而北京师范大学 2002 年的农村学生的比例为 22.3%，比 1990 年减少了 5.7 个百分点。2009 年 1 月初，新华社播发了国务院总理温家宝的署名文章，文中提到"过去我们上大学的时候，班里农村的孩子几乎占到 80%，甚至还要高，现在不同了，农村学生的比重下降了"。2009 年 8 月发表在《中国青年报》上的《上不了重点高中只因为我生在农村》一文更是代表了大多数农村孩子对城乡教育不公平的控诉之心声。①

农村职业教育大都存在"三无"问题，即无场地、无设备、无师资，教育过程存在形式化、走过场的问题。成人教育在曾经的"扫盲"教育之后更是凋敝惨淡，有名无实。农村大多数没有升入高中的初中毕业生，没有机会和条件接受职业教育，就匆匆进入了社会，他们要么早早结婚生子，要么进城打工。农民更是没有再受教育的机会，年轻力壮的大多数进城打工，出卖体力，由此导致现今的很多农村社会人口结构畸形，农村社会呈现出凋敝的景象。

法国社会学家布尔迪厄（Pierre Bourdieu）在《文化资本和社会炼金术》中有一段话：

> 在法国，如果你来自一个遥远的省份，如果出生在卢瓦尔省的南部，你就被赋予了某些与殖民地状况相似的特征，你就被授予了一种客观的和主观的外在性，你就被放到了一种与法国社会核心体制的特殊关系之中，因而也就被放到了与知识分子体制的特殊关系之中。此外，还存在着社会种族主义微妙的（和并非微妙的）形式，这迫使你具有某种觉察力；而不断地提醒你的他者的外在性，也刺激了一种永恒的社会学方面的警惕。这会帮助你觉察其他人无法看到或感觉到的东西。②

这段话令人感动，很容易让人"对号入座"。当然，对于中国的城乡而言，对于那些生长在中国城市、不了解农村社会生活和农村教育现

---

① 2009年8月4日，《中国青年报》发表了《上不了重点高中只因为我生在农村》一文，通过"一个进不了重点高中的农村孩子"的来信，展示真实的农村教育。来信内容为："我是一名初三毕业生，家在山东乳山市的一个农村。可是我中考因3分之差落榜了，市里重点高中针对农村的分数线是678分，我只考了675分，没达到我们那里中考的重点线。我很难过，也很生自己的气，怎么就不能多考几分呢？可是我不明白，为什么同样教材同样的试卷，城里的学生只需要601分就可以上重点高中？为什么他们的中考分数比我差得远却可以上？我也好想当城里的孩子啊！"信中最后写道："我的命运，就是中国农村孩子的命运，我给你们写信，不仅是为了自己，也是为了农村那沉默的一群！"http//www.chinanews.com.cn/edu/edu-jygg/news/2009/08-04/1803105.shtml.

② ［法］布尔迪厄：《文化资本和社会炼金术》，包亚明译，上海人民出版社1997年版，第51页。

实的人来说，是不会有同感的；对于那些生活在传统的农业社会的人们来说，如果他们所习惯了的生活轨迹并没有遇到现实的冲击，那么也可能感受不到甚至无法理解。尽管布尔迪厄把学校看作在发达的民族国家中为社会等级制度提供证明的极为重要的制度机制，但他的理论（主要是再生产理论）对社会主义中国不断拉大的城乡差距，尤其是城乡教育差距，对出生于城乡的人的不同影响似乎具有很强的解释力。

我的求学经历的背景是农村教育，对农村教育有感情。随着时间的推移，对农村教育的关注成为我渐浓的情怀。2004 年以来，我先后去甘肃、宁夏等地的农村进行教育调研，在行走中发现，虽然历史车轮滚滚向前，但农村地区的教育在诸多实质内容方面与我的求学经历何其"神"似。

可以说，农村教育并没有因为国家教育规模的发展和整体教育水平的提高而有多大改变，城乡教育差距伴随着几乎与改革开放同龄的农村教育改革的推进而越拉越大。这就不得不让人追问：农村教育怎么了？城乡教育差距为何如此之大？也不得不让人思考：已进行了 20 多年的以农村"三教统筹"和"农科教结合"为主要内容标志的农村教育综合改革，有什么实质性的成效与意义？

二 实地调研中的强烈感触

翻开改革开放 30 多年来涉及农村教育的政策文件和领导讲话文本，有一个关键词频频撞击人的眼球，2009 年第 3 期的《内蒙古教育》在"改革开放三十年教育新名词辑录"中赫然将其排在第一位，它就是农村"三教统筹"。农村"三教统筹"，作为农村教育综合改革的一项重要措施性政策，于 20 世纪 80 年代末提出，近 20 多年来，它到底在农村地区教育中发挥了怎样的作用？其现实境况如何？

前元庄，山西省一个偏僻的小山村，却因为农村教育改革的农村"三教统筹"而受到国家领导人、媒体、学者的关注，常常贵客盈门，成为了农村教育改革成功的模范，成为了全国农村学习的榜样，名声大噪。做农村教育研究，"断不能不深入乡间从农民实际生活里，去找问题去找材料去求方法来研究试验，否则坐在都市的图书室里讲农村教育，那就是等于闭门造车，隔靴搔痒"①。2008 年，我们去前元庄调研，结果出乎我们的意料！前元庄的今天并不像媒体所宣传的那样，而是已经像很多农村学校一样面临诸多问题。较之从前的风光红火，如今的前元庄学校已物是人非，门庭冷落，甚至已经陷入难以为继的境地。

现在全校大概 27 间教室，大多数教室门窗紧锁，透过玻璃看去，里面尽是学生桌椅，覆着厚厚的尘土。逸夫教学楼竟有一半多的教室都空着，有人的教室最多也不过稀稀落落 10 多人，一、二年级各 4 人，三年级 8 人，五年级 9 人，六年级 17 人，初二 14 人，初三 12 人，全校一共 68 名学生。学前班只有 5 名学生，且来去自由，有时候村民忙起来就把孩子送到学前班来，不忙了就把孩子接走。全校 30 多位教师，一般教师都比较清闲。而全校的劳技课只由 50 多岁的康某一人来教。位于校园角落的仪器室、实验室、劳技教室里尽是落满了灰尘的桌椅，同时也成为了摩托车车库。从前免费为村民开放的学校图书室也已被冷落，尘土盖住了书架。村民们觉得在前元庄实验学校学不到什么挣钱的本领，什么摩托车维修、种植、养殖的都没用，所以也基本上不让孩子去前元庄实验学校上课。

曾经的光荣与梦想已"零落成泥碾作尘"，现在前元庄的农村"三教统筹"已经在很大程度上是有名无实了，成了"曾经的美好回忆"和"现在的花瓶摆设"，失去了实质的内容和意义，我们也发现从教育主管部门到一线校长、教师，从广大农民到农村学生都对这样的教育模式态度冷漠。而笔者不止一次地听到，现在之所以保留"前元庄实验学校"的牌子，"是为了应付上面检查"等耐人寻味的话语。

调研前后的巨大落差的重重刺激，让人不得不追问：被政府极为重视并大力推行的农村教育改革的农村"三教统筹"政策出了什么问题？当下的农村教育该如何进行综合改革？

三　农村教育改革回顾、总结、反思的必要性

历史给我们最大的教训是，我们没有从历史中吸取教训。而要吸

---

① 晏阳初、[美]赛珍珠：《告语人民》，广西师范大学出版社 2003 年版，第 38 页。

取历史的教训，就要对历史进行回顾、总结，更重要的是反思，反思惯常的一些认识。当然，历史纵向地来说，新中国成立以来，尤其是党的十一届三中全会以来，我国的教育事业有了很大发展，农村教育也取得了很大成就。可以说，改革开放 30 年也是农村教育改革的 30 年，而农村教育综合改革也已进行了 20 多年，农村"三教统筹"政策提出已经 20 年有余，至今还频频出现在有关农村教育的政策文本中。在大家都回顾总结改革开放 30 年来的历史巨变、歌功颂德的社会气氛中，对历史多一些反思，甚至批判，对现实和未来也许是好事，是负责任的态度。

现在是一个价值多元与利益多样化的时代，不同的人有不同的需求与期望，对教育有不同的利益追求，试图通过教育实现不同的目的，所以今天的教育成了一个利益冲突集中的领域。对于教育改革而言，其实质是关于实现什么样的教育发展和怎样发展教育的问题。这是一个涉及改革价值取向和改革伦理的问题。①

农村"三教统筹"作为 20 世纪出现的农村教育改革的旗帜，至今在国家政策层面仍被一而再再而三地提及、强调。今天，面对农村"三教统筹"的现实困境，很有必要对其作出历史回顾、总结，更重要的是反思，因为它涉及对象主体的切身利益，也关涉改革的价值取向和改革的伦理。所以，对以下问题的回答显得很重要：在中国特定历史时期产生的农村"三教统筹"政策，为何在今天的现实中遭遇困境？困境的深层次原因又是什么？

回顾、总结和反思过去是为了正视现实，规划未来。我们必须认真总结农村教育改革和发展的经验教训，正视存在的问题，分析面临的形势和要求，探讨未来的改革与发展道路。对于只针对农村地区的农村"三教统筹"政策而言，需要对其进行回顾、总结和反思。

四　农村教育综合改革将走向何方

在人类社会发展的历史长河中，当今的社会对教育的关心与重视程

---

① 劳凯声：《中国教育改革 30 年：政策与法律卷》，北京师范大学出版社 2009 年版，前言第 1 页。

度达到了空前。或许，正如智利诗人米斯拉特尔（Gabriela Mistral）所言："我们所需要的很多东西都可以等待，但孩子所需要的东西却不能等待。他的骨骼正在成型，他的血液正在形成，他的心灵正在发展。我们不能对他说明天，他的名字就叫今天。"① 一方面，由于教育资源的有限性和优质教育资源的稀缺性，尽管教育对个人、家庭、社会、国家和民族发展至关重要，但并不意味着每个人都可以获得他想要的教育。另一方面，任何改革都意味着利益的重新分配。在教育资源有限的背景下，作为教育改革工具的教育政策，其代表政府"权威性价值分配方案"，直接关系到教育相关群体教育利益的分配。因此，对于教育改革中的教育政策而言，"如何分配"不仅仅是技术性问题，同时还必须接受社会大众对其进行伦理与道德审判。对于教育政策研究，就需要探讨其背后的价值问题。

回顾历史，立足当下，放眼未来。农村教育综合改革一路走来，有什么得与失？支撑得与失的教育政策的价值取向是什么？将来，农村教育综合改革需要在哪些应有的价值取向之下运行？农村教育综合改革将走向何方？这些理论和现实问题是需要回答的。

上述研究缘起催生出来的问题，可归结为一个问题：农村教育综合改革政策的理路转向。历史地看，其经历了由农村"三教统筹"到城乡教育统筹的转向。

第二节　研究方法论与方法

教育研究方法的选择和运用既要服从与服务于教育研究的目标，同时也要依据于研究对象自身的特征。方法论主要解决的是整体研究的规范性、合理性问题，而方法主要解决的是具体研究的操作性、可行性问题。科学研究方法的最高层次，应该说是马克思主义认识论，也就是辩证唯物主义与历史唯物主义的认识论或方法论。②

---

① 刘世清：《教育政策伦理》，上海教育出版社 2010 年版，第 2 页。
② 李秉德：《教育科学研究方法》，人民教育出版社 2001 年版，第 28 页。

一 研究方法论

（一）马克思主义认识论

马克思主义认识论是本研究的最基本的也是最大的指导思想。在马克思主义认识论的指导下研究农村教育综合改革政策的理路转向问题，就是要按农村教育综合改革政策的本来面貌去认识它，克服主观臆断；要将其与整个农村教育综合改革的社会大背景联系起来，与国家的教育方针、法律等联系起来，不能孤立地就政策论政策；要意识到教育政策的表象与其价值取向本质之间存在着矛盾，要透过表象看到其本质；也是要历史地看待农村教育综合改革政策理路转向的历史必然性。

另外，马克思主义认识论特别强调要处理好理论与实践的关系。本研究力求做到理论与实践的呼应、统一，理论来源于实践，能够解释实践，指导实践，实践能够证明和创造理论。

（二）运用多学科理论

近10多年来的中国，农村教育已经成为政府和全社会关注的重点领域，农村研究似乎已经成为教育学界研究的热点，这在很大程度上是因为农村教育问题已经成为教育热点和社会焦点。并且，农村教育其实是按社会地域特征划分的，它含有教育领域的所有"五脏六腑"，当然它也有自身的特殊性。其实，正是它的特殊性才使得农村教育成为了一个研究方向[①]，农村教育的特殊性在一定程度上就是农村社会（包括政治、经济、文化等方面）的特殊性在教育领域的"射影"，农村教育的问题也是多方面因素复杂作用的结果。所以，对农村教育的研究是对"问题域"的研究，它没有自己的专门学科性，没有自己独有的理论框架和理论基础，致使大多数对农村教育的研究成为没有深厚学理支撑的"数据单"和"故事会"。但这并不表示对农村教育的研究可以没有理论依据。正如有学者指出的，当下农村研究尚未获得深厚的学理支撑，主要是经验性研究，其重要原因是方法论的限度。[②]

---

① 北京师范大学自2007年开始正式将"农村教育"作为一个研究方向，开始招收博士研究生。

② 徐勇：《当前中国农村研究方法论问题的反思》，《河北学刊》2006年第2期。

运用多学科（跨学科）的理论和研究方法对农村教育的某一方面的问题进行深入剖析研究，是一种选择。因为，在当今学术研究高度分化又高度综合的背景下，"要阐明和解决我们这个时代的任何一个主要问题，都需要从不止一个学科中选取材料、概念和方法。"① 但这对研究者提出了很高的要求，要求研究者对多个学科有所涉猎，必须对某几个学科的相关理论有深入了解，还必须能够用其来合理、深刻地阐释所要研究的问题。

本研究主要涉及教育学、社会学、政治学和管理学等学科，还涉及其中的许多交叉学科和新兴学科，如教育社会学、教育行政学、教育政策学，等等。另外，本研究还借用了一些其他学科的理论概念，如"有效性需求"、"内卷化"、"张力"等，对一些具体问题进行阐释。笔者试图运用多学科的理论来对该选题进行研究，但由于精力和学术水平所限，唯恐挂一漏万，对问题不能做出合理、深刻的阐释。这也是本研究一个最大的难点。

（三）反思惯常

现在教育领域存在的诸多乱象，一方面是由于教育本身的复杂性决定的，但另一方面在一定程度上是长久以来人们对习以为常的教育问题缺乏应有的警醒和深入反思的结果。所以说，在今天的教育界更需要有"反思常识"的精神品质和智慧能力。

路易斯·沃思（Louis Wirth）在卡尔·曼海姆（Karl Mannheim）的《意识形态与乌托邦》的序言中写到，我们关于一个人所能了解的最重要的事情是他看作当然的事情，关于社会，我们所能了解的最基本的和最重要的事实是那些很少受到争议和一般认为已有定论的事情。②

对于教育而言，正如阿普尔（Apple）所言，要批判性地检视所持有的对教育的假设。这些假设涉及一些很稳固但却常常不被人意识到的，有关科学、人的本质和我们日常课程与教育学理论与实践的理性和

---

① ［美］米尔斯：《社会学的想象力》，陈强、张永强译，生活·读书·新知三联书店2001年版，第153页。

② ［德］卡尔·曼海姆：《意识形态与乌托邦》，鸣黎、李书崇译，商务印书馆2000年版，序言第15页。

政治的预想。①

我们的教育理论与实践中有许多"自然"的常识或假设，如教育方针的不容置疑，城乡教育目标的区别确定，城乡教育的二元割裂思维等等，都需要我们去质疑、反思，进而对其重新认识。本研究希冀尽可能批判地审视这些与农村教育综合改革政策相关的被大多数人认识的常识，揭示其背后的假设基础，并进而追寻其与农村教育综合改革政策成效与不足之间的因果关系。

二　具体研究方法

本研究的主要研究方法有文献研究、个案研究和访谈法。具体如下。

（一）文献研究

文献研究一般包括文献的收集与查阅、文献的鉴别与整理、文献的分析与综合等具体阶段。在本研究中，文献研究包括四大部分。

一是对所有《中国教育报》中涉及农村"三教统筹"的文献进行查阅、鉴别、梳理、分析，从而把握农村"三教统筹"在实践中的进展以及其演变为国家政策的历程脉络。② 笔者在中国国家图书馆对1983年（1983年3月3日至6月2日出版14期试刊）以来的所有《中国教育报》进行了查阅。

二是对自1978年以来的涉及农村教育的政策文本进行阅读，从中找出与农村"三教统筹"相关的政策文本，对其进行解读、分析。这是本研究最重要的文献。与农村"三教统筹"相关的政策文本，包括措施、方针、法律、规定、规划、准则、计划、方案、纲要、条例、细则、意见以及领导人的讲话等文本。按与农村"三教统筹"的相关程度可区分为"背景文献"（如教育方针、纲要等）、"相关文献"（与农

---

① ［美］迈克尔·W.阿普尔：《意识形态与课程》，黄忠敬译，华东师范大学出版社2003年版，序言第3页。

② 之所以选择《中国教育报》，主要考虑到《中国教育报》是教育界国家级报纸，是教育部主办的以教育新闻为主的全国性日报，具有较强的权威性和专业性，能较好地反映党和国家的教育方针、政策及工作部署，能及时地传播教育改革与发展的信息和经验，能较好地反映教育热点、焦点问题。

村教育相关的政策）和"最相关文献"（直接涉及农村"三教统筹"政策的文献），其中农村"三教统筹""最相关文献"是本研究关注的重点。

三是对甘肃省及 Q 县的与农村"三教统筹"相关的地方教育政策文本进行搜集、筛选、分析。

四是对农村教育综合改革和城乡教育统筹相关的研究文献进行梳理、分析，为本研究奠定理论基础。

文献研究是本研究最主要的研究方法。

（二）个案研究

个案研究法就是对个体对象进行全面而深入的研究。本研究中的个案研究包括两部分。

一是选取东部的山东平度、中部的山西临猗和西部的甘肃清水县，作为历史上农村教育综合改革的农村"三教统筹"在地方实践的个案代表。之所以选择这几个县作为个案，主要考虑到这几个县都是国家农村教育综合改革试验县，改革起步早，经验成熟，是国家农村教育综合改革先进县。另外，笔者发现，这几个县也是被《中国教育报》多次报道的"明星县"。笔者试图通过对它们各自在农村"三教统筹"方面的具体改革操作进行叙述的基础上，进而分析它们的共同之处，再归纳总结出农村"三教统筹"的一般经验来。

二是选取了甘肃省 Q 县作为农村"三教统筹"政策的运行及其成效的个案。该个案研究的材料来源于笔者 2004 年在甘肃省 Q 县进行的为期近一个月的"农村教育综合改革"的调查的一部分。对该个案的研究笔者具有很大的便利条件，获得的一手资料的可信度高。[①] 对该个案进行深入的调查研究，目的有二：一是对农村"三教统筹"政策在Q 县的具体实践中的运行状况与成效作出描述、判断，对第三章的判断予以呼应和补充印证；二是对农村"三教统筹"政策在地方的运行机制及其遭遇的问题予以呈现，为后文的论证提供实践材料。

---

① 笔者生于甘肃农村，对甘肃农村教育状况比较熟悉，此其一；其二，笔者作为"内部人"，无论语言、生活习惯等方面都与该地相近或相似，沟通交流非常方便，也容易排除被调查者的排斥；其三，人缘优势，当时当地教育局局长是笔者硕士生导师以前的学生，这给笔者的调查提供了很大的方便，甚至许多轻易不给"外人"看的重要文献资料，笔者都能获得。

（三）访谈法

访谈"是研究者通过口头谈话的方式从被研究者那里收集（或者说'建构'）第一手资料的一种研究方法"。根据研究者对访谈结构的控制程度，访谈可以分成封闭型、开放型和半开放型三种类型。[①]

本研究的访谈主要是指在甘肃省 Q 县实地调研期间的开放性和半开放性访谈。访谈的对象有县教育局领导、学校校长、教师、学生和村民。为了尽量消除访谈对象的戒备心理，获得真实可靠的信息，笔者在调查访谈中，除了与他们"混熟"之外，还不能有录音设备，所以访谈几乎都是在"随便聊天"中进行的，有时就是在酒桌上。[②] 关于访谈资料的整理，坚持"不过夜"原则，几乎每天晚上，笔者都尽力将当天的"收获"原汁原味地记录下来，进行整理。鉴于访谈对象多是站在自身的立场上和笔者谈话的，没有一个绝对权威的理由或是非常理性的根据，笔者经常要对同一问题的不同对象的不同反馈作出相互印证等处理，以使访谈结果尽量接近事实真相。

研究农村教育及其政策，让其直接利益相关方说话，从他们的角度来认识问题，这是本研究的基本立场之一。通过访谈获得访谈对象主体对农村教育综合改革政策的看法和评价，进而检视其成效及政策运行状况。

当然，本研究还用到了比较法、实地调查等其他方法。另外，本研究对上述方法进行交叉综合使用，有时难分彼此。

第三节　研究的意义

一　实践意义

教育政策是国家（政府）对教育相关利益进行分配和调整的治理工具，其本身除了要追求效率，实现社会价值之外，更应该有助于实现教育的公平和社会的公正，为帮助其对象主体实现自身的发展服务，实

---

① 陈向明：《质的研究方法与社会科学研究》，教育科学出版社 2000 年版，第 324 页。

② 即便如此，也不可能完全消除访谈对象的戒备心理。在笔者调研过程中和结束时，教育局领导和有的学校校长不止一次地提醒笔者"要隐去教育局名称"、"不要点我们学校名"，等等。

现政府教育"善治"的目标。在巨大的城乡差距面前，农村及其子弟无疑是受教育的弱势群体，他们要实现向上流动，唯一体面或有尊严的途径就是教育。所以，我们的教育政策更应该关照他们的现实需求，为他们的发展提供帮助，这符合正义原则。

通过对农村教育综合改革政策的研究，通过对教育政策价值取向和政策对象主体的教育需求之间的矛盾分析，本研究特别强调教育政策要切实为对象主体考虑，考虑他们的现实期望和需求。我们希望政府在进行教育改革、制定出台政策时，不仅关心国家需要，更要充分考虑对象主体的意愿和利益，尤其要关照弱势群体的利益。此乃本研究的实践意义之一。之二，通过对农村教育综合改革政策运行及其成效的研究，指出了其存在的问题并作了原因分析，最后提出了相关建议，为相关决策部门提供借鉴。之三，本研究有利于改变人们（尤其是教育政策决策者）以往的城乡"二元割裂"思维模式，进而确立并运用"城乡教育一体化"的思维去考虑中国教育的改革和发展问题，进而有助于建构教育改革的中国话语体系。

二 理论意义

第一，从政策的角度看待农村教育综合改革问题，涉及政府教育行政和教育政策的多个方面，对农村教育综合改革政策进行研究，有助于丰富和发展教育科学理论，也在一定程度上丰富了教育行政和教育政策理论。第二，本研究对我国教育理论中的一些教育方针、政策的合理性提出了质疑，这有利于使人们对教育的一些基本理论进行重新思考和讨论。

第二章 研究现状与概念界定

第一节 研究现状

"农村教育综合改革政策的理路转向——由农村'三教统筹'到城乡教育统筹"的相关文献可以逻辑地分为三个方面：农村教育综合改革研究、农村"三教统筹"研究和城乡教育统筹研究。

一 农村教育综合改革研究

农村教育综合改革的提出要追溯到 20 世纪 80 年代初期，1982年原教育部书记在《改革农村教育，更好地为社会主义建设服务》一文中提出，改革教育制度要从农村做起。而农村教育综合改革的真正实施时间是 1987 年，首先以试验区的形式进行，选定的三个试验区分别是河北省的阳原、顺平、青龙三个贫困县。1989 年后，农村教育综合改革进入到全面实施与深入推进阶段。而对农村教育综合改革的研究也随着改革阶段的变化发生着改变。笔者按时间顺序把对农村教育综合改革的研究文献分为三个不同阶段来进行分析研究，每个阶段分为农村教育综合改革的实证性研究和农村教育综合改革的理论性研究。

（一）农村教育综合改革初期的相关研究（1987—1994 年）

1987—1988 年农村教育综合改革开始组织发动，1989 年随着国家教委"农村教育综合改革领导小组"的成立，改革进入到全面实施阶段，至 1994 年全国有国家级的试验区 116 个，省级试验区 540 个，示范乡 7056 个。这一阶段尚处于农村教育综合改革的初期，相关的研究成果较少。

1. 实证性研究

这一时期的实证性研究主要涉及经验总结和实施目标等方面的内容，主要是当地教育行政部门对本市、本地区农村教育综合改革相关工作开展情况进行的总结和回顾，重点展示了该地区开展改革的经验，列举相应数据对改革前后进行对比，突出改革给当地带来的改变。广西浦北县在《积极开展农村教育综合改革》中指出，自实施农村教育综合改革以来，全县主要抓了六项改革，分别为"改应试教育为素质教育"、"改小教育为大教育"、"改以基础教育为主为'三教'协调发展的教育体系"、"改学校教育为学校、家庭、社会三结合的教育"、"积极发展校办产业，增强教育改革与发展的能力"、"建设一支结构合理、素质良好、适应教育改革需要的教师队伍"①。陶西平在《全面推进农村教育综合改革》中将昌平县的农村教育综合改革的经验总结为四点：（1）以经济建设为中心统一规划全县教育；（2）政府牵头，各部门共同实施；（3）以提高效益为目的，各类教育互相补充；（4）科研开路，深化各类教育改革。② 雷克啸在《探索、实践、开拓、创新——上海市嘉定区农村教育综合改革考察报告》中指出，经过七年的探索与改革，嘉定区农村教育具有了四个鲜明特点：（1）将教育纳入本地区经济社会总体规划，真正落实了教育的首要战略地位；（2）建立了以地方化为主要特征的教育领导体制，以社会化为主要特征的办学体制；（3）加强对经、科、教全面统筹；（4）统一规划各类教育，提高教育整体效益。③ 陈世楷和张海龙在《整体着眼单项突破——泸县农村教育综合改革的初步实践》中将该县改革的基本思路总结为：总体设计，课题分解；专题落实，点上试验，分段实施，单项突破；由点及面，整合超越④。

除以上当地教育行政部门和研究者对本市、本地区农村教育综合改

---

① 中共浦北县委：《积极开展农村教育综合改革》，《中国教育学刊》1992 年第 2 期。

② 陶西平：《全面推进农村教育综合改革》，《中小学管理》1993 年第 6 期。

③ 雷克啸：《探索、实践、开拓、创新——上海市嘉定区农村教育综合改革考察报告》，《教育研究》1994 年第 9 期。

④ 陈世楷、张海龙：《整体着眼单项突破——泸县农村教育综合改革的初步实践》，《中国教育学刊》1992 年第 3 期。

革相关工作开展情况进行的专门总结和回顾外，有的研究者还整体分析了全国农村教育综合改革实施的情况。如何东昌的《中国农村教育综合改革的伟大实践：农村教育综合改革案例改编》，管德明和谢若望的《中国农村教育改革新格局》。陈敬朴"首先明确了制定农村教育改革实施目标的依据主要为：农村教育改革的总体要求；实验县的客观条件；可以投入的力量。其次，说明各个县应以大的目标为范本，在此基础上对基础教育、三教统筹、教科文一体化等都制定了详细的目标"①。

2. 理论性研究

研究者在改革初期关于理论性方面的研究较之实证性研究成果更少。

万迪人对实施农村教育综合改革以来出现的各种问题进行了思考，他指出要推动农村教育综合改革的深化，促进农村教育发展必须做到以下十点：（1）经济和教育部门"双向转轨"的主体意识必须加强；（2）农村教育综合改革的思路和主要目标要进一步明确；（3）抓住机遇，以改革促发展，让农村教育上一个新台阶；（4）把握社会主义市场经济规律，实行分类指导；（5）建立与社会主义市场经济体制相适应的教育体制和运行机制；（6）面向市场需求调整和优化教育结构；（7）以经营为龙头，探索农、科、教结合的新途径；（8）加强农村教育与农村文化和精神文明建设的结合；（9）要充分发挥发达地区的先行作用；（10）要努力降低社会主义市场经济对教育的负面效应。② 时任国家教委副主任柳斌在全国农村教育综合改革工作会议上也从理论方面阐明了今后改革中要注意的问题以及具体部署。

还有研究者从改革的依据、结构模式、运行机制等问题入手，从理论和实践的多维角度进行研究和探讨，如张晓明的《农村教育综合改革的结构模式与运行机制》。

综上所述，农村教育综合改革初期的相关研究数量较少，在实证研究方面，多以宏观的经验总结以及相关工作开展情况的介绍为主，这些

①　王伟：《重庆市石柱土家族自治县农村教育综合改革发展模式研究》，硕士学位论文，西南大学，2012年。

②　万迪人：《新形势下对深化农村教育综合改革的思考》，《教育研究》1994年第2期。

经验带有浓重的地方性色彩。在理论研究方面，主要从综合的角度来探讨农村教育综合改革，并没有进行进一步的细分。

（二）农村教育综合改革深入推进阶段的相关研究（1995—2005年）

1994 年 9 月，国家教委在唐山召开"全国农村教育综合改革工作会议"，标志着改革进入深入推进阶段，1995 年 12 月又实施了"燎原计划百千万工程"，使得改革进一步深入。从 1995 年到 2005 年，关于农村教育综合改革的研究成果呈现出百花齐放的态势，进入农村教育综合改革研究的高峰期。

1. 实证性研究

在农村教育综合改革的深入推进阶段，一部分研究者仍然是对本市、本地区农村教育综合改革相关工作开展情况从宏观上进行总结与回顾。赵家骥和杨东认为，"'县为主体，乡为基础'的农村大教育管理模式是乐山教育改革成功的关键"[①]。刘纯认为在解决农村教育如何适应新形势的问题中，最关键的是"把农村教育的重点由单纯追求升学教育的一条'腿'走路，转移到既培养国家需要的大学生又培养大批农村实用人才的两条'腿'走路。积极创办农村综合中学，推行'三教统筹'，建设'三田一园'，引科技水，灌农业田"[②]。赵其国等研究者认为总结顺平县 13 年来农村教育综合改革的经验，有如下几个特点：（1）坚持"科教兴县"战略，切实把教育摆在优先发展的战略地位；（2）多渠道筹措教育经费，千方百计增加教育投入，努力改善办学条件；（3）全面推进素质教育改革，明确农村教育办学方向，使农村教育由单纯追求升学转移到主要为本地建设培养、培训人才并兼顾升学的轨道上来；（4）进一步调整教育结构，形成普、职、成"三教统筹"协调发展的农村教育新体系，增强教育直接为经济建设服务的整体功能；（5）实施农、科、教统筹，建立"依靠"和"服务"的具体运行机制；（6）依靠中直单位、省直单位、大专院校、科研院所，促进全

---

① 赵家骥、杨东：《构建农村大教育体系——四川省乐山市农村教育综合改革的理论与实践》，《教育研究》1998 年第 5 期。

② 刘纯：《关于佳木斯市农村教育综合改革的调查与思考》，《国家高级教育行政学院学报》2011 年第 3 期。

县教育和经济发展；（7）科教兴县、科教兴农战略的实施，促进了教育事业蓬勃发展和全县经济的腾飞。①

有的研究者从微观角度对农村教育综合改革进行更加系统的实证分析与研究，如马戎从社会学的角度对农村教育进行了研究②。除此之外，还有的研究者分析了各地高校参与农村教育综合改革的情况，如白小平等的《高校参与支持农村教育综合改革的试验研究》。

2. 理论性研究

关于农村教育综合改革深入推进阶段的理论性研究相对于前一阶段更加深入到教育内部，涉及教育的多个层面，这一阶段的理论研究更多的是大量的反思性文章，从经验、问题、实施方略、成效等方面进行深入的反思。吴德刚认为农村教育综合改革从 1987 年至 1997 年这 10 年中存在的问题主要有：（1）农村教育综合改革的发展非常不平衡；（2）不少地方农村学校的办学思想还不适应农村小康建设的要求，为农村经济发展服务的主动性还不够；（3）我国农村教育基础极其薄弱，不适应农村经济迅速发展、社会全面进步的要求；（4）我国现有高中等农业专业教育的规模和专业设置与农村小康建设的要求不适应；（5）农村教育经费投入不足；（6）部门统筹与协调有待进一步加强；（7）对农村教育综合改革的指导、督促和评估工作以及农村教育综合改革工作的管理机构有待进一步加强。③ 张军凤和廖其发从五个方面对农村教育综合改革的实施情况进行了反思，分别是"关于各级领导对农村教育综合改革认识问题的思考"、"关于'农科教结合'问题的思考"、"关于'三教统筹'问题的思考"、"关于农村教育综合改革体制保障的思考"以及"关于普及农村义务教育的思考"。④

有的研究者深入到教育内部，涉及教育的多个层面，如朱德全的《发展职业技术教育更好地为农村牧区经济建设服务》针对当地的经济

---

① 赵其国、王龙飞、赵进华、马胜涛：《河北省顺平县农村教育综合改革调查》，《河北师范大学学报》（教育科学版）2000 年第 2 期。

② 马戎：《中国农村教育问题研究》，福建教育出版社 2000 年版，第 42 页。

③ 吴德刚：《中国农村教育综合改革十年回顾与展望》，《教育研究》1998 年第 8 期。

④ 张军凤、廖其发：《对我国农村教育综合改革现存问题的思考》，《成人教育》2005 年第 2 期。

发展和教育改革的实际情况，提出了开展多层次、多门类的职业培训。

综上所述，较之前一个阶段，关于农村教育综合改革深入推进阶段的研究，无论是实证研究还是理论研究，数量上都有大量的增长，内容方面也更为丰富，实证研究不再局限于对某市、某地区农村教育综合改革相关工作开展情况的总结与回顾，理论研究也更加全面，能够全方位地对农村教育综合改革进行反思与规划。

（三）2006 年以来的相关研究

从 2006 年至今，研究者们对于农村教育综合改革方面的研究成果相对减少，"农村教育综合改革"这一概念已逐渐淡出人们的视野，取而代之的是"城乡教育均衡发展"和"城乡教育一体化"。

1. 实证性研究

2006 年以后的实证性研究较之前一个阶段数量锐减，研究内容主要还是对某一地区农村教育综合改革的总结与回顾。张军凤和廖其发介绍了天津市静海县农村教育综合改革的新举措：（1）加强对教育工作的领导，保障教育优先发展；（2）建立内外结合的教育管理制度，推进现代学校制度建设；（3）加大教育经费投入，提升教育综合实力；（4）加强队伍建设，提高教师专业化水平；（5）实施素质教育，促进学生全面发展。[①] 张家智对安徽省某县农村学前教育综合改革存在的问题进行了分析与研究。[②]

2. 理论性研究

2006 年以后对农村教育综合改革的理论性研究在数量上多于实证性研究。刘秀峰和廖其发从理论上阐释了农村教育综合改革与统筹城乡教育综合改革之间的关系。[③] 邵晓枫等研究者则从理论上阐释了农村教育综合改革与城乡教育均衡发展、城乡教育一体化之间的关系。[④]

---

① 张军凤、廖其发：《推进农村教育科学发展的步伐——天津市静海县农村教育综合改革实践探索》，《成人教育》2011 年第 8 期。

② 张家智：《欠发达地区农村幼儿教育存在的问题及对策——以安徽省某县农村学前教育综合改革为例》，《河南工业大学学报》（社会科学版）2013 年第 2 期。

③ 刘秀峰、廖其发：《对农村教育综合改革与统筹城乡教育综合改革关系的思考》，《教育学术月刊》2010 年第 3 期。

④ 邵晓枫、廖其发：《论农村教育综合改革与城乡教育均衡发展、城乡教育一体化的关系》，《河北师范大学学报》（教育科学版）2015 年第 6 期。

综上所述,对于农村教育综合改革的研究,自 2006 年以后似乎平静了许多,无论是从数量上还是涉及的广度上都无法与 1995—2005 年相比,农村教育综合改革在学术界也不再是一个热点问题。

学术界对农村教育综合改革的研究经历了探索、高潮、平静三个阶段,对农村教育综合改革有了相对全面的研究,但是无论从哪一阶段来看,对于农村教育综合改革的研究都不够深入。实证性研究大大多于理论性研究,实证性研究以对某市、某地区农村教育综合改革相关工作开展情况的总结与回顾为主,缺少整体和宏观上的升华,其他方面的实证性研究也较少。理论性研究中,对农村教育综合改革的反思性研究相对较少,对农村教育综合改革的理论基础方面的研究更加匮乏。

二 农村"三教统筹"研究

文献主要包括与农村"三教统筹"相关的已有研究文献和教育政策文本。已有研究文献分为两大部分:一是论文(以 CNKI 收录为准,包括期刊论文、博士学位论文、硕士学位论文、重要会议论文、重要报纸①);二是论著。

2009 年第 3 期的《内蒙古教育》在"改革开放三十年教育新名词辑录"中赫然将农村"三教统筹"排在第一位。在 CNKI 检索项"全文"中输入农村"三教统筹",共检索到 7000 余篇论文,其中中国期刊全文数据库 6000 余篇,中国重要会议论文全文数据库 200 余篇,中国重要报纸全文数据库 500 余篇,中国优秀硕士论文全文数据库 300 余篇,中国博士论文全文数据库 60 余篇。而与此形成鲜明对比的是,在 CNKI 检索项"题名"中输入农村"三教统筹",共检索到 70 余篇论文,其中中国期刊全文数据库 60 余篇,中国重要会议论文全文数据库 7 篇,中国重要报纸全文数据库 5 篇,中国优秀硕士论文全文数据库和中国博士论文全文数据库 0 篇。这足以说明,对农村"三教统筹"的研究没有深入进行,相当肤浅。并且,对已有文献归类发现:政府或政

---

① 其中重要报纸和重要会议论文部分,因 CNKI 只收录了自 2000 年以来的部分,所以笔者对 2000 年以前至 1983 年的《中国教育报》(1983 年 3 月 3 日试刊,同年 7 月 7 日正式出刊)进行了农村"三教统筹"相关文献的搜集。

府人员的总结、报告、宣传占据了近"半壁江山",数量达到了 30 余篇;而真正算得上学术研究的不足 20 篇(其余为重复发表或关于非农村"三教统筹"的)。足见关于农村"三教统筹"的专门学术研究之"冷"。具体分析如下:

政府或政府人员的总结、报告、宣传和报纸报道一般都是介绍某地农村"三教统筹"的做法、经验和取得的成绩。阅读这些文献发现,它们对农村"三教统筹"的态度是清一色的赞同拥护,当地积极实行农村"三教统筹",一般都取得了"筹集了教育经费"、"发展了当地经济"、"培训了当地农民"、"获得了上级肯定"等良好效果,形势一片大好![1]

通读仅有的为数不多的学术研究论文,发现已有研究大致涉及农村"三教统筹"的以下几方面内容:(1)什么是农村"三教统筹";(2)为什么要实行农村"三教统筹";(3)如何进行农村"三教统筹";(4)农村"三教统筹"的模式总结;(5)对农村"三教统筹"的反思。具体而言:

(1)关于什么是农村"三教统筹"。大家对此看法一致,即所谓三教统筹,是指我国县以下普通教育、职业技术教育和成人教育统筹规划、统筹发展;三教统筹是农村教育综合改革的一种形式,其目的主要是为农村社会主义经济建设和社会发展服务。当然,关于农村"三教统筹"的名称,也有人提出不同的看法,如"三教统筹结合"、"三教结合"等。

(2)关于为什么要实行农村"三教统筹"。就已有文献对此问题的看法,归纳起来有以下几种观点:

①教育方针的要求——为农村发展服务说。几乎所有人都同意或坚持这种观点。我国教育的基本方针中规定"教育必须为社会主义现代化建设服务,必须与生产劳动相结合",人们一般都将其看作农村"三教统筹"的原则或教育改革的目的,如"要实现县以下教育的协调发展,从而更好地为当地经济发展服务,就必须尽快搞好三教统筹"[2]。

---

[1] 对此,依笔者的经验,笔者持谨慎态度,一般不将其作为本研究的参考资料。

[2] 张鹏:《对三教统筹的理解》,《成人教育》1989 年第 5 期。

众口铄金，这也就是农村"三教统筹"政策将为农村发展服务作为其原则或目的的原因之一。

②解决农村教育与农村社会经济发展需求的矛盾的要求说。其实，可以认为，这种观点是由①演绎出来的。很多人都分析到，一方面，改革开放以来，农村社会经济的发展需要大量的多方面的人才；另一方面，单一的农村基础教育，加上存在片面追求升学率的倾向，农村小学、初中，乃至高中毕业生回乡参加建设，缺乏良好的思想准备和必需的技术知识，农村劳动力的总体素质不高，运用科学技术的能力较低。鉴于此，很多人认为，农村教育必须改革，而农村"三教统筹"就是一剂良方。"普通教育，就是花再大的力气也无力解决人才供需的矛盾，比较能解决问题的是职业教育和成人教育。"要切实解决好农村人才供需矛盾，必须依靠我们对教育实行整体上的改革，使农村教育真正地为农村经济建设培养人才，使教育和经济挂钩，"服务"和"依靠"紧密结合，切实解决教育、经济两张皮的问题。[①] 还有人认为，农村学校应把为"三农"服务确定为学校的办学方向。农村中学的使命不仅仅是为上一级学校培养合格的新生，更重要的是立足地方，面向农业，服务农民，并为当地培养出具有创新精神和创业能力的农村实用人才，为当地经济和社会发展服务，也就是说，农村中学应该把为"三农"服务确定为学校的办学方向。[②]

③解决农村教育自身问题的要求说。该观点仅就农村教育自身而谈农村"三教统筹"的必要性。很多人都认为，农村教育自身存在着片面追求升学率和三种教育各自为政造成整体效益低下的问题，要解决此问题，就要进行农村"三教统筹"。如有人从教育自身来认识"三教"结合，认为"三教统筹"，互相沟通，互相促进，协调发展，是解决片面追求升学率问题的一种教育体制改革机制。[③] 有人提出，"要克服当

---

① 陈智祥：《立足解决地方性人才的供需矛盾实行"三教"统筹》，《江西教育》1989年第2期。

② 刘桂文：《推进三教统筹 立足服务三农》，《职业教育为三农服务的新思路新模式——中国职业技术教育学会2004年学术年会论文集》，2004年。

③ 张永晶：《深化教育改革的重要战略措施——集安县"三教"统筹、协调发展的尝试》，《教育与职业》1988年第9期。

前基础教育跟老样、职业教育独家办、成人教育多头管的现象，使三种教育相互配合、相互促进、相得益彰，都能自我增值，发挥较大的社会效益和经济效益，必须对这三种教育实行统筹管理"①。

④"三教"关系决定说。不少人从"三教"之间的相互关系和各自特点来说明"三教"统筹、协调发展的必要性和可行性。有人用系统论的原理来分析农村"三教统筹"，并认为其有利于教育整体功能的发挥。"三教构成我国县以下教育的整体。改革县以下教育就要从这个整体出发，对三种教育实现整体优化。"②"农村'三教'本身就存在着内在的联系，通过'统筹'之后，围绕同一目标，有针对性地强化了它们的有机联系性，而且是将它们的优势加以组合，这样农村'三教'作为一个整体，就更好地起到了为农村培养'四有'、热爱家乡和促进农村两个文明建设的新人的作用。这个作用是非加和性的，不是'三教'的简单相加所能达到而是大于三者之和的。"③

⑤农村教育改革实验产物说。认为农村"三教统筹"是在农村教育改革实践中摸索出来的，先有其实后有其名。笔者认为，该说法比较符合实际。

（3）关于如何进行农村"三教统筹"。已有研究大致提到了以下几方面：首先，思想观念方面，克服思想认识障碍，树立"三教"可以统筹的大教育观念，为农村"三教统筹"奠定思想基础。其次，领导重视，设立农村"三教统筹"负责机构。最后，要对三种教育在规划（预测）、管理（评估）、经费、师资、政策保障等方面进行统筹。

（4）关于农村"三教统筹"模式总结的研究。有学者总结出了"三位一体型"、"有机衔接型"、"联手结合型"、"主体延伸型"、"外分内统型"等模式，有的模式内部又有多种具体形式的区分④。另外，分析总结政府或政府人员的总结、报告、宣传和报纸报道的农村"三教统筹"的做法、经验，大致有以下具体措施模式：①成立实体办学

---

① 陈智祥：《立足解决地方性人才的供需矛盾实行"三教"统筹》，《江西教育》1989年第 2 期。

② 张鹏：《对三教统筹的理解》，《成人教育》1989 年第 5 期。

③ 黄宇：《三教统筹是农村教育改革的必然》，《东南学术》1991 年第 2 期。

④ 李少元：《谈三教统筹结合模式的选择》，《吉林教育科学普教研究》1997 年第 6 期。

机构（学校），许多地方成立县教育中心；②普职分流，实行"初二后"分流、"3＋1"、"四年制"等模式；③在普通教育中深入职业教育内容，做法有开设农村职业技术教育课程、在初中阶段实行"绿色证书"教育等；④给学校规划实验用地；⑤调整学校布局，有的地方将初中学校改为职业技术学校。

（5）只有几篇文章对农村"三教统筹"做出了反思。有人指出，"由于三教统筹是在一个快速变化的历史时期提出来的，是在一个特定的历史条件下形成的，随着农村社会经济的发展和教育的变化，其历史局限性逐渐得以显现"。"三教统筹的提法是有历史局限性的"。"农村教育只讲统筹，其必要性有多大值得探讨"。该学者进一步指出，"与三教统筹相比，三教结合更显重要"。"农村教育宏观方面的主要问题恰好出在农村三教统筹乏力、结合不足"①，指出农村"三教统筹"是特定历史时期的产物，有其局限性，但该学者将其局限性仍纠缠于"统筹"与"结合"的命名中，没有指出要害。

也有学者指出了农村"三教统筹"在实践中的问题，比如：传统"重文轻农"观念的存在使得农村"三教统筹"推行困难；制度保证和政策扶持流于形式；专业设置及课程设置不适应农村发展的需要；师资队伍结构不合理；校本教材内容缺乏可持续性。② 这在一定程度上揭示了现实中的农村"三教统筹"的境遇与成效，也说明"三教统筹"政策没有在农村真正得到落实。贾建国从新制度经济学的角度看农村"三教统筹"，认为虽然农村"三教统筹"取得了一定的成绩，但进入20世纪90年代末期，农村"三教统筹"逐渐陷入困境的原因是农村"三教统筹"的外部环境已经发生变化，而体制内既得利益没有触动。③有文章指出，应该说，"'三教统筹'的整体构想是符合农村教育实际的，而且在改革中我国也积累了大量丰富的经验，但在推广与普及方面却收效甚微。换句话说，'三教统筹'陷入了一种'只叫好'却'不叫

---

① 于龙斌：《三教统筹与农科教结合的历史局限性及其现代价值取向》，《中国成人教育》2004 年第 8 期。

② 杨亚敏：《重新审视农村"三教"统筹的必要性》，《保山师专学报》2006 年第 1 期。

③ 贾建国：《新制度经济学视野中的农村"三教统筹"》，《教育与职业》2008 年第 21 期。

座'的尴尬境地"。该文分析农村"三教统筹"陷入困境的原因有：①缺乏健全稳定的保障机制；②思想观念方面存在众多阻力；③师资力量极为薄弱；④缺乏农村学生及家长的广泛认同；⑤农村教育的出路不容乐观。该文还提出了相关建议。①

嵇辉等人认为，加强农村"三教统筹"，实现农村剩余劳动力的转移，可以从城市"三教"与农村"三教"的统筹的宏观角度思考问题。② 引导城市"三教"向农村延伸，或直接与农村"三教"合作办学，建立"拉手式"、"领跑式"等互助援建关系，发挥城市"三教"的师资力量、办学经验、仪器设备等优势教育资源的辐射作用，缓解农村"三教"中较为普遍的资源缺乏困境，带动农村教育的进步，从而推进农村剩余劳动力的快速转移。③ 这一提法打破了以往就农村谈农村教育的问题，倡导城乡农村"三教统筹"，该观点新颖鲜亮，符合社会发展的要求和利益主体的期望，对本研究具有很大的启发性。

另外，笔者发现，只要涉及农村教育综合改革的著作，一般都会提及农村"三教统筹"，尽管在对农村"三教统筹"的认识上还不尽一致，但它们都充分肯定其在农村教育改革、农村教育结构优化和增强农村教育整体功能方面的重大意义，一般都认为，农村"三教统筹"是农村教育综合改革的重要措施和有效经验，在农村"三教统筹"的基本含义方面，也有某些共识。一般都同意农村"三教统筹"要求三种教育各尽其职、有机衔接，共同完成为农村培养人才的任务；要求三种教育结构合理、分工管理、相互协调；要求三种教育在办学条件、教学实施、师资等方面以因地制宜的多种方式相互沟通。

笔者所见到的最早出现农村"三教统筹"一词的著作是南京师范大学教科所教育系编的《农村教育学》，"农村教育的一系列整体改革，例如在各省进行的以县为单位的试验区的开辟，'三教'（普通教育、职业教育、成人教育）统筹，协调发展等。就是要依靠教育整

---

① 兰惠敏：《论农村"三教统筹"困境的消解》，《长沙大学学报》2009 年第 6 期。

② 嵇辉、郭婧：《农村"三教统筹"与农村劳动力的转移》，《安康师专学报》2006 第 1 期。

③ 段作章、嵇辉：《三教统筹：农村剩余劳动力转移的"助推器"》，《徐州师范大学学报》（哲学社会科学版）2006 年第 6 期。

体来提高农村劳动者素质和培养各种人才"①。吴畏和李少元主编的《农村教育整体改革研究》在第四编"农村教育整体改革的理论研究"中指出，"进行农村教育的整体改革，办好农村教育，必须实行普通教育、职业技术教育和成人教育三者的统筹"，"'三教统筹'的新的教育格局……就是：以普通教育为基础，以职业教育为重点和主线，贯穿于职前和职后的全过程，全面规划，相互促进"。"'三教统筹'，是在大教育观的指导下学校教育和社会教育整体优化的教育体系和管理体制。"② 张传燧主编的《中国农村教育学》对农村"三教统筹"的具体内容、具体做法以及其重要意义和需要解决好的问题等方面做了阐述。③ 李少元著的《农村教育论》的第六章的标题是"农村教育结构——三教统筹论"，该章论述了"三教统筹是农村现代化进程的产物"，梳理总结了农村"三教统筹"的运行机制和模式选择，与前面不同的是，该书的"三教"指的是基础教育、职业教育和成人教育。④

总体来看，学界对农村"三教统筹"进行的专门的深入的研究不够。就已有研究而言：

从内容上来说，首先，大多重视理论阐释，去说明什么是农村"三教统筹"以及为什么要进行农村"三教统筹"等问题，相对而言，对农村"三教统筹"的现实境遇与问题的讨论显得较少；其次，已有研究重视对农村"三教统筹"政策的理解、倡导和宣传，缺乏对其进行反思和批判。而即使是这些研究也有人云亦云之嫌，且有些观点现在依笔者看来还有待进一步商榷。

从研究视角来看，一是绝大多数研究将农村"三教统筹"封闭、孤立于农村，在农村的圈子里琢磨农村"三教统筹"；二是一般研究者都将自己置身于农村民众之外，他们要么站在政府的立场，作为政府的代言人与鼓吹者，要么作为一个所谓的"中立者"，自说自话，而很少有人设身处地地从农村民众的角度来看待农村"三教统筹"；三是几乎

---

① 南京师范大学教科所教育系：《农村教育学》，人民教育出版社1988年版，第57页。

② 吴畏、李少元：《农村教育整体改革研究》，山西教育出版社1990年版，第152页。

③ 张传燧：《中国农村教育学》，西南师范大学出版社1994年版，第174—178页。

④ 李少元：《农村教育论》，江苏教育出版社2000年版，第135页。

没有从国家（政府）的政策角度对农村"三教统筹"进行的研究，更没有研究去探讨农村"三教统筹"政策背后的价值问题。

从方法论思想上来说，已有研究趋于保守和定性两极，鲜有反思、批判，几乎没有将反思、批判与定性、定量结合起来的研究。

本研究在借鉴和吸收已有的一些研究成果的基础上，力求对关于农村"三教统筹"的已有研究的不足和认识上的错误进行弥补和纠正，试图有所超越和创新。

三 城乡教育统筹研究

党的十六大提出了统筹城乡经济社会发展的重要战略思想。党的十六届三中全会又提出了"五个统筹"的科学发展观，并将"统筹城乡发展"置于"五个统筹"的首位。党的十七届三中全会再次重申了这一战略，并提出到 2020 年基本建立城乡经济社会发展一体化体制的目标。毫无疑问，推进城乡教育统筹改革必然是当前以及未来农村教育改革的重要议题。中国共产党第十八次全国代表大会再次明确了全面建成小康社会的奋斗目标，提出了推动城乡发展一体化和加大统筹城乡发展力度的要求。这其中蕴含着加大统筹城乡教育发展力度的要求。对此，学术界围绕城乡教育统筹的概念、城乡教育统筹的内容以及城乡教育统筹的途径、当前城乡教育统筹过程中存在的问题以及解决策略进行了广泛的研究，对此进行综述有助于明确未来我国城乡教育的发展方向。

（一）城乡教育统筹的内涵

城乡教育统筹作为我国统筹城乡发展的重要组成部分，能否准确把握和理解城乡教育统筹的内涵，不仅关系到我国城乡教育能否在大的时代背景下顺利发展，而且关系到我国能否实现城乡经济社会发展一体化体制。但是，目前学术界对城乡教育统筹的内涵还没有一个统一明确的界定。

李涛认为，"统筹城乡教育是一项涉及诸多社会要素的系统改革，是隶属于统筹城乡综合配套改革的单项改革，统筹城乡教育涉及多元统筹主体根据经济、政治、社会、文化的改革诉求和发展需要，以教育治理论的思维使城乡之间合理有效、科学持续地聚纳、配置和培育教育资源、要素，促进城乡教育效率与公平的融合"①。

刘秀峰认为，统筹城乡教育改革发展主要是对农村教育的改革，通过对农村教育的改革，缩小城乡教育差距，促进教育公平，最终目标是实现城乡教育一体化。"统筹城乡教育综合改革的核心理念是教育公平，统筹城乡教育综合改革的基本策略是统筹兼顾，统筹城乡教育综合改革的重心在农村教育，统筹城乡教育综合改革的关键在建立城乡一体发展的教育机制，统筹城乡教育综合改革的着力点在解决非农化进程中的若干问题，统筹城乡教育综合改革的终结目标是城乡教育一体化发展。"②

赵伶俐认为，"统筹城乡教育的实质是回到教育社会公共事务的自然逻辑状态，建立城、镇、村三级教育互为依托、相互促进、协调发展、共同繁荣的新型城乡教育体系"③。

笔者认为，城乡教育统筹是一种新型的教育发展观，是一种对全国教育事业的工作思路，也是一项涉及诸多社会要素的系统改革。

从上述观点看，关于"城乡教育统筹"的概念，参考各类文献发现，学者对此没有统一的定义，而且名称使用也不相同，如"统筹城乡教育"、"城乡教育统筹发展"、"统筹城乡教育综合改革"等，但总体来说，大多数学者认为城乡教育统筹主要是发展农村教育，教育政策向农村倾斜，缩小城乡教育差距，促进教育均衡发展和教育公平。

（二）城乡教育统筹的关键

学术界关于统筹城乡教育发展的客观必然性及战略意义的观点基本上是一致的。普遍认为，城乡教育统筹是打破城乡二元结构，缩小城乡教育差距的重要一步。但在具体阐述统筹城乡教育发展的依据时，又有不同的视角和观点。

大多数学者从实现教育公平的角度论述了城乡教育统筹的客观必然性。刘秀峰从城乡教育统筹的核心、策略以及重心三个方面论述了城乡教育统筹的必然性。首先，他认为，城乡教育统筹应该始终以教育公平

---

① 李涛：《统筹城乡教育的实践探索》，《教育发展研究》2008 年第 20 期。
② 刘秀峰：《论统筹城乡综合改革的要义》，《教育与教学研究》2010 年第 9 期。
③ 林克松：《城乡教育统筹的国际经验与本土实践》，《教育研究》2013 年第 3 期。

为核心，教育公平是教育发展的长远目标，无论在什么时候，实施什么样的教育政策，都应该把教育公平作为一个大的核心的指导思想去贯彻。其次，统筹城乡教育改革的策略应该是统筹兼顾。在城乡二元制度的影响下，城乡教育常常被割裂成两大块，统筹城乡教育、发展农村教育都不能脱离城乡发展的大背景和城市教育的发展，必须要做到统筹兼顾。城乡教育统筹的重点固然是农村教育，但是农村教育的发展要"通过'以城带乡'的策略，来建立有利于农村教育发展和改革的体制机制"。最后，统筹城乡教育的关键是最终建立城乡发展一体化机制。

李涛从城乡教育统筹应该厘清的几种关系出发对城乡教育统筹发展作了分析。首先是城乡教育统筹中"城"与"乡"的界定。学术界对城乡的分类标准很不统一，因此城乡教育统筹过程中很多政策的制定、实施也会因为城乡标准划分的不统一而使城乡教育统筹发展难以实施。他认为，"应该运用大城乡理论对城乡予以统一，即从实证研究和指标设计角度的分类含义来讲，'城'应该是指一定地区的经济、政治、社会和文化中心"。其次是统筹城乡教育与教育均衡的关系。教育均衡是当前教育发展的一个目标，但绝不能把统筹城乡教育的目的看作是教育均衡。统筹城乡教育可以促进教育的均衡发展，但是城乡教育统筹有其自身的动态性。再次是统筹城乡教育与教育公平、教育特色的关系。他认为，"虽然教育公平的实现是统筹城乡教育改革的重要内涵，但绝不是全部，统筹城乡教育必须要考虑发展层面上的效率，教育效率同样也是统筹城乡教育的重要内涵之一"。最后是城乡教育统筹与基础教育的关系。基础教育是城乡教育统筹的主体，但是绝不能忽视对职业教育和高等教育的统筹。[①]

（三）城乡教育统筹发展的途径

城乡教育统筹作为我国城乡统筹发展的重要一步，重在如何实施。学术界围绕这一重要内容进行了广泛的研究。对城乡教育统筹发展的有效途径进行综述可以为城乡教育统筹全面发展提供更多的参考。

1. 统筹城乡教育师资

李涛从教师培训、师德提升以及收入分配三个方面对统筹城乡教育

---

① 李涛：《统筹城乡教育的实践探索》，《教育发展研究》2008 年第 20 期。

师资进行了论述。培训经费不足、培训质量不高是我国农村教育师资建设的最大难点，他认为，应该以地级市为单位建立培训机制。从师德提升方面看，他认为"其根本性的破解还是在提升教师职业幸福感和归宿感，提高教师社会个体地位，形成社会舆论对教师行为规范两个方面的约束：一是柔性的尊师性约束；二是刚性的职业道德性约束"。收入分配制度方面，他认为应该建立长期教师绩效工资制度①。除此之外，向定峰等人认为，应该采取措施保障"教师双向流动制度"。

2. 统筹城乡教育布局

李涛认为，"统筹城乡教育布局结构需要进一步优化城乡和区域学校整体布局，使有限的教育资源能够在统筹改革中充分做到效率与公平的最佳结合"②。他还认为，"城乡教育布局治理总体上应以区县政府为核心治理主体，同时畅通教师、学生和家长三方治理主体对于布局改革的参与、反馈和检验渠道，制定并实施合理、民主的布局方案听证研讨程序，设计并落实周期性的布局调整公示制度，从政策层面上首先破除以前城乡教育布局设计基本是由教育行政部门一元主体决定的行为惯性，提升家长、教师和学生等其他教育主体对布局调整的合理性认同"。除此之外，还应该充分考虑偏远地区农村村小的布局、学生的住宿等问题。③

3. 统筹城乡教育经费

对于城乡教育经费的统筹，学者们多从两个方面进行研究：一方面是教育经费的来源；另一方面是教育经费的分配问题。对于教育经费来源，多数学者认为，首先应该保证国家和地方对城乡教育经费的投入，其次应该开源节流，主要包括两个方面："一方面加大统筹教育社会捐助资金的融资力度；另一方面提高该教育资金的使用效率和使用水平。"在教育经费分配方面，大多数学者认为应该加大对农村教育的投入。例如，重庆市在城乡教育统筹过程中偿还了"普九"过程中的欠

---

① 李涛：《中国统筹城乡教育综合改革：统筹什么？改革什么？》，《西南大学学报》（社会科学版）2011年第5期。

② 李涛：《统筹城乡教育的实践探索》，《教育发展研究》2008年第20期。

③ 李涛：《中国统筹城乡教育综合改革：统筹什么？改革什么？》，《西南大学学报》（社会科学版）2011年第5期。

债，为统筹城乡教育发展提供了良好的经济条件。

4. 统筹城乡教育管理

统筹城乡教育管理的重点是理顺各类教育主体的关系，明确各自的任务。李涛认为，"统筹城乡教育管理的核心是加强地方教育行政部门的统筹治理能力"。目前，"以县为主"的教育管理体制，明确了区县一级对于地区教育事业的责任，有利于县（区）域内统筹改革的实施和推进。但是统筹城乡教育改革不仅仅是区县的内部活动，还必须内含区县间的统筹，囿于各区县财力、师资、学校发展情况。①

5. 统筹城乡各级各类教育

很多研究者在论述统筹城乡教育发展时，只是把统筹的对象局限于基础教育，忽视了统筹职业教育和高等教育。虽然城乡教育的重点是基础教育，但是职业教育和高等教育在统筹城乡发展中的作用是不容忽视的。职业教育可以实现劳动力的有效转移，职业教育的良性发展是促进城市化建设和新农村建设的关键；而高等教育则是培育高层次城乡人力资本，加快城乡统筹的根本性出路。

（四）城乡教育统筹过程中存在的问题

城乡教育统筹过程中，已经取得了较好成效，但也存在多方面的问题。郝志峰认为，首先，在城乡教育统筹发展过程中，现有教育投入体制难以加快城乡教育统筹发展的速度。农村教育历史欠债问题严重，在城乡教育统筹过程中，很多农村地区采取"拆东墙补西墙"的做法。例如，"许多学校借款建设信息化工程，指望以将来的信息教育费来偿还，但目前实行的免费义务教育政策规定不能收费，无法偿还贷款，使得他们为债所困"。其次，现有农村教师待遇及水平难以保证农村教育质量的提高，主要表现在农村教师待遇低，工作条件艰苦，难以留住优秀教师。再次，现有教育管理体制难以改变城乡师资力量的差距，问题主要集中在两个方面：一是城乡教师配置上重城轻乡的政策没有根本改变；二是教育资源往城市集中的态势没有根本改变。最后，现行教育统筹机制难以实现农村教育的实质性进展，现有学生

---

① 李涛：《中国统筹城乡教育综合改革：统筹什么？改革什么？》，《西南大学学报》（社会科学版）2011 年第 5 期。

管理体制难以达到城乡教育统筹发展的目的：一是重点中学对其他学校优秀生源的剥夺问题严重；二是进城农民工子女的入学问题没有得到妥善解决。①

赵鑫认为，"统筹城乡教育发展由于受传统感性思维模式的影响，在实践中表现出取向求同性、内容保守性、路径封闭性等特征"。首先，他认为，"统筹城乡教育发展处处折射出传统思维模式的影子"。"城乡教育统筹不是城乡教育同一，微观层面的课堂教学需要'因材施教'，宏观层面的城乡统筹更呼唤'因地兴学'、'因校办学'，应以追求特色化、优质化的城乡教育均衡作为统筹城乡教育发展的高位取向"。其次，"分地区和教育主体将统筹城乡教育发展的内容仅仅理解为支援农村教育、建设农村新学校或开展新项目，诸如农村薄弱学校建设、城乡教师轮岗、城镇教师赴农村学校顶岗支教等"。② 除此之外，当前许多地区对统筹城乡教育发展的理解依然停留在"三教统筹"的模式，依然走的是基础教育、职业教育与成人教育"三教统筹"的老路。

李涛认为，重庆地区在城乡教育统筹过程中凸显出来的问题主要有五个方面，"一是教育经费投入不平衡；二是师资队伍、课程建设、教学设施等教育资源不平衡；三是城乡二元户籍结构导致广大农民丧失了与城市户口相应的教育等诸多国民待遇的公平权；四是基础教育内部的诸多僵化制度和基础教育之间的发展层次不均；五是重庆教育相对于东部教育发达地区，基础教育底子薄，基础弱，城乡教育之间有很大差距"。③

总体而言，城乡教育统筹作为继"三教统筹"之后的又一个教育改革方向，学术界对此关注很多。学者们都期望通过城乡教育统筹发展，缩小城乡教育差距，促进教育公平，实现教育资源的优化配置，最终建立城乡教育一体化体制。但是，在城乡教育统筹过程中凸显出来的问题，依然需要我们去探索新的解决路径，避免重复出现以往教育改革

---

① 郝志峰：《重庆推进城乡教育统筹发展的成效、问题与对策》，《教育发展研究》2008年第20期。

② 赵鑫：《统筹城乡教育发展中的思维误区及其对策》，《教育发展研究》2015年第7期。

③ 李涛：《均衡城乡资源 凸显统筹特色》，《教育发展研究》2007年第10B期。

中出现的问题。

第二节 概念界定

本研究涉及的核心概念主要有农村教育、农村教育综合改革、农村"三教统筹"、城乡教育统筹、教育政策，此处只对农村教育、农村"三教统筹"和教育政策的概念做出界定，其他概念在其他相应地方阐明。

一 农村教育

农村和城市的区别是社会发展到一定历史阶段的产物，农村与城市的差别与对立是一种历史现象。一般按社会、经济等发育程度对我国社会有两种分法：一是"二分法"，即分为城乡，县镇属于"乡"；二是"三分法"，即分为城市、县镇和农村，该分法认为县镇是城乡接合部，不同于完全意义上的"城"，也不同于"乡"。农村教育的概念因由农村与城市的分化而产生，所以按社会状况来划分国家教育，可以分为城市教育和农村教育，也可以分为城市教育、县镇教育和农村教育。

不同的历史时期、不同发展水平的国家、不同的学者对农村教育的认识是有差异的。农村教育是一个动态的概念，在农村教育产生和发展的历史进程中，它强调的范围与对象是有差异的，它的形式不断变化，职能在不断丰富，因此农村教育的内涵与外延也在不断地演变。

学界关于农村教育的界定，因角度不同而不同。对农村教育的解释从地域角度来讲，很多人认为是"县和县以下的教育"，如李少元认为，"在我国社会主义初级阶段的农村教育就是指县和县以下的教育，包括县、乡（镇）、村教育"，袁桂林教授也持同样的观点。[①] 从农村教育体系包含的类别来讲，学界有不同的观点。有人认为，"农村教育是在农村地区对各个年龄段农村人口实施的包括农村学校教育（基础教

---

① 其实这一解释也有自己的问题，因为中国县与县的差距很大，有的县城完全就是一座现代化的城市，那里的教育就是城市教育。当然，如果从宏观上泛泛而谈城乡教育，则这种县与县之间的差距可以被忽略。

育、职业教育、高等教育）与社会教育（社区教育等）在内的各级各类教育与各种形式教育的总称"。并认为，"在经济、社会、教育发展的不同时期，不同地区农村教育的侧重点是不同的。农村教育是多形式的。除了正式教育、正规教育，还有大量的非正规教育与非正式教育。随着文化与教育的发展，这种非正规教育或非正式教育在农村所占的比例会逐步增大"（陈敬朴，1999）。也有人提出"三元论"，"农村普通基础文化教育（简称'普教'）、职业技术教育（简称'职教'）和成人教育（简称'成教'），是现代农村教育的基本构成，是农村教育体系的三个基本元素，即'三元'"（赵家骥，1994）。

关于农村教育概念的外延，有各种不同的说法，较有权威性的说法有两例：一是《国际教育百科全书》："农村教育"这一述语通常和发展联系在一起，即教育计划旨在帮助人们提高他们的生活标准，使他们能自力更生，有创造性。所以，对"农村教育"下的定义是为农村人口设计的机构与学习设施。学习设施可以由国家正规的学校体制提供，或者学习设施可以按非正规的条件加以组织。[①] 二是联合国教科文组织秘书处：农村教育的定义是指农村地区的基础教育、职业技术教育和成人教育，包括有文凭的全日制正规学习和短期非正规的成人扫盲学习以及技能培训。[②]

鉴于已有对"农村教育"的界定，由于政策中的农村"三教统筹"采用城乡"二分法"，本书旨在研究农村"三教统筹"及其政策问题，所以将农村教育界定为：发生在农村，以农村居民为对象的教育活动。即：

（1）从区域划分来看，指县及县以下的教育；

（2）从教育形态上说，既包括农村正规的学校教育，也包括农村非正规的各类教育、培训活动形式，但本研究的农村教育特指正规的学校教育；

（3）从教育结构来说，主要包括农村基础教育、职业教育和成人

---

① ［瑞典］胡森、［德］波斯尔思韦特：《国际教育百科全书》（第七卷），贵州教育出版社1990年版，第660页。

② 国家教育委员会、中国联合国教科文组织全国委员会：《当代国际农村教育发展的改革大趋势》（农村教育国际研讨会论文集上），教育科学出版社1993年版，第11页。

教育。①

二 农村"三教统筹"

鉴于有人研究过城市农村"三教统筹",有人探讨过高校农村"三教统筹",也有人讨论过少数民族地区农村"三教统筹"的问题,但考虑到农村"三教统筹"首先是在农村地区的教育实践中提出的,并且国家政策中的农村"三教统筹"也是只针对农村地区的,故此本书的农村"三教统筹"指的是农村地区的农村"三教统筹"。

20世纪80年代,我国政府发起的农村教育综合改革过程中出现的农村"三教统筹"得到了各级政府的倡导和支持,进而上升到国家政策层面。

从研究文献来看,大多数人认为农村"三教统筹"是指对我国农村基础教育、职业技术教育和成人教育统筹规划,统筹发展。可见,"三教"指的是基础教育、职业技术教育和成人教育。但从党中央、国务院、教育部等文献和高级领导人的讲话看,关于"三教"的表述不完全一致,"职业技术教育"有时被表述为"职业教育",而"基础教育"、"普通教育"、"义务教育"也都出现过,继续教育及专科教育等有时也被强调。

如1987年国家教委、财政部《关于农村基础教育管理体制改革若干问题的意见》,1990年国家教委印发的《全国农村教育综合改革实验区工作指导纲要(试行)》,1993年中共中央、国务院印发的《中国教育改革和发展纲要》,以及2001年的《国务院关于基础教育改革与发展的决定》等文献中都论述到农村"三教统筹",主要指的是农村基础教育、职业技术教育和成人教育。1999年,在《中共中央国务院关于深化教育改革全面推进素质教育的决定》中提出,促进农村普通教育、成人教育和职业教育的统筹协调发展。2003年5月30日,国务院总理在中南海主持召开国家科技教育领导小组第一次会议时指出,促进农村义务教育、职业教育、成人教育农村"三教统筹"和"农科教结合"。2003年9月20日,《国务院关于进一步加强农村教育的决定》指出,农

---

① 在需特殊强调的地方,另加说明。

村教育要实行基础教育、职业教育和成人教育的农村"三教统筹"……

因本书的研究内容是农村"三教统筹"政策，故在剖析具体政策文本时忠实于原文本。但在本研究中，对农村"三教统筹"做出如下界定：

（1）一般来说，农村"三教统筹"指的是农村的三种教育（基础教育、职业教育和成人教育）的统筹，"三教"指正规形式的这三种教育。这里要指出的是，无论是教育政策文本还是已有的关于农村"三教统筹"的研究都没有做出过这方面的界定，但笔者推断，这是由于一般大家都有意或无意地认为农村的"三教"就指正规形式的三种教育。需要说明的是，笔者之所以有如此的推断，主要考虑有二：一是正规教育（formal education）与非正规教育（non-formal education）的主要区别之一就是有无学校这一正式机构，这是学界普遍的共同认识，当然，在一定意义上，"可以肯定地说，几乎所有教育学的专业用语都或多或少地存在含糊不清的问题"[①]。二是农村"三教统筹"重在强调政府的责任，政府对正规学校教育进行统筹管理，使其协调发展，而对非正规教育，不强调政府的主要责任，政府也无法对其进行统筹管理，最多是引导。所以，作为政策的农村"三教统筹"中的"三教"指正规形式的学校教育。

（2）农村"三教统筹"既指地方对农村教育管理的实践操作经验，也指政府（国家）对农村教育管理的政策，且本研究重在后者，并将其视为政府治理农村教育的政策工具。

三　教育政策

教育政策属于政策的下位概念。当代学术界通常把"政策"定义为"国家、政党为实现一定历史时期的任务和目标而规定的行动依据

---

① ［德］沃尔夫冈·布列钦卡：《教育科学的基本概念——分析、批判和建议》，胡劲松译，华东师范大学出版社 2003 年版，第 12 页。关于正规教育与非正规教育的区别详见强海燕《发展中国家的非正规教育及其对我们的启示》，《教育理论与实践》1987 年第 1 期；宋广文、吴黛舒：《试论学校教育对非正规教育的有效控制》，《教育研究与实验》1995 年第 1 期；陈乃林、孙孔懿：《非正规教育与终身教育》，《教育研究》2000 年第 4 期；顾晓波：《成人非正规教育概念、背景及若干思考》，《职教论坛》2005 年第 11 期。

和准则"①。由此出发，教育界在解释教育政策时，也就常常将其界定为"党和政府在一定历史时期为教育工作制定的基本要求和行动准则"②。袁振国、孙绵涛、成有信、张乐天等学者都对教育政策做出过相似的界定。例如，袁振国认为，教育政策指的是"一个政党或国家为实现一定时期的教育任务而制定的行为准则"③。孙绵涛认为，教育政策是"一种有目的、有组织的动态发展过程，是政党政府等政治实体在一定历史时期，为实现一定的教育目标和任务而协调教育的内外关系所规定的行动依据和准则"④。成有信将教育政策界定为："负有教育的法律或行政责任的组织及团体为了实现一定时期的教育目标和任务而规定的行动准则。"⑤ 张乐天认为，教育政策是"一个政党和国家为实现一定历史时期的教育发展目标和任务，依据党和国家在一定时期的基本任务、基本方针而制定的关于教育的行动准则"⑥。

在本研究中，所选择的教育政策是广义上的，是指政府在教育领域发挥作用的行为过程及其结果。具体说来，本研究特别强调以下几点：

（1）从静态现象形态上来说。本研究的教育政策包括与农村教育综合改革相关的措施、方针、法律、规定、规划、准则、计划、方案、纲要、条例、细则、意见以及领导人的讲话文本等。⑦

（2）从动态过程来说。在表面上看，教育政策是一个从决策到执行再到评估与终结的过程。整个过程的参与者并不只是政府一方，而是多方利益主体，不同的组织和个人在这些过程中拥有的力量、影响以及要求是不同的。这对于我们理解教育政策的本质非常重要。从实质上看，这是政府在教育领域做出的利益分配过程，是一个利益性和强制

---

① 《辞海》，上海辞书出版社 1979 年版，第 3355 页。
② 张焕庭：《教育辞典》，江苏教育出版社 1988 年版，第 763 页。
③ 袁振国：《教育政策学》，江苏教育出版社 1996 年版，第 115 页。
④ 孙绵涛：《教育政策学》，武汉工业大学出版社 1997 年版，第 10 页。
⑤ 成有信：《教育政治学》，江苏教育出版社 1993 年版，第 201 页。
⑥ 张乐天：《教育政策法规的理论与实践》，华东师范大学出版社 2002 年版，第 20 页。
⑦ 严格地讲，教育政策与教育措施、方针、法律、规定、规划、准则、计划、方案、纲要、条例、细则以及领导人的讲话是不同的，但在我国，由于行政管理文化的影响，它们在很大程度上具有共通性，本研究没必要去细细区分它们之间的差别，而更应关注的是它们的共通性。

性、理性和政治性交织的过程，也即政策的实质就是政府把社会价值或社会利益加以确定和分配的过程，这应该是一个"社会上提出利益分配要求与决策者对社会利益格局进行分析认定的一个互动整合过程"。①教育政策的主体是政府，政府要代表不同的利益群体制定出一个在较大范围内适用的目标和规范，教育政策的目标群体不是一个人，也不是一个组织，政府内部以及不同的教育政策目标群体对于教育政策的认同和理解及其贯彻也是不同的。由于教育政策的利益性——教育政策涉及的是范围广泛而不同的利益群体，由政府集中制定的教育政策可能不会满足所有人的利益，在不同的教育政策中，利益的得与失将是不同的，但是由于不同群体在教育政策过程中所能够施加的影响力有大有小，那么反映在教育政策中的利益有可能只是少数优势群体的，而弱势群体的利益则被忽略或被侵犯，在这种情况下，教育政策就不仅仅是干预教育的手段，而变成了人为地、不公地分配教育利益的力量。

（3）教育政策的特殊性质。我们认为，教育政策除了具有一般公共政策的规定性之外，还应特别强调它的特殊性质方面：首先，教育政策的公益性。教育政策公益性的内容，尤其是教育政策公益性的实现与一般公共政策公益性的实现具有很大的区别，它主要是通过非营利性教育组织提供非商品性的教育服务来实现的。其次，教育是培养人的活动，在尊重人的主体性和人的选择问题上，教育政策与其他任何公共政策相比都具有更为独特的意义。

---

① 胡伟：《政府过程》，浙江人民出版社 1998 年版，第 173 页。

第三章 农村"三教统筹"：地方实践到国家政策

20 世纪 80 年代，由我国政府发起、推动的农村教育综合改革浪潮很快席卷了整个农村大地，其中农村"三教统筹"便是最具标志性的改革内容和途径，其经历了由地方实践经验匆匆上升到国家政策的历程，进而成为国家意志的体现，成为国家（政府）改革农村教育的政策工具。

第一节 农村"三教统筹"的地方实践

在农村教育综合改革的大潮中，地方结合自己的实际，在改革实践中总结了一些经验，其中农村"三教统筹"就是重要经验总结之一。

一 农村"三教统筹"是农村教育综合改革的旗帜

（一）农村教育综合改革的动因

党的十一届三中全会确定了我国以经济建设为中心的发展战略。然而我国人口中的 80% 在农村，作为国民经济基础的农业，以及农村和农民问题是关系到我国现代化建设全局的根本性问题。

党的十一届三中全会以来，农村首先进行了经济体制改革，全面推行家庭联产承包责任制，调动了亿万农民的积极性，使农村经济发生了历史性的变化。然而，由于我国农业生产条件比较落后，发展不稳定，其仍是国民经济中比较脆弱的产业部门。这主要表现为农业生产条件差，物资投入不足，基本上是手工劳动，劳动生产率低。其主要原因是农村劳动者的文化和科学技术素质低，缺乏吸收运用新技术的能力，使得大量的农业技术成果得不到推广应用。农村经济体制的改革使得农村迫切需要科学技术和经营知识，需要提高全体劳动者的素质，为发展农村商品经济输入强大的原动力。这些都迫切需要教育提供强大的智力支持。

而当时的农村教育却难以担此重任。由于多种历史原因，我国的农村教育存在着诸多弊端，特别是以城市教育的模式来对待农村教育。农村教育总体上存在着较为严重的脱离农村实际的倾向。长期以来，农村教育基本上是单纯的升学教育，"上学是为了不当农民"，不够发达地区的农村职业教育、成人教育基本上处于"荒芜"状态，广大农村不仅缺乏专业技术人才，而且农民素质普遍低下，以致形成农业生产效率低下，农民脱贫致富无门的落后状况。

强烈的社会需求是教育发展和改革的根本动力。"为了使农村教育坚持社会主义方向，并能适应当地经济建设、社会发展和人民改善生活的需要，对农村教育进行整体改革已经成为一件势在必行的大事。"① 这几乎是当时对农村教育进行整体改革的唯一的"信条"。

在社会强烈需求的形势下，中央强调把工作重心转移到经济建设轨道上来，邓小平同志关于"四个现代化，关键是科学技术的现代化"及"科学技术人才的培养，基础在教育"的著名论断，也明确了教育在"四化"建设中的重要地位，他还多次指示，要把毛泽东同志提出的培养德智体全面发展、有社会主义觉悟的有文化的劳动者的方针"贯彻到整个社会的各个方面"，"整个教育事业必须同国民经济发展的要求相适应"。这在当时被认为是"为我国教育改革指明了方向"。

对于农村教育而言，在 20 世纪 80 年代，其被普遍认为，在某一方面或某些方面的修修补补已不能从根本上解决问题，需要进行综合（或整体）改革。而综合改革的首要问题就是明确改革的目标方向。1983 年，中共中央、国务院发布的《关于加强和改革农村学校教育若干问题的通知》中指出，"农村学校的任务主要是提高新一代广大劳动者的素质和文化科学水平，促进农村社会主义建设。一定要适应广大农民发展生产，劳动致富，渴望人才的要求。一定要引导广大学生热爱农

---

① 吴畏、李少元：《农村教育整体改革研究》，山西教育出版社 1990 年版，第 1 页。

村，热爱劳动，学好知识和本领。必须通过宣传教育，采取切实措施，纠正目前社会上片面追求升学率的倾向"。这一通知历来被认为"为端正农村教育办学指导思想，改革我国农村教育指明了方向"。1985年，《中共中央关于教育体制改革的决定》第一条就指出，"教育体制改革的根本目的是提高民族素质，多出人才、出好人才"，该决定也提出了"教育必须为社会主义建设服务，社会主义建设必须依靠教育"的改革的指导方针。自此，有了行动指南的农村教育综合改革的大幕由政府拉开了。

国家教委明确提出：农村教育要从单纯的升学教育，转到主要为当地经济建设培养人才的轨道上来。并指出，要通过抓实验区这种组织形式来落实中央关于改革农村教育的一系列指示，要通过改革实现"教促富，富促教"的良性循环。

国家教委从1986年夏开始，在河北省三个贫困县首先进行农村教育综合改革实验。1987年初，国家教委和河北省政府联合召开了第一次实验县工作会议，并联合下发文件。全国农村教育综合改革的实验，在河北省三县的基础上，于1989年扩大到全国的116个县。

为深化农村教育综合改革工作，1989年4月国家教委成立了农村教育综合改革领导小组，负责制定全国农村教育综合改革实验和实施"燎原计划"的方针、政策；考虑和审定发展战略、规划和工作部署；协调各方力量参与并支持实施；对实施过程及其结果进行指导、检查和监督。领导小组下设农村教育综合改革实验（"燎原计划"）办公室。1989年10月与1990年10月，国家教委在湖南省的长沙、郴县和四川省的温江、广汉先后两次召开了全国农村教育综合改革和实施"燎原计划"工作会议，推广交流经验。

可以看出，从3个县的实验到116个县的实验区的建立，历时两年多，从领导小组成立到经验交流会的召开，国家对农村教育综合改革的动作之迅速，气魄之宏大，一方面显示出国家对农村教育综合改革的重视和对农村建设人才期盼之热切程度，而另一方面也叫人不得不担心短时间内大规模的动作可能会带来一系列问题。而在当时，从上至下，改革推进的热情掩盖了对后者进行反思的"闲情逸致"。

20世纪80年代的农村教育综合改革，是一项涉及农村教育转向主要为当地经济建设服务的重大社会过程，其目标是在县以下农村逐步建立和完善农村基础教育、职业技术教育、成人教育相互沟通、布局合理的农村教育体系，逐步形成教育与农村经济和社会全面发展相互促进、良性循环的机制，提高教育质量和办学效益，充分发挥农村教育在农村社会主义建设和农村全面进步中的社会功能。①

由此，我们可以得出两条基本结论：

第一，农村教育综合改革的首要动因不是来自于教育系统，而是源自于国家经济建设的需要，改革的目的主要在于为农村经济社会发展培养人才，而不是考虑农村教育对象主体的需求。所以我们说，农村教育综合改革一开始就把教育的外在目的放在了首位，教育自身的需要和本体功能也被有意或无意地置于了"配角"地位，甚至在一定程度上被忽略了。

第二，农村教育综合改革是国家（政府）意志大于民众意志的体现。改革是由政府发起、推动的，是借助于政府的行政权力自上而下地推行，而不具有"草根式"原发性的长久动力，其中几乎没有来自农村教育对象主体的"声音"。

这在一定程度上注定了农村教育综合改革的未来前景及长效性的问题。

（二）农村"三教统筹"是农村教育综合改革的标志内容

从 1986 年夏开始，国家教委在河北省三个贫困县首先进行农村教育综合改革实验。同年，甘肃省就提出了以后若干年发展职业技术教育的总体构想，即"以县为主，八方统筹"，"八方统筹"指的是人才需求统筹预测、发展规划统筹制定、培训任务统筹布置、各科教师统筹使用、教育经费统筹安排、教育设施统筹利用、培训质量统筹评估、培训机构统筹管理。②"以县为主，八方统筹"的实质是要求在县级政府的统一领导下，对农村的三类教育（基础教育、职业技术教育和成人教育）从八个方面进行统筹，使其不断发展。这是笔者发现的关于农村

---

① 国家教委办公厅：《改革中的中国教育——中国教育发展改革的实践与经验》，高等教育出版社 1993 年版，第 111 页。

② 《发挥各级政府的统筹协调作用　甘肃动员多方力量发展职业教育》，《中国教育报》1987 年 8 月 18 日第 1 版。

"三教统筹"的最早的"公开露面"。此后，关于农村"三教统筹"的媒体报道如雨后春笋般冒出来了。

后来，对农村教育综合改革的主要内容的一般总结是，在政府统筹领导下，按照"两个必须"的要求，"进一步调整和优化农村教育结构，坚持'三教统筹'和'农科教结合'，促进'燎原计划'与'星火计划''丰收计划'的有机结合，为当地建设培养迫切需要的中、初级适用人才，从整体上形成与农村科技体制和社会主义市场经济体制相适应的农村教育体系"①。

农村教育综合改革的最主要的特点是综合性，其主要表现在以下几个方面：②

第一，农村教育综合改革既强调对农村教育观念、投入体制、教育机制、学制、管理体制、办学体制、教育结构、教育内容、教育方法等教育内部诸因素的综合统筹，又要兼顾农村教育与政治、经济、社会协调发展。

第二，农村教育综合改革全面统筹农村教育体系，其中对农村基础教育、职业教育和成人教育实行农村"三教统筹"。

第三，农村教育综合改革着眼于农村教育同农业和科技相结合，实行"农科教结合"，形成以教治愚、以科致富、以富兴科教的良性循环机制。

第四，农村教育综合改革致力于为"三农"（农业、农村和农民）问题的解决服务，为彻底改变农村的落后、农民的贫困和农业的滞后发展而有所作为。

笔者注意到，自从农村"三教统筹"首次露面后，在各种文献资料中，只要有"农村教育综合改革"的出现，几乎农村"三教统筹"都如影随形，农村"三教统筹"成了"农村教育综合改革"的一张王牌旗帜。

可见，在农村教育综合改革的浪潮中，诞生了农村"三教统筹"，

---

① 郭福昌、孙文正：《农村教育改革20年的回顾与展望》，北京师范大学出版社1999年版，第57页。

② 廖其发：《中国农村教育问题研究》，四川教育出版社2005年版，第15页。

或者说，农村"三教统筹"是伴随着农村教育综合改革的，是农村教育综合改革的一条重要经验总结，而就农村教育系统内部来说，农村"三教统筹"就是农村教育综合改革的核心意义。"坚持三教（基础教育、职业技术教育、成人教育）统筹，是农村教育综合改革中一个很有特色的做法。"①

二 农村"三教统筹"的指导思想和任务目标

（一）教育方针是农村"三教统筹"的指导思想

改革开放以来，我国逐步确立了"教育必须为社会主义建设服务，社会主义建设必须依靠教育"的教育方针，提出了"教育是培养社会主义建设者和接班人"的教育目的。自然，农村的任何教育、农村的任何教育改革，都必须在教育方针、教育目的的"指挥棒"指挥下开展、进行，对应地，在具有城乡差距的中国，在城乡二元割裂思维的指导下，农村教育、农村教育改革必须为农村社会建设服务，为农村培养建设者。这是一种必然的逻辑。

正如学者们所认为的，"农村教育改革的动因，是彻底改变农村教育指导思想、教育体制、教育结构、教育内容和教育方法诸方面存在的脱离农村建设实际，不适应农村经济建设和其他各项建设需要的局面"②。也如《国务院转批教育部、国家劳动总局关于中等教育结构改革的报告》（1980年）所规定的，"县以下教育事业应当主要面向农村，为农村的各项建设事业服务"。还有，中共中央、国务院发布的《关于加强和改革农村学校教育若干问题的通知》（1983年）也明确指出，"农村学校的任务主要是提高新一代广大劳动者的素质和文化科学水平，促进农村社会主义建设"。这些被认为是"为端正农村教育办学指导思想，改革我国农村教育指明了方向"。

教育方针为教育事业改革和发展提供方向和指针，是教育政策和实践的"最高指示"。从下文各地农村"三教统筹"的实践来看，它们的

---

① 何东昌：《中国农村教育综合改革的伟大实践——农村教育综合改革案例选编》，教育科学出版社1993年版，第160页。

② 吴畏、李少元：《农村教育整体改革研究》，山西教育出版社1990年版，第15页。

指导思想皆来自于我国教育方针这柄"尚方宝剑"的要求，都是教育方针的具体化，无一例外。

（二）三类教育协调发展是农村"三教统筹"的任务目标

基础教育、职业教育、成人教育，是农村教育的三个重要组成部分，三者缺一不可。正如一般的批评所指出的，长期以来，我国的农村教育结构单一，以普通中、小学为主，职业教育和成人教育非常薄弱，严重影响农村教育为农村各项建设事业服务的功能。为使农村教育更好地为社会主义现代化建设服务，必须调整教育结构，加强职前、职后的职业教育（含成人教育），大力发展职业教育和成人教育，使得三种教育协调发展、相互沟通，提高农村教育的整体效益。我们注意到，平度、临猗和清水县的农村教育综合改革，都将三类教育协调发展作为改革的任务目标。

调整教育结构，把普及九年义务教育和发展职业技术教育与成人教育、搞好各类短期技术培训结合起来，逐步建立和完善三教并举、相互沟通、布局合理、职业配套的农村教育体系，以适应大力培养农村急需的初、中级技术人才，大范围提高农村劳动者素质的需要。[1] 这是农村教育综合改革的目标之一，也是农村"三教统筹"的总的任务和内容。对于三类教育分别而言，具体地：[2]

1. 基础教育

要认真贯彻《义务教育法》（1986 年），有步骤地推进九年制义务教育，切实加强基础教育，提高教育质量，全面提高学生的基础素质，加强教育同当地生产、生活的联系，农村中小学教育要坚决从单纯的升学教育转变为全面的素质教育，转变到主要为当地经济建设服务的轨道上来，提高民族素质，培养德、智、体全面发展，并具有一定劳动技能的新型劳动者。普通中小学在学好文化基础课的同时，应认真按教学大纲的要求，上好劳动课和劳动技术课，在适当阶段因地制宜地引进职业技术教育因素。各科教学都应注意联系实际，积极开展能联系当地生产

---

① 吴畏、李少元：《农村教育整体改革研究》，山西教育出版社 1990 年版，第 49 页。

② 吴畏、李少元：《农村教育整体改革研究》，山西教育出版社 1990 年版，第 49—50 页；马培芳、王琳：《农村教育综合改革研究》，甘肃教育出版社 1997 年版，第 22—23 页。

实际的课外科技活动，中学还可开设职业技术选修课。要采取多种形式大力发展小学后、初中后、高中后（简称"三后"）职业技术教育，如小学五加一，中学（初、高中）三加一、三年级分叉、二年级分叉等。所加的"一"，是指一段时间的职业技术教育，时间长短要因地、因人、因事制宜，使所有回乡毕业生都有一定的生产知识和技能。

2. 职业教育

要根据当地经济发展的需求，积极发展中等职业技术教育。尤其要办好直接为农业生产服务的农、林、牧类专业。同时，也要办好为发展乡镇企业和第三产业服务的各类专业。中等职业技术学校，应坚持人才培养、科技示范、技术推广、生产开发和经营服务密切结合，发挥上挂（高校、科研单位）、横联（农业、科技等部门和单位）、下辐射（乡村、农户）的作用。农村职业技术教育要增强灵活性、适应性和实用性，长短结合，产学结合，校内外结合，以育人为主，讲求育人效益、经济效益和社会效益。

3. 成人教育

农村成人教育要从发展农村经济，促进农民脱贫致富的需要出发，坚持以岗位培训和实用技术培训为主，扫盲与技术教育相结合的原则，使农村成人教育真正成为把先进科学技术与劳动者结合起来的纽带和桥梁。对青年农民进行以周期短、适合当地水平、见效快（简称"短、平、快"）项目为主的短期培训，并且要充分利用广播、电视等现代化教学手段，传播文化知识和生产技术。

三 农村"三教统筹"的实践运作

地方实践中到底是如何进行农村"三教统筹"的？以下以全国东、中、西部各一个县为例，来看实践中农村"三教统筹"的具体运作。尽管各地实践中的农村"三教统筹"不完全一致，但这三个县是研究农村教育综合改革和农村"三教统筹"必须要关注的，一是由于它们在农村教育改革和农村"三教统筹"方面起步早，经验成熟，是多次受到国家教委表彰的先进典型，且为"全国百县农村教育综合改革实验区"实验县。二是它们分属于东、中、西部，在全国具有典型性，可以从中总结出全国农村"三教统筹"实践的大致运作情况。另外，这三个县的农村"三教统筹"实践的介绍出自报纸等文献中，笔者在此尽量剔除了原文献中含有评价褒贬的表述，即只考察三县农村"三教统筹"实践的具体运作情况，不对其进行评价判断。2000年以来，黑龙江呼兰县和前文提到的山西省前元庄等地的农村"三教统筹"事迹又涌现于报刊媒体，但据笔者的考察，其具体实践与上述三个县并无多大差别。

（一）山东平度县的农村"三教统筹"

山东省平度县较早地开始了农村教育综合改革，并形成了自己的特色。所以，国家教委于1987年12月在平度县召开了"农村教育为当地经济建设服务经验交流会"，1988年平度县被国家教委确定为农村教育综合改革实验区的实施"燎原计划"示范县，自1988年1月26日开始，《中国教育报》在第一或第二版大篇幅连续7期刊登"山东省平度县教育工作考察"系列，自此，平度县因农村教育综合改革而名声大噪。

盘点平度县农村教育综合改革的经验总结，最为引人注目的就是农村"三教统筹"。在"必须坚持教育的社会主义方向，培养大批社会主义事业的建设者和接班人，以适应全市经济建设和社会发展的需要"[1]的指导思想下，平度县从当地建设的需要出发，把基础教育、职业技术教育和成人教育作为一个整体来抓，使"三教"统筹，协调发展，相互沟通，相互补充。具体操作体现在以下方面：[2]

1. 平度县委、县政府对全县教育事业实行统筹管理

县里成立了职业教育和成人教育管理委员会，主任由县委书记担任，副主任由分管教育的县委副书记、副县长担任，县教育局设相应的职能科室，管理日常工作。县里还建立了职业技术教育和成人教育中心，在县委、县政府的领导下，该中心实行统一规划，统一领导，统一管理教学工作，分口预测人才，分口提供经费，分口使用人才。在全县

---

① 国家教育委员会农村教育综合改革（燎原计划）办公室、天津市教育卫生委员会（燎原计划）办公室：《全国农村教育综合改革实验县概览》，教育科学出版社1993年版，第291页。

② 参见朱世和、高文元、鞠庆友、张增伦、李国早《平度教育的新格局——山东省平度县教育工作考察之五》，《中国教育报》1988年1月28日第2版。

范围内统筹安排职业技术教育和成人教育的升学和专业，除了个别特殊专业仍由有关部门自己办学外，其他部门干部和职工的中等教育逐步合并到职业技术教育和成人教育中心办学。

2. 根据"三教"的不同特点和实际需要，确定投资比例，使"三教"都有稳定的经费来源

具体做法是：由县统筹的人民教育基金，在使用上，基础教育占86%，职业技术教育占10%，乡镇文化技术学校占4%；对职业中学，除照发普通中学的行政经费外，每年每班拨专业经费4000元；对成人教育的县、乡重点学校拨专项经费。

3. 统一调配、培训师资

职业技术教育所需要的文化课教师由教育局配备，专业课教师由县委、县政府负责从全县科技人员中调配或聘请兼职教师。成人教育的师资由县和乡镇负责调配。县教育局为各乡镇的成人教育配备了中学副校长级的专职辅导员和专兼职文化课教师，其待遇与中小学的教师相同；专业课师资由乡镇政府从科技人员或能工巧匠中聘请兼职教师；村办学校的教师，由村庄推荐，乡镇考核后录用，由县农民教育师资培训学校负责培训。

4. 教育部门加强教育科学研究，提出建议，解决"三教"协调发展中的问题

平度县还在"三教"相互沟通、相互补充上做了探索。

一是注意在中小学教育中引入职业教育的成分。从1980年起，全县各中小学都开设了劳动课和劳动技术课，从1987年起在四个乡镇的中心中学试行初中四年制，增大职业技术教育成分。

二是职业技术教育与基础教育和成人教育沟通。职业技术教育为基础教育培养、培训师资，比如：职业中专、职业高中为小学培训劳动课教师；各职业学校的劳动实习基地供附近的中小学和乡镇农民文化技术学校使用；各职业学校举办各种短训班，还根据农时季节深入农村举办科技讲座，开展咨询服务，向农民提供急需的知识和技术。

三是成人教育对基础教育和职业技术教育进行补充。各乡镇成人教育中心对回乡的初、高中毕业生进行职前培训；成人教育的劳动实习基地也对中小学和职业学校开放。

（二）山西临猗县的"五个统筹"

早在 1986 年，山西省临猗县将"依据《全国农村教育综合改革实验区工作指导纲要》，贯彻教育必须为社会主义现代化服务，必须同生产劳动相结合，培养德、智、体全面发展的建设者和接班人的方针，坚持三教统筹、农科教结合，全面提高教育者和被教育者素质，促进全县经济建设和社会发展"① 作为农村教育综合改革的指导思想，做到"五个统筹"，即规划统筹制订、项目统筹布点、经费统筹安排、师资力量统筹调配、办学设施统筹使用。改变了"三教"分离、各自倾斜的局面，使三类教育相互衔接、互相沟通、相互渗透、相互补充。临猗县在改革实践中的具体做法是：②

1. 在管理体制上统一领导

三类教育的"五个统筹"，由谁来统，如何统，临猗县是这样做的：

一是县委、县政府抓宏观统筹。1986 年，临猗县建立了三教统筹协调委员会，由县长（任委员会主任）、县委一位副书记和分管文教的副县长（任委员会副主任），以及教育、农业、科委、经委、计委、财政、劳动、人事、组织、税务、乡镇企业等部门主要领导组成。三教统筹协调委员会的工作实行纵横结合，三统三分。横向领导由县三教统筹协调委员会实行宏观管理，统一领导、统一规划、统一教学管理；纵向领导由教育、农业、科技、经济组织部门具体负责，分口预测人才需求和拟定每年培训计划，分口落实培训经费，分口调配专业课教师。县三教统筹协调委员会至少每半年要研究一次教育工作，凡涉及教育部门和其他部门需要协调关系、统一解决的问题，都在全局范围内予以统筹安排。协调委员会先后通过调查研究和论证制定了《临猗县农村三教整体改革实施方案》《关于加强幼儿教育工作的决定》《关于加强职业技术教育规划工作的决定》《关于改革和发

---

① 国家教育委员会农村教育综合改革（燎原计划）办公室、天津市教育卫生委员会（燎原计划）办公室：《全国农村教育综合改革实验县概览》，教育科学出版社 1993 年版，第 18 页。

② 参见何东昌《中国农村教育综合改革的伟大实践——农村教育综合改革案例选编》，教育科学出版社 1993 年版，第 161—173 页。

展农民教育工作的决定》。

二是农村"三教统筹"的工作重心在乡镇。临猗县在乡（镇）一级成立教育领导小组，由政府"一把手"挂帅，吸收财务、企业、学校有关方面主要领导组成。教育领导小组的主要职责是负责筹措办学经费，改善办学条件，落实民办、幼儿教师工资，选聘校长、教师，检查学校教育质量；举办"三加一"班，组织对回乡初高中毕业生和青壮年农民的实用技术培训。乡镇政府对"三教"实行统筹领导，有的乡利用日校办夜校，一个阵地几块牌子。

三是县教育部门当参谋，在统筹中发挥职能作用。县教育部门既是领导决策上的参谋，通过实际调查研究，了解和研究全县经济和社会发展的特点，确定本县教育事业发展的方向和措施，向领导提出建议和改革措施，也是改革实践中的指挥，还是沟通四面八方联系的枢纽。

2. 在教育投资上统筹使用

临猗县在进行农村"三教统筹"的整体改革中，注重对人、财、物进行跨部门统筹。

首先，经费管理统分结合，在资金上为职业技术教育和成人教育的发展提供经费保证。在地方财政中单列职业技术教育经费和成人教育经费；对于农村教育费附加，各乡镇在年初预算时，对三类教育划块分列，建立专账；经济和科技发展项目培训费分口筹措，分口使用；发展校园经济，开展勤工俭学，收入作为学校发展基金。建立人民教育基金制度，广泛发动社会力量集资办学。

其次，办学设施统筹使用。从1986年开始，临猗县采取了三条措施加快职业技术教育的设施建设：一是由联办单位提供实习基地，接收学生实习；二是对口建立校外挂钩实习基地（如农户）；三是"三教"互通，共用教学设施，关于乡、村两级农民技术教育阵地问题，县政府规定经济基础较好的单位可单独创建，经济较困难的单位可利用日校办夜校，借用中小学校舍。农职校的实习基地、农民学校的"党员之家"及图书室、游艺室等设施，对中小学开放，作为开展课外活动和进行劳动技术教育的实习场所。

最后，师资力量统一调配。对于职业中学和农技教师的问题，全县从普通中学选调一部分有专业特长的公办教师到职业高中和乡镇农民技术中心任专职教师。对于专业性较强而教育部门又缺乏师资的专业，主要通过五条渠道解决：一是从联办单位选农艺师、工程师、医师和乡镇企业技术人员兼任；二是聘任农村有关专业特长的名人、能人任教；三是聘请大专院校、科研单位、学术团体的教授、专家讲学；四是大中专毕业生中的对口专业优先保证分配；五是职业中学和乡镇农教中心骨干学员毕业后留校任教。

3. 在人才培养上相互沟通，相互渗透

首先，教学内容和形式渗透。普通教育增设劳动课和职业技术课；成人教育按技术培训对文化知识的要求，有针对性地进行文化课教育；普通初中开设"3+1"班，成立科技试验小组；力求成人教育的专业设置与普通教育和职业教育相沟通，对原有专业进行拓宽、改造和更新。

其次，培养途径相互沟通，建立教学对象覆盖农村全体青少年和广大劳动者的"三教一体"教育网络。临猗县把农村"三教统筹"、"农科教结合"的工作重心放在乡镇，建立起以县办农职校为龙头、乡（镇）农校为枢纽、村办农校为阵地、科技示范户为网点的培养人才教育网络，做到"五个统筹"（见上文）。普通教育利用学校劳动基地，一方面组织学生进行劳动实践，另一方面开展科学种田试验；职业技术学校坚持"一校带一乡、一生带一户"，发挥示范作用和辐射作用；农民教育发展科技示范户既是农村经济发展的带头人，又是学科学、用科学、传播科学的先进分子。

（三）甘肃清水县的"八方统筹"

1986年，甘肃省召开了西片区职业教育会议，在总结清水县和各地发展经验的基础上，提出了"以政府为主进行统筹办教育"的初步设想。1987年，在全省职业教育大会上，形成了"加强一个领导，落实三项任务，完成五六七指标，实行八方统筹"的农村教育总体发展思路，并首先在甘肃清水、静宁、合水等县进行试点，而后逐步向全省农村推开。1987年，甘肃省在10个地、州、市成立了由政府主要领导挂帅的职教委员会，大多数县成立了相应的统管机构。在省级层面，安排职教专项补助经费，专列职教基建费；在解决专业课师资严重不足的问题上，采取了双管齐下的办法①：一是以县为单位，把分散在工业、农业、科技、医疗卫生等部门的专业技术人员纳入兼职教师系列，统筹借聘；二是在甘肃农业大学、西北师范学院（现西北师范大学）和甘肃联合大学等校分别设置职教师资培训基地。同时，还委托省内外一些高等院校代培本省紧缺专业的师资。

清水县是甘肃省农村教育改革起步较早的县，也是"全国百县农村教育综合改革实验区"实验县之一。清水县依据《中共中央关于教育体制改革的决定》树立"人民教育人民办，办好教育为人民"的指导思想，落实"教育必须为社会主义建设服务"的战略方针，探索"教育兴农"的路子，完善"八方统筹"各类教育与经济、社会协调，实行"三教"结合②。

自1986年以来，清水县打破部门界限，实行统筹办学，成立了综合教育中心，把职业教育、基础教育、成人教育结合起来。具体做法是：③

1. 统筹领导

综合教育中心的领导小组对教育工作实行统筹领导。领导小组由县委书记担任组长，主管教育工作的副县长担任副组长，县组织、宣传、农业、计划、教育、人事、党校、财政部门的主要负责同志任领导小组成员。他们将县委党校、教师进修学校、职业技术学校、电大工作站、电视师范学院、成人自学辅导站、电教馆、教研室、卫生学校9家连为一体，按照各自培养目标统一办学；同时通过中心领导小组对全县文教卫生、农林、工交、财贸、党政5个系统的职业技术培训进行统筹管理，举办各种长、中、短期培训班。

2. 统筹预测

结合全省统一部署的"人才预测、教育规划"工作，综合教育中

① 参见闻志强《甘肃动员多方力量发展职业教育》，《中国教育报》1987年8月18日第1版。

② 国家教育委员会农村教育综合改革（燎原计划）办公室、天津市教育卫生委员会（燎原计划）办公室：《全国农村教育综合改革实验县概览》，教育科学出版社1993年版，第611页。

③ 参见刘永曾、朱玲《清水县教育形成为本地经济服务的新格局》，《中国教育报》1987年11月28日第1版。

心对全县各单位职工现有专门人才进行了普查，又对全县各行各业"七五"期间所需专门人才的情况进行了预测。在制定的教育规划中，除确定了需要培训的各类初中级专业人才的人数外，还对培训措施、条件和培训的具体形式等作了统一的安排。

3. 统筹培训

一是对全县中小学教师中不合格者进行学历达标教育和教材教法培训提高；二是开展初中后学校职业技术教育，开办"3＋1"的职业班；三是采取有效措施，组织协调和指导函授、农村"两广"校、自学考试、电视大学、卫星电视教育、农民夜校等多种形式的成人教育，重点是对在乡的初、高中毕业生进行应用技术培训；四是对县、乡、村各级党政干部进行政治理论和行政管理知识的培训；五是指导和统筹全县各普通中学、小学设置劳动技术课和职业技术专业课程，对全体中小学生进行劳动和职业技术教育，筹划为每所中小学建立2—10亩的学田基地；六是进行基础教育、职业教育和成人教育的教学研究，使教学体制上能够做到教学、实践、经营三方面结合起来。

4. 统筹师资

采取专职和兼职相结合的办法统筹调配教师。文化课教师由教育部门选配，专业课教师统一聘请，全部专兼职教师由综合教育中心统一调配。

5. 统筹经费

综合教育中心对经费采取统管和分管相结合的办法，中心直接组织的培训活动，经费由各有关单位列支，交中心统筹安排；而由各有关单位具体组织实施的培训活动，经费由各有关单位直接列支。综合教育中心的经费，主要从4个渠道筹集：各系统上级部门下拨的专项经费，从中提留20％；各厂矿企业从职工教育经费中提留20％；从地方财政自筹资金中抽出5％用于发展职业教育；从城镇青年安置费中抽出30％。统筹经费主要用于聘请兼职教师，购买仪器设备、图书资料。

尽管上述各地对农村"三教统筹"的具体实践运作方式和途径各异，但我们能够从中总结出一些农村"三教统筹"的共同做法和经验。而上述三县是"全国百县农村教育综合改革实验区"实验县，是受到国家教委表彰的先进典型，其中的一些农村"三教统筹"的共同做法和经验在全国来说具有很强的代表性。

第二节 农村"三教统筹"作为国家改革政策

农村"三教统筹",这一农村教育综合改革的核心,上升到国家政策层面,自然就成为了国家改革农村教育的政策工具,其被国家[中央政府、教育部(原国家教委)]不断推广、深化、加强的过程,也就是国家(政府)对农村教育进行改革的过程。

一 农村"三教统筹"在国家政策层面的演进

党的十一届三中全会以来,党中央和国务院发出了一系列关于教育工作的重要文件,党和国家领导人也发表了许多有关教育问题的讲话、文章。这些文献,集中地体现了党和国家发展和改革教育的方针、政策,也反映了这一时期我国教育发展与改革的基本经验。梳理和总结这些政策文件,能够清晰地看到我国教育发展与改革的历程。

改革开放后的农村教育综合改革是以农村"三教统筹"和"农科教结合"为主要内容的改革。从国家政策文本的角度来看,以政策文本对农村"三教统筹"思想的表述,结合农村教育综合改革的进程,农村"三教统筹"政策大致经历了以下阶段,这些阶段表明了农村"三教统筹"在国家政策层面的演进历程。

(一)酝酿萌芽阶段(1979—1987年)

这一阶段国家政策中虽没有农村"三教统筹"的明确提法,但教育"统筹"的思想已经酝酿于其中。

1979年11月中共中央批转的《中共湖南省桃江县委关于发展农村教育事业的情况报告》在改革开放后第一次明确提出农村教育怎么办的问题,主张坚持"两条腿走路"的方针,实行普通教育、业余教育、学前教育一起抓,三者互相衔接、互相促进,全面发展农村教育。《中共湖南省桃江县委关于发展教育事业的情况报告》中指出,"'三种教育'是相互联系、相互促进的"。关于如何抓好"三种教育",该报告指出"要树立一盘棋的思想……在工作上要统一计划、统一部署、统一检查、统筹兼顾"。① 该报告中虽然谈到农村普通教育、业余教育和学前教育这三种教育，但其体现出的"统筹"的思想至关重要，与后来的农村"三教统筹"思想一脉相承。所以，这里的表述可以看作是农村"三教统筹"思想在政策文本中的最早表露。

1980 年 10 月，国务院转批的《教育部、国家劳动总局关于中等教育结构改革的报告》中提出了两个"并举"：中等教育结构改革要重视普通教育、职业技术教育"并举"，全日制学校与半工半读学校、业余学校"并举"。该报告还提出了中等教育结构改革的内容和途径，如"普通高中要逐步增设职业（技术）教育课"，"将部分普通高中改办为职业（技术）学校、职业中学、农业中学"，"农业中学、职业中学是普通教育与职业技术教育相结合的中等学校"。"将部分普通高中改办为职业（技术）学校，必须注意搞好普通中学的合理布局，适当改善办学条件，统筹安排，有计划地进行"②。可以看出，该报告已经谈到了普通教育与职业教育的"统筹"问题，并谈到了具体的"统筹"措施。

1983 年 5 月 6 日，《中共中央、国务院关于加强和改革农村学校教育若干问题的通知》提到，"各地要根据本地区的实际需要与可能，统筹规划，有步骤地增加一批农业高中和其他职业学校。除在普通高中增设职业技术课，开办职业技术班，把一部分普通高中改办为农业中学或其他职业学校外，还要根据可能，新办一些各类职业学校。力争一九九〇年，各类职业技术学校在校学生数达到或略超过普通高中"。这说明在国家层面已经开始考虑农村教育的"统筹"问题，并提出了发展农村职业学校的措施和大致目标。该通知还对农村职业学校、农业高中和普通高中的教学改革以及职业学校教师队伍建设提出了指导意见，这些意见与后来农村"三教统筹"的一些做法完全一致。1985 年，《中共中央关于教育体制改革的决定》总结了教育结构上存在的问题，并提出了改革和发展中等职业教育和普通教育的指导意见，提出了"分流"

---

① 国家教育委员会政策法规司：《十一届三中全会以来重要教育文献选编》，教育科学出版社 1992 年版，第 36 页。

② 同上书，第 58—59 页。

措施①和扭转中等教育结构不合理的状况②的指导意见。这也和一些地方实践中农村"三教统筹"的做法完全一致。

从 1986 年开始，国家开始注意到农村成人教育的问题。1986 年 3 月，何东昌在国家教委 1986 年工作会议上关于当前教育工作的几点意见中指出："农村成人教育主要是两个问题，一是知识青年的职业技术教育，二是扫盲问题。发展农村成人教育，要充分利用现有的教育、文化、科技和农业、商业等部门的设施，实行一校多用，一站多用，一场多用。"③ 这实质上是农村"三教统筹"中所谓的要素统筹中的设施、场地的统筹使用。1986 年 8 月 30 日李鹏关于《大力发展职业技术教育是教育改革的重要内容》的讲话，以及 1986 年 9 月 10 日李鹏在全国教育系统优秀教师先进集体表彰大会上的讲话，都谈到在农村的初级中学教育阶段发展职业教育可以采取的几种形式：一种是进入初中阶段就增加农村职业技术课程；一种是在初中末，专门开办一年的职业技术教育。还可以在初中毕业后进行短期的职业培训。④ 这都是在一些地方的教育改革实践中总结的经验，并进入了国家领导人的视野，成为政策的"风向标"。

国家教委 1987 年工作要点中指出，"努力推进农村中等教育结构改革，与成人教育统筹安排，促进农村多种形式的职业技术教育的发展"。这实质上就是农村"三教统筹"的问题，只不过还没有冠以农村

---

① "要充分发掘现有中等专业学校和技工学校的潜力，扩大招生，并且有计划地将一批普通高中改为职业高中，或者增设职业班，加上新办的这类学校，力争在 5 年左右，使大多数地区的各类高中阶段的职业技术学校招生数相当于普通高中的招生数"。参见国家教育委员会政策法规司《十一届三中全会以来重要教育文献选编》，教育科学出版社 1992 年版，第 185 页。

② "根据大力发展职业技术教育的要求，我国广大青少年一般应从中学阶段开始分流：初中毕业生一部分升入普通高中，一部分接受高中阶段的职业技术教育；高中毕业生一部分升入普通大学，一部分接受高等职业技术教育。在小学毕业后接受过初中阶段的职业技术教育的，可以就业，也可以升学。凡是没有升入普通高中、普通大学和职业技术学校的学生，可以经过短期职业技术培训，然后就业。"参见国家教育委员会政策法规司《十一届三中全会以来重要教育文献选编》，教育科学出版社 1992 年版，第 185 页。

③ 国家教育委员会政策法规司：《十一届三中全会以来重要教育文献选编》，教育科学出版社 1992 年版，第 588 页。

④ 同上书，第 258 页。

"三教统筹"之名。1987 年 1 月 3 日，在《国务院办公厅转发国家教育委员会等部门关于全国职业技术教育工作会议情况的报告的通知》中，也明确提出：

> 必须把从业前的职业技术教育和农民成人教育结合起来，统一安排和管理；必须把职业技术教育和生产劳动、技术推广结合起来。发展职业技术教育……要根据各地的经济发展水平和文化教育基础，采取更加灵活多样的形式，以发展初、中级职业技术教育为主，长期与短期结合，大力开展周期短、见效快的培训；有条件的县应当集中力量办好一所示范性职业技术学校以作为骨干和基地；普通中学也应根据需要开办职业培训班或开设职业技术课。发展职业技术教育应当与普及义务教育结合起来，初级职业技术教育应当看作九年制义务教育的一个部分。①

这是实践中农村"三教统筹"的具体做法在政策文本中的反映。紧接着的 1987 年 6 月 23 日，《国务院批转国家教育委员会关于改革和发展成人教育的决定的通知》指出，"农村中扫除青壮年文盲的任务还很艰巨，必须继续抓紧进行，并要把扫盲与普及初等教育、普及科学技术知识结合起来"。"要加强成人学校与普通学校之间，各类成人学校之间的横向联系和协作，发展多种形式的联合办学。""农村成人学校与农村的普通学校、职业学校应当互相沟通，也可以采取不同形式联合举办各种技术培训班或文化班。"

至此，政策文本中的农村"三教统筹"的实质要素已经具备，农村"三教统筹"之名在政策文本中呼之欲出。

（二）探索总结阶段（1987—1988 年）

在《中共中央关于教育体制改革的决定》的推动下，1987 年底国家教委与河北省政府商定，率先在阳原、顺平、青龙三县建立农村教育综合改革试验区。同年，在辽宁省海城市召开了"农村教育改革座谈

---

① 国家教育委员会政策法规司：《十一届三中全会以来重要教育文献选编》，教育科学出版社 1992 年版，第 293 页。

会"，在山东平度召开了"教育为农村经济建设服务经验交流会"。1988 年 8 月，国家教委在河北南宫召开会议，在全国部署实施国务院正式批准的"燎原计划"。这些事件充分说明，我国的农村教育综合改革处于探索试验阶段。在这一阶段，国家政策一方面要不断总结实践中的经验，另一方面还要为实践提供指导，所以这一阶段是农村教育综合改革的探索阶段，也是农村"三教统筹"政策逐步成型的阶段。

1987 年 9 月，何东昌在辽宁省农村教育办学方向研讨会上的讲话指出，"农村的基础教育、职业教育、成人教育三块要统筹研究"①。国家教委 1988 年工作要点中谈道：

> 在基础教育的适当阶段引入某些职业技术教育的成分，发展多种形式和不同层次的职业技术教育和成人文化技术教育。要进一步深化基础教育管理体制的改革，加强县和中等城市政府从当地建设的实际需要出发，对基础教育、中等职业技术教育和成人职业技术培训实行统筹管理的权力和责任。

这说明国家开始从管理体制的高度来认识发展农村"三种教育"的问题了。1988 年 2 月 3 日，何东昌在国家教委 1988 年工作会议上的讲话指出，"要进一步改革教育管理体制，加强地方特别是市、县，对中等和中等以下教育的统筹职能"。

1988 年 9 月 30 日，《国务院办公厅批复国家教委关于组织实施"燎原计划"的请示的通知》再次明确了农村教育要更好地为提高农业劳动者的素质服务，强调大力发展农村职业技术教育。

> 过去，由于教育在一定程度上脱离实际，特别是受片面追求升学率的影响，农村教育的潜力和社会效益没有充分发挥出来。亟须加快农村教育改革的步伐，使农村教育更好地为提高农业劳动者的素质服务。从我国的实际出发，农村教育应当在良好的基础教育的

---

① 国家教育委员会政策法规司：《十一届三中全会以来重要教育文献选编》，教育科学出版社 1992 年版，第 593 页。

根基上，面向当地农村经济建设的实际需要，大力发展灵活多样的职业技术教育。使学生不仅学好文化科学基础知识，而且能够掌握一定的实用技术和经营本领，成为发展农村商品经济的骨干。

在各地农村已经涌现出来的坚持教育为当地农业建设服务的先进典型的基础上，该通知指出"应当有计划有组织地总结推广这些成功的经验"，所以"制定了一个深入进行农村教育改革试验、推动农村教育为当地农业生产和农村经济发展服务的'燎原计划'"，"燎原计划"的主要任务是：

在做好普及义务教育工作的基础上，充分发挥农村各级各类学校智力、技术的相对优势，积极开展与当地建设密切结合的实用技术和管理知识的教育，培养大批新型的农村建设者；并积极配合农业与科技等部门，开展以推广当地实用技术为主的试验示范、技术培训、信息服务等多种形式的活动，促进农业的发展。

该通知为农村教育综合改革提供了政策操作上的"抓手"，明确提到了为促进农村社会经济发展，要处理好农村"三种教育"的关系。

从上述国家政策文本中可以看出，农村"三教统筹"已经形神兼备，其名"犹抱琵琶半遮面"。

（三）大规模试验阶段（1989—1993 年）

从 1989 年起，在国家教委的组织下，我国开始正式在全国大规模地开展农村教育综合改革试验工作，不断加强对农村教育综合改革实验的调查、研讨，实行"燎原计划"，开展农村"三教统筹"和"农科教结合"等工作。农村"三教统筹"的大名正式进入国家教育政策文本。

李铁映在国家教委 1989 年工作会议上的讲话中第一次正式谈道，"'三教统筹'和教育综合改革进行了有益的探索"。这是在国家领导人讲话中第一次出现农村"三教统筹"字眼，自此，农村"三教统筹"作为一个专有名词频频出现在国家领导人讲话和政策文本之中。

1989 年 3 月 23 日，何东昌发表《从农村看中国普及教育的路子》一文，其中提到：

发展职业技术教育，必须有职业技术师资、实习试验场地必备条件。为了充分利用现有条件，充分发挥效益和潜力，应当改变基础教育、职业技术教育、成人教育原来三方面各成体系的状况，做到专业教师、实习试验场地可以统筹使用。县里要统一安排各系统的专业人才到学校兼课。许多地方把这种办法叫做农村"三教统筹"、"上挂、横联、下辐射"。……为了做到这一点，都要求县以上主管部门赋予县级政府以更大的统筹职能和决策权，使县政府能够根据本地经济社会发展的需要，制订规划，筹集经费，统筹教育事业的发展。①

这是对农村"三教统筹"的首次完整的权威解释。

在总结经验的基础上，1989 年 3 月国家教委在全国建立了 116 个农村教育综合改革实验县和 30 个地区（市）级农村教育综合改革联系点，加上各省、自治区、直辖市确定的实验县（市）达到近千个，燎原计划示范乡镇发展到近万个，分布在全国 3/4 的县（市）内。同年 12 月，李铁映在第七届全国人大常委会第十一次会议上所做的《关于我国教育工作若干问题的汇报》中提到，"在农村，实行了基础教育管理体制改革，基础教育、职业技术教育和成人教育农村'三教统筹'，教、科、农结合的试点取得了明显效果"②。

1990 年 10 月，何东昌在第二次全国燎原计划与农村教改实验县工作会议上的讲话中指出：

现在农村搞的三教统筹，就是贯彻教育与生产劳动相结合。如果农村只有基础教育，没有职业技术教育、没有成人教育，就应该说是没有结合好……事实告诉我们，谁若真正重视基础教育，就必须搞三教统筹。事实上，搞三教统筹见了效益的地方，群众办学的

① 国家教育委员会政策法规司：《十一届三中全会以来重要教育文献选编》，教育科学出版社 1992 年版，第 605 页。
② 同上书，第 414 页。

积极性就高，基础教育办学条件改善得就快。①

　　这说明，农村"三教统筹"引起了国家的高度重视，并被认为是解决农村教育问题的有效策略。1991 年 1 月，在全国职业技术教育工作会议上，李铁映的讲话谈道："在广大农村地区，要积极推行'燎原计划'，实行三教统筹，农科教结合，分别对小学后、初中后、高中后的回乡青少年进行短期实用技术培训。"② 何东昌在会议上也谈道："解决体制问题，首先要加强地方政府的职能，农村的统筹是'三教统筹'，'农、科、教结合'（也是个统筹问题），主要环节在县一级，当然上面要支持、要放权。"至此，农村"三教统筹"与"农科教结合"开始在政策文本中形影相随。同年 10 月，《国务院关于大力发展职业技术教育的决定》明确提出，"在广大农村地区，要积极推进农村教育综合改革，实施'燎原计划'，实行农科教结合，统筹规划基础教育、职业技术教育和成人教育，采取更灵活的方式大力发展职业技术教育"③。

　　1992 年，国家教委召开全国第三次实施"燎原计划"和河北农村教育改革实验区工作会议，广泛推广"农科教统筹结合"和农村"三教统筹"的经验，提高 116 个农村教育综合改革实验县水平，扩大实施"燎原计划"县、乡的范围。1992 年的《全国教育事业十年规划和"八五"计划要点》和 1993 年中共中央、国务院印发的《中国教育改革和发展纲要》分别指出，要继续推进农村"三教统筹"、"农科教结合"和"燎原计划"，"县、乡两级政府要分级统筹管理基础教育、职业技术教育、成人教育，统筹规划经济、科技、教育的发展，促进'燎原计划'与'星火计划'、'丰收计划'的有机结合，落实科教兴农战略"④。

---

　　① 何东昌：《中华人民共和国重要教育文献（1949—1997 年）》，海南出版社 1998 年版，第 3047 页。

　　② 国家教育委员会政策法规司：《十一届三中全会以来重要教育文献选编》，教育科学出版社 1992 年版，第 465 页。

　　③ 同上书，第 516 页。

　　④ 何东昌：《中华人民共和国重要教育文献（1949—1997 年）》，海南出版社 1998 年版，第 3469—3470 页。

（四）推行、深化阶段（1994—2000 年）

这一阶段的农村教育综合改革坚持"点上深化、面上推广"的原则，注重各地区的经验交流和推广，国家建立了一批地区（市）农村教育综合改革联系点；关注农村贫困地区的教育发展与社会全面进步，大力开展了教育扶贫工作；充分发挥"燎原计划"的主导作用，实施"燎原计划百、千、万工程"；落实"科教兴国"、"科教兴农"战略，启动了"农科教结合"示范区，在农村初中试行"绿色证书"教育等。这一阶段，国家领导人关于农村教育的所有讲话和几乎所有关于农村教育的政策都明确要求在农村实行农村"三教统筹"。

朱开轩在国家教委 1994 年教育工作电视电话会议上谈及 1994 年的工作任务的提出，"进一步做好农村教改实验县和'燎原计划'示范乡的工作，注重面上推广，积极促进农村'三教统筹'和农科教结合"[①]。1994 年 6 月 8 日，《国家教委关于建立全国地区（市）农村教育综合改革联系点的通知》指出，"建立地区（市）农村教育综合改革联系点目的在于将农村教育综合改革实验县的经验，在一个地区（市）范围内加以推广……采取有力措施，增加教育投入，调整好本地区（市）的教育结构，坚持'三教'统筹，实行'农（经）科教'统筹结合和实施燎原计划"[②]。同年 6 月 14 日，李鹏在全国教育工作会议上的报告中指出，"广大的农村地区要根据不同情况，因地制宜，实行'三教'统筹，农科教结合。应当把普及九年义务教育、扫除青壮年文盲和职业技能教育结合起来，作为脱贫致富的一项根本措施，制定规划，分步实施"[③]。李岚清在该会议上的总结讲话也指出："农村教育要在增加投入，改善办学条件的同时，大力提倡三教统筹、农科教结合。"[④]

1994 年 7 月 3 日，《国务院关于〈中国教育改革和发展纲要〉的实施意见》指出，"积极实施燎原计划，认真做好推广农村教育综合改革实验县和燎原计划示范乡工作，促进'农科教'结合和'三教统筹'。

---

① 何东昌：《中华人民共和国重要教育文献（1949—1997 年）》，海南出版社 1998 年版，第 3596 页。

② 同上书，第 3644 页。

③ 同上书，第 3651 页。

④ 同上书，第 3656 页。

国家教委和各省、自治区、直辖市教育部门都要重点抓好一批综合改革的试验典型。"① 同年 9 月 22 日，王明达在全国农村教育综合改革工作会议上的报告指出，"实行'三教统筹'，是调整农村教育结构的基本内容。调整教育结构是我国整个教育改革工作中的重要任务。目前我国农村教育主要是中等和中等以下的基础教育、职业教育和成人教育。对这三类教育实行统筹是近年来我国农村教改实践中群众创造的重要经验"，并对农村"三教统筹"的主要内容作了阐述。② 1995 年 6 月 14日，《国家教委关于深入推进农村教育综合改革的意见》第二条提出：

> 继续调整农村教育结构，坚持农村"三教统筹"，在切实保证"两基"重中之重地位的同时，大力发展职业教育和成人教育。③

1995 年 10 月 5 日，李岚清在全国农科教结合工作经验交流会上的讲话指出，"要继续抓好'三教统筹'，使基础教育、职业教育、成人教育协调发展，进一步调整农村教育结构"④。1996 年 4 月 10 日，国家教委关于印发《全国教育事业"九五"计划和 2010 年发展规划》的通知，在"教育体制改革的目标和步骤"中提到，"要在地方政府统一领导下，成立由计划、财税、科技、教育、劳动、人事等部门参加的统筹协调机构，对经济、科技、教育发展进行统筹规划。推进农科教结合、'三教统筹'以及'燎原计划'与'星火计划'、'丰收计划'的有机结合"⑤。

1997 年，李岚清在全国中小学素质教育经验交流会上的讲话指出，

---

① 何东昌：《中华人民共和国重要教育文献（1949—1997 年）》，海南出版社 1998 年版，第 3663 页。

② 农村"三教统筹"的主要内容是："三类教育农村都需要，都应当认真抓好；三类教育各有其特点和作用，要根据其特点和当地的社会发展水平，使三类教育结构合理，协调发展；三类教育要在办学条件、教学设施、师资等方面因地制宜，互相沟通。"参见何东昌《中华人民共和国重要教育文献（1949—1997 年）》，海南出版社 1998 年版，第 3700 页。

③ 何东昌：《中华人民共和国重要教育文献（1949—1997 年）》，海南出版社 1998 年版，第 3835 页。

④ 同上书，第 3882 页。

⑤ 同上书，第 3973 页。

"广大的农村学校，当前主要还应当推行教科农相结合、'三教统筹'，基础教育要为农村的发展、为脱贫致富服务。"① 同年 10 月，国家教委关于当前积极推进中小学实施素质教育的若干意见中也指出，"农村要实行'三教统筹'、'农科教结合'"。

1998 年 2 月，《国家教委关于加快中西部地区职业教育改革与发展的意见》指出，"在教育结构上，要实行三教统筹，大力发展多层形式的职业教育"。1998 年 12 月，《教育部关于贯彻十五届三中全会精神，促进教育为农业和农村工作服务的意见》再次对农村"三教统筹"做出了政策上的解释：

> 加强三教统筹，就是要根据当地经济和社会发展需要，统筹规划、合理布局农村的基础教育、职业教育和成人教育，加强三类教育的沟通和协调，提高教育质量和办学效益，增强为农业和农村工作服务的能力。

（五）强化、转向阶段（2000 年至今）

新世纪以来，农村教育中的成人教育急剧滑坡，国家注意到了农村教育的新形势、新问题。从政策文本中我们可以看出，一方面，这一阶段国家对农村成人教育给予了更多的关注，农村"三教统筹"具体内容中加重了农民培训的分量；另一方面，政策文本中对农村"三教统筹"的措辞与前面阶段相比，发生了明显的转变，更多地使用了"加强"、"必须实行"等更强硬的措辞，这表明，在新形势下，农村"三教统筹"在国家政策层面进入了强化阶段。

王湛在 2001 年度职业教育与成人教育工作会议上的讲话指出，"要深化'三教统筹'和'农科教结合'，探索教育为农业、农村和农民服务的新思路、新举措"②。同年，《国务院关于基础教育改革与发展的决定》和《基础教育课程改革纲要（试行）》都指出要深化

---

① 何东昌：《中华人民共和国重要教育文献（1949—1997 年）》，海南出版社 1998 年版，第 4260 页。

② 何东昌：《中华人民共和国重要教育文献（1998—2002 年）》，海南出版社 2003 年版，第 847 页。

"农科教相结合"和基础教育、职业教育、成人教育的农村"三教统筹"等项改革，试行"绿色证书"教育并与农业科技推广等结合。随后，教育部、农业部出台《关于在农村普通初中试行"绿色证书"教育的指导意见》。同年7月，全国教育事业第十个五年计划中也指出，"大力推动农村教育综合改革，继续促进农村地区的农科教结合和基础教育、职业教育、成人教育的'三教统筹'"。王湛在2002年度职业教育与成人教育工作会议上的讲话强调，"要进一步建立健全县、乡、村三级成人教育培训网络，继续扩大农村成人教育的培训规模。进一步推进农村教育综合改革，提出适应新形势发展要求的新思路、新措施，加强三教统筹，促进农科教结合"①。2002年11月，《教育部关于进一步加强农村成人教育的若干意见》指出，"要进一步健全成人教育管理机构，理顺农村成人教育管理体制，保证必要的管理力量。要把农村成人教育纳入当地教育、经济和社会发展规划，明确目标任务和保证措施。实行三教统筹，促进基础教育、职业教育与成人教育协调发展"。

从2003年《国务院关于进一步加强农村教育工作的决定》出台开始，政策文本中的农村"三教统筹"开始强调"办学效益"。如该决定强调，"必须实行基础教育、职业教育和成人教育的'三教统筹'，有效整合教育资源，充分发挥农村学校的综合功能，提高办学效益"②。2004年，《国务院批转教育部2003—2007年教育振兴行动计划的通知》指出，"加强新形势下的基础教育、职业教育和成人教育'三教统筹'，有效整合教育资源，充分发挥农村学校的综合功能"③。

在国家开始关照城乡统筹的大政背景下，农村职业教育有了新的使命，即"为农村劳动力转移服务"和"为建设社会主义新农村服务"。2005年，《国务院关于大力发展职业教育的决定》明确提出：

> 职业教育要为农村劳动力转移服务。实施国家农村劳动力转移

---

① 何东昌：《中华人民共和国重要教育文献（1998—2002年）》，海南出版社2003年版，第1104页。

② 中华人民共和国教育部网站：http：//www.moe.edu.cn/。

③ 同上。

培训工程，促进农村劳动力合理有序转移和农民脱贫致富，提高进城农民工的职业技能，帮助他们在城镇稳定就业。

职业教育要为建设社会主义新农村服务。继续强化农村"三教"统筹，促进"农科教"结合。实施农村实用人才培训工程，充分发挥农村各类职业学校、成人文化技术学校以及各种农业技术推广培训机构的作用，大范围培养农村实用型人才和技能型人才，大面积普及农业先进实用技术，大力提高农民思想道德和科学文化素质。①

近年来，国家的一系列关于农村教育改革的政策都要求加强农村"三教统筹"，注意农村教育功能的转向，特别强调农村教育尤其是职业教育和成人教育为建设社会主义新农村服务和为劳动力转移输出服务。

2007 年，《国务院批转教育部国家教育事业发展"十一五"规划纲要的通知》指出，"实施国家农村劳动力转移培训工程和农村实用人才培训工程，促进农村劳动力的合理有序转移，提高进城农民工的职业技能和适应能力，加强'三教统筹'，促进'农科教'结合，培育有文化、懂技术、会经营的新型农民，为建设社会主义新农村服务"。2008 年，教育部部长周济指出：

农村教育管理体制有待进一步理顺，农村"三教统筹"和"农科教结合"有待进一步推进。

按照《决定》的要求，我们要健全县域职业教育培训网络，以县级职教中心为核心，充分发挥各级各类农村学校和农村中小学现代远程教育的作用，进一步加强基础教育、职业教育和成人教育农村"三教统筹"，推进农村中小学"日校加夜校，一师兼两教"，使其成为培育文明风尚、传播先进文化、推广农业科技、提供经济信息以及开展农村党员培训、农民多种项目培训的重要

---

① 中华人民共和国教育部网站：http：//www.moe.edu.cn/。

阵地。①

教育部 2009 年工作要点和周济部长在教育部 2009 年度工作会议上的讲话也都明确要求"加强'三教统筹'，促进农科教结合"。

由上述我们可以清晰地看到，农村"三教统筹"在国家政策层面大致经历了酝酿萌芽，探索总结，大规模实验，推行、深化、强化、转向几个阶段，这一历程与国家（政府）对农村教育综合改革的历程一致。这似乎是一个很符合逻辑的科学的历程。

二 农村"三教统筹"是"软性政策"

（一）一种新的政策分类②

由于政策涉及的范围十分广泛，内容非常丰富，表现形式也多种多样，所以可以按照不同的标准和依据将政策分为若干种类。有人总结了以下分类：

按纵向层次，可分为总政策、基本政策、具体政策。按横向部门，可分为经济政策、军事政策、外交政策、文化政策、教育政策、科技政策等。按影响范围，可分为中央政策和地方政策、全局政策和局部政策等。按专门程度，可分为一般性政策和特殊性政策。按重要程度，可分为重点政策和非重点政策。按详简程度，可分为概括原则的政策和详细规定的政策。按效用特点，可分为积极性政策和保守性政策、鼓励性政策和限制性政策等。按时间要求，可分为短期政策、中期政策和长期政策。③

当然，还可以按照其他标准对政策进行分类和命名，如有人提出了十种划分标准④，具体情况见表1。

---

① 中华人民共和国教育部网站：http://www.moe.edu.cn/。
② 周晔：《农村"三教统筹"的成效检视与政策定性》，《当代教育与文化》2012 年第 3 期。
③ 黄明东：《教育政策与法律》，武汉大学出版社 2007 年版，第 4—5 页。
④ 王维平、赵斌：《政策分类的新思路与西部开发的政策供给》，《中国社会科学院研究生院学报》2003 年第 5 期。

表1 政策分类及命名

政策分类标准	具体命名
政策科学研究的原理	基本政策、具体政策、元政策
政策覆盖面大小	宏观政策、中观政策、局观政策
政策制定主体	中央政策、地方政策
政策投入方式	制度性政策、手段性政策、目标性政策
政策的生命长短	持续性政策、灵敏性政策、应急性政策、过渡性政策
政策层次	政策方针、政策法规、政策规定、政策措施
政策所要达到的功能	引导性政策、限制性政策、补偿性政策、调节性政策
政策目标的性质	倾斜性政策、优惠性政策、实验性政策、差别性政策
政策质量高低	优质政策、劣质政策、低质政策
政策规定的时限	时限性政策和非时限性政策

以上是常见的关于政策的分类。

但笔者在此要提出一种新的对于政策的划分标准——按政策的刚性程度，可以将政策分为硬性政策和软性政策①。相应地，按教育政策的刚性程度，可将其分为硬性教育政策和软性教育政策。

从政策本身的要素来看，其主要包括：

（1）政策主体，包括政策制定主体、政策执行主体、政策评估主体等。

（2）政策客体，包括政策的目标群体和政策所要解决的问题。

（3）政策目标，即政策所要达到的目的。

（4）政策资源，指政策制定和执行过程中可以获得并加以利用的各种条件和支持，一般可分为物质与经费资源、人力资源、信息资源、权威资源、时间资源等。从政策过程来看，主要包括政策制定、政策执行、政策评估、政策监督等几个方面。

据此，笔者认为，软性教育政策是指要素不明或不全、过程中的环节不全或规定不清的教育政策。其在现实中的表现，从政策要素的角度

---

① 笔者对政策的这种划分，也受到笔者2004年在甘肃某县教育调研时，一位农村教师在谈话中提到的"硬政策"的启发。

来说，包括缺少政策主体、政策客体范围确定不明、政策目标不明确不具体、政策资源不足或没有；从政策过程来说，包括政策制定不科学，政策执行不力、低效（或无效），政策评估跟不上，政策监督不健全等。

（二）农村"三教统筹"属于软性政策

从农村"三教统筹"政策的文本来考察其要素，我们发现：

（1）政策主体不明确。当然，从农村"三教统筹"政策提出的主体来说主要是中央政府和教育部及国家领导人，但提出政策不代表就明确了政策主体。很多政策文本中的农村"三教统筹"前没有主语，即没有说明由谁负责具体制定农村"三教统筹"政策措施，由谁具体执行政策，由谁对其执行进行监督检查，更没有说明由谁对农村"三教统筹"成效进行评估。

（2）政策客体范围没有界定。农村"三教统筹"政策只是非常明确地提出要在农村地区"实行"、"推行"、"加强"、"促进"，但对三类教育所涉及的具体目标群体没有明确界定，且政策前后变动很大，有的强调在基础教育内部针对中小学生进行职业技术教育，有的强调三种教育资源的统筹使用。

（3）政策目标不具体。很多农村"三教统筹"政策文本中没有明确说明政策的目标，直到1994年，才明确提出"三类教育都要抓好，发展好；三类教育之间的结构合理，协调发展"的农村"三教统筹"政策目标。但是，这样的目标太过笼统含糊。对三类教育怎么抓，抓到什么程度，就是抓好了，发展好了，没有具体说明，叫人难以琢磨；三类教育之间的哪些结构在什么程度上是合理的，也没有具体指标说明。即使是这样笼统含糊的目标，也没有任何期限规定。

（4）政策资源没有配套。农村"三教统筹"政策只是一味地提要求，而没有从国家层面给予可以利用的各种条件和支持。①

从农村"三教统筹"政策的文本来追寻其过程，我们发现：

（1）对政策执行没有具体规划。中央政府和教育部只是强调、要求在农村地区进行农村"三教统筹"，但对于由谁执行政策，如何执行

---

① 关于这一点下章还将进一步论述。

政策等关键问题都没有明确规定，只是提出了一些政策措施和建议，并无刚性要求。

（2）没有监督、评估机制。如果说以上方面在农村"三教统筹"政策中或多或少有所涉及的话，那么关于农村"三教统筹"政策的监督、评估机制问题，政策文本中只字未提。

鉴于上述原因，我们认为，农村"三教统筹"政策是一项软性政策。也正是农村"三教统筹"政策本身的"软性"，国家用"软性"的政策工具来改革农村教育，这在一定程度上注定了农村"三教统筹"政策的成效及政策运行中的一系列问题，以至于注定了整个农村教育综合改革的成效。

第四章　农村"三教统筹"政策的
成效检视与现实困境

农村"三教统筹"在国家政策层面经过酝酿萌芽，探索总结，大规模实验，推行、深化，强化、转向几个阶段，至今已经走过了30余年，是需要对其进行认真客观的回顾、总结与反思的时候了。诞生于特定历史时期的农村教育综合改革实践的农村"三教统筹"，自上升为国家政策，成为改革农村教育的政策工具，几十年来，其对实践的指导成效如何，即农村"三教统筹"政策的目标达成度如何？这是必须正视与回答的问题，这关涉到教育政策成效评价的理论。

第一节　教育政策成效评价的理论廓清

一　教育政策评价概述

（一）政策评价

政策评价包括对政策自始至终各阶段的评价，既包括过程性评价也包括终结性评价，既包括事实分析也包括价值判断。重视从技术和事实层面对公共政策进行评价是行为主义时期的主流。它强烈主张用实证的技术方法来考察公共政策目标、运作与行为结果之间的对应关系，其关注的重点是效率、效能、效益等。在后行为主义时期，随着政治哲学的复兴，人们重新意识到公共政策作为政府对社会资源进行权威性分配的重要途径，其价值取向如正当性、公平性、社会性等比单纯的技术标准更加重要，即评价不应当只是真实的，而首先应当是正义的。美国学者巴利（B. Barry）和雷斯（D. W. Rae）就认为，"讲求效率而不重视政治原则，其评价的结果很可能因此迷失政治方向，而迷失政治方向的后果将是灾难性的"①。凯尔曼（J. Coleman）也指出，评价的标准应该是，"过程是否趋向于产生良好的公共政策，用以识别的标志是过程中的热心公益精神是否达到适当高度，以及过程是否培养我们的尊严和品格"②。

关于政策评价的研究起步较晚，且见仁见智。对于国外而言，不同学者对政策评价关注的重点不同，界定也不同，比较有代表性的有：

查尔斯·琼斯（Charles O. Jones）侧重于政策的执行，认为政策评价是指，"政策既经政策执行之后，政府有关机构对政策执行的情况，加以说明、检核、批评、量度与分析。其作用在于确认政策是否正确，推断政策之利弊，为将来改进政策提供参考。其属于政策又回到政府的阶段"。③ 安德森（J. E. Anderson）侧重于政策后果，认为政策评价主要研究"政策对其所欲解决的问题产生何种影响？政策的效力（impact，亦译为'影响'）或效率（efficiency）如何？何者负责政策评价？评价的后果为何？是否需要修正、变更或废止原政策？"④ 而1970 年美国"都会研究所"（Urban Institute）在提交给联邦政府的评价报告中，将政策评价界定为，"①衡量一项进行中的计划所达成预期目标的效果；②根据研究设计的原则区分方案效力与其他环境力量作用的差异；③通过执行过程中对方案的修正，使计划得以完善"⑤。这一定义侧重于政策方案绩效的评定，强调政策目标的达成度。哈格伍德（B. W. Hogwood）和冈恩（L. A. Gunn）则侧重于政策的制定，指出政策过程存在两种状态：其一是应然状态（prescription），即政策应该怎样制定；其二是实然状态（description），即制定了怎样的政策。政策评价是介于应然状态和实然状态之间的活动，是实然政策分析和应然政策分析的分界线。⑥

---

① B. Barry, D. W. Rae, "Political Evaluation", *Handbook of Science*（*Melon Park, calif.*）, Vol. 1, No. 2, 1975.

② ［美］史蒂文·凯尔曼：《制定公共政策》，商正译，商务印书馆 1990 年版，第 183 页。

③ Charles O. Jones, *An Introduction to the Study of Public Policy*, North Scituate, Ma: Duxbury Press, 1977, p. 9.

④ J. E. Anderson, *Public Policy-Making*, N. Y: Praeger Publishers, 1975, p. 26.

⑤ 转引自肖远军、李春玲《政策评价概念探析》，《理论探讨》1995 年第 2 期。

⑥ B. W. Hogwood and L. A. Gunn, *Policy Analysis For The Peal World*, Oxford University Press, 1986, p. 29.

　　就国内而言，比较有代表性的有：台湾学者林水波和张世贤认为，政策评价是"应用某些价值标准评断现行或过去的政策行动"，其目的在于"提供现行政策运行的实况及其成果之资讯，以为政策持续、修正或终结的依据"①。郑新立认为："政策方案制订出来或实施后，就要对其与实际情况的符合程度或运行效果进行估算和评价，这就是政策的评估。它是对一项政策方案科学性、可行性及实施效果的综合评价，是政策决策的重要手段。"② 这一定义提出了政策评价的范围是政策制定过程中的方案和执行后的结果，未提及执行过程中的评价。张金马等人认为："政策评估就是对政策的效果进行的研究。政策评估所要回答的基本问题包括：政策执行以后，是否达到了政策制定者预期的目标？该项政策给国家及社会生活带来了什么样的影响？政策的去向如何？是继续执行，进行革新，还是马上终止？""政策评估，就是围绕着政策效果而进行的规范、测度、分析、建设等一系列活动的总称。"③ 这一定义代表了国内许多政策研究者的观点，把评价活动局限于政策执行后的评价，即后果评价。还有人认为政策评价是指按照一定的价值准则，对政策对象及其环境的发展变化以及构成其发展变化的诸种因素所进行的价值判断。④

　　（二）教育政策评价

　　至于教育政策评价的探讨，起步较晚，成果不多，但因教育政策属于政策的下位概念，除了专门强调教育政策的特殊性，教育政策的评价基本上可以对应于政策评价。

　　关于教育政策评价的标准，有些人侧重于教育政策的制定和执行过程，有些人侧重于教育政策的后果。米其尔（Douglas E. Mitchell）提出了教育政策评价的六个方面的标准：①是否反映了各利益团体的利益；②是否与学校工作开展相一致；③是否有现实意义和操作意义；④是否与基本政策或其他政策相矛盾；⑤实施该政策的效应和效率如

---

① 林水波、张世贤：《公共政策》，五南图书出版公司 1982 年版，第 64—65 页。
② 郑新立：《现代政策研究全书》，中国经济出版社 1991 年版，第 59 页。
③ 张金马：《政策科学导论》，中国人民大学出版社 1992 年版，第 240 页。
④ 肖远军、李春玲：《政策评价概念探析》，《理论探讨》1995 年第 2 期。

何；⑥政治上、技术上是否可行。① 南格尔（Stuart S. Nagel）从政策后果预测分析的角度提出了有用、有效、效益、效率、平等五条准则②。台湾学者朱志宏从输入、输出、净输出的角度提出了四条准则：①以过程模式为基础的标准；②以输出为基础的标准；③以结构为基础的标准；④以输入为基础的标准。③ 国内学者王春福也提出了三条标准：效果、效益、效力。④ 它们基本上属于政策后果评价范畴。

其实，教育政策评价必然关涉评价主体的价值取向。李伟涛指出了要确立符合大多数当事人利益的教育政策评价标准，因为既然不同的当事人对教育政策会抱有不同的评价标准，那么在评价某一项教育政策时就应了解不同当事人的利益需求和价值倾向、明确政策是针对谁制定的，对谁有利，对谁无利，对谁利大，对谁利小。权衡利弊，综合评价。一般来讲，符合大多数当事人利益的教育政策，就具有很大的可行性，就可以说是一个好的教育政策。⑤ 陈绍芳也指出，政策评价主体的价值取向直接影响着评价对象和评价指标体系的确定，影响着其对评价结果的处理态度。⑥

鉴于政策评价和教育政策评价的已有研究，笔者认为，教育政策评价涉及整个教育政策活动过程，包括政策问题的确立、政策制定、政策执行、政策监督、政策后果检视。其中，对教育政策是否得到了有效执行，政策目标达成度如何，教育政策是否符合政策对象主体的期望和需求，是否公正合理等问题做出价值判断非常重要，也是非常必要的。

二　教育政策成效评价

成效，功效、效果的意思。教育政策成效即教育政策的功效、效

---

① Douglas E. Mitchell, "Six Criteria for Evaluating State-Level Education Policies", *Education Leadership*, Vol. 4, No. 14, 1986.

② Nagel S. S. *Policy Studies—Integration and Evaluation*, New York: Greenwood Press, 1988, p. 85.

③ 朱志宏：《公共政策》，三民书局 1991 年版，第 73 页。

④ 王春福：《试论政策评价及其标准》，《学术交流》1993 年第 3 期。

⑤ 李伟涛：《我国教育政策评价中的三个难题及其对策》，《上海教育科研》2002 年第 6 期。

⑥ 陈绍芳：《主体价值取向在政策评价中的作用》，《理论探讨》2002 年第 2 期。

果，是教育政策的结果与其预期目标的比照。教育政策的成效评价属于教育政策有效性评价的范畴。

在教育政策过程层面上，任何教育政策都要追求顺利、经济地解决教育问题，分配教育利益，调整和理顺教育领域的社会关系。这样的一个过程，从价值的角度来看，就是政策目标完整、真实地转化为政策结果的过程。政策的成功或政策的失败、失真实际上就取决于政策过程是否有效地将政策目标转化为政策结果，即取决于政策过程中获得价值选择和实现价值选择的政策行为过程的"有效性"。因而，教育政策过程的"有效性"表征着教育政策在过程层面上的基本价值特征。[①]

教育政策的成效评价针对于政策后果做出价值判断，很显然，判断教育政策是否有成效的一个根本标准就是该教育政策的预期目标是否实现了——政策后果与政策预期目标的一致性如何，或者政策后果在多大程度上达到了政策预期目标。这也就是 R. M. 克朗（R. M. Krone）所强调的"系统中价值的一致性"[②]。一般而言教育政策预期目标与政策结果之间存在三种典型的关系，即正相关关系、零相关关系和负相关关系。显然，只有在政策预期目标与政策结果具有高度的正相关关系时，我们才可以说教育政策的目标达成度高或政策的成效好。从逻辑上讲，对教育政策的成效进行评价，首先要明确教育政策的预期目标，其次对教育政策的后果做出事实描述，最后将二者进行对比，得出判断结论。

第二节 农村"三教统筹"政策成效的宏观考察

一 农村"三教统筹"政策成效检视标准的确定

基础教育、职业教育和成人教育，是农村教育的三个重要组成部分，缺一不可。长期以来，我国的农村教育结构中，以普通中、小学为主，职业教育和成人教育非常薄弱，严重影响农村教育为农村各项建设事业服务的功能。农村"三教统筹"政策就是在这种背景下提出来的，

[①] 刘复兴：《教育政策的价值分析》，教育科学出版社 2003 年版，第 48 页。
[②] ［美］R. M. 克朗：《系统分析和政策科学》，陈东威译，商务印书馆 1987 年版，第 35 页。

这也是农村"三教统筹"确立的政策问题。自然，对此问题的解决就是农村"三教统筹"政策的目标。农村"三教统筹"政策的目标在国家政策文本中明确提出是在 1994 年。①

1994 年 9 月 22 日，王明达在全国农村教育综合改革工作会议上的报告中指出：

> 实行农村"三教统筹"，是调整农村教育结构的基本内容。调整教育结构是我国整个教育改革工作中的重要任务。目前我国农村教育主要是中等和中等以下的基础教育、职业教育和成人教育。对这三类教育实行统筹是近年来我国农村教改实践中群众创造的重要经验。
>
> 农村"三教统筹"的主要内容是：三类教育农村都需要，都应当认真抓好；三类教育各有其特点和作用，要根据其特点和当地的社会发展水平，使三类教育结构合理，协调发展；三类教育要在办学条件、教学设施、师资等方面因地制宜，互相沟通。②

从该报告中我们可以清晰地看出，农村"三教统筹"政策的主要目标有二：

一是三类教育都要抓好，发展好；

二是三类教育之间的结构合理，协调发展。

农村"三教统筹"政策的目标在后来的政策文件中不断被提及、

---

① 自 2003 年以来的教育政策中虽然对农村"三教统筹"政策的目标有了新的提法，即"有效整合教育资源，充分发挥农村学校的综合功能，提高办学效益"，如 2003 年《国务院关于进一步加强农村教育工作的决定》，"必须实行基础教育、职业教育和成人教育的'三教统筹'，有效整合教育资源，充分发挥农村学校的综合功能，提高办学效益"。2003 年，陈至立在全国农村教育会议上的讲话指出，"必须实行基础教育、职业教育、成人教育'三教统筹'，有效整合教育资源，充分发挥农村学校的综合功能，提高办学效益"。2004 年，《国务院批转教育部 2003—2007 年教育振兴行动计划的通知》指出，"加强新形势下的基础教育、职业教育和成人教育'三教统筹'，有效整合教育资源，充分发挥农村学校的综合功能"。但首先，"三类教育结构合理，协调发展"还是农村"三教统筹"政策的自有之目标。再者，这些新的目标是近年来提出来的，其效果如何，暂时难以判断。

② 何东昌：《中华人民共和国重要教育文献（1949—1997 年）》，海南出版社 1998 年版，第 3700 页。

强调。如 1995 年 10 月 5 日，李岚清在全国农科教结合工作经验交流会上的讲话提出，"要继续抓好'三教统筹'，使基础教育、职业教育、成人教育协调发展，进一步调整农村教育结构"。再如，2002 年，《教育部关于进一步加强农村成人教育的若干意见》指出，"要进一步健全成人教育管理机构，理顺农村成人教育管理体制，保证必要的管理力量。要把农村成人教育纳入当地教育、经济和社会发展规划，明确目标任务和保证措施。实行三教统筹，促进基础教育、职业教育与成人教育协调发展"，等等。

根据已有的政策文本对农村"三教统筹"的表述，我们可以从两个方面来考察农村"三教统筹"政策的成效问题：

一是看三种教育各自发展的状况；

二是考察三种教育之间的结构状况。

由于农村"三教统筹"政策目标的明确提出是在 20 世纪 90 年代中期，要考察其成效，对 2000 年以后的农村三种教育各自的发展状况以及它们之间的结构状况做出判断，进而来检视农村"三教统筹"政策的成效，是合适的。①

二　农村三种教育：没有得到很好的发展

我们不能否认，自改革开放以来，自农村教育综合改革以来，自"三教统筹"政策实施以来，我国农村教育所取得的成绩。但是，面对巨大的城乡教育差距，面对不断提高的农村利益主体对教育的需求和农村教育满足这些需求的能力的差距，无论如何，农村教育发展的现状也不能叫人满意！

关于如何发展农村基础教育、职业教育和成人教育，国家早就提出了"巩固和加强基础教育，大力发展职业教育和成人教育"的口号。"三教统筹"政策的目标就是要使三种教育得到好的发展。所以，检视"三教统筹"政策的成效，首先要考察当前三种教育各自的发展状况。

---

① 周晔：《农村"三教统筹"的成效检视与政策定性》，《当代教育与文化》2012 年第 3 期。

（一）农村基础教育

1. 绝对贫困与相对贫困并存

在绝对贫困方面，已有很多媒体的报道和学者的调查研究数据都对此进行了充分的揭示。例如，2004 年《中国教育报》对 174 个地市和县教育局局长进行问卷调查，结果显示，有超过 50% 的农村中小学"基本运行经费难以保证"，有 58% 的农村学校危房改造经费无法落实，有超过 40% 的小学仍然使用危房，有超过 30% 的农村小学"粉笔论支有限发放"，也有接近 40% 的农村小学"交不起电费、有电不敢开电灯"，而缺少课桌凳的小学也接近 40%。另外，"大学毕业生当教师需交费录用、工资拖后发放"的农村中小学则接近 10%（2004 年 8 月 23 日第 3 版）。1999 年的调查数据显示，全国 2036 个县和县级市中有 1021 个县的小学生均公用经费不足 10 元——与北京市的 757.6 元和上海市的 747.4 元形成鲜明对照——几乎到了什么都不能干的地步。① 包月红在对四川省 2007 年、2008 年教育经费投入的统计分析的基础上得出：虽然教育经费总投入在大幅度增加（2007 年为 531.47 亿元，2008 年为 1330.7 亿元），但从投入构成来看，高校和中专的投入比例由 39% 增加到 59%，而对于农村义务教育的投入则由 35% 下降到 20%。② 在相对贫困方面，即与城市比较而言，农村基础教育在办学经费投入和国家财政拨款方面都天壤之别于城市，很多地方的差距达到了几十倍之多，叫人咋舌。2011 年，普通小学生均公共财政预算事业费支出农村与城市（含县城）相差近 700 元，而普通初中农村与城市（含县城）相差近 900 元。③

2. 受教育机会问题严重

由于多种原因，农村孩子的受教育机会被严重剥夺，即使是在义务教育阶段，《义务教育法》（1986 年）的实施也没有能够保证农村孩子都接受完义务教育。据张玉林估算，自 1986 年到 2000 年的 15 年间，中国大约有 1.5 亿的农民子女没能完成初中教育。其中，未入小学的近

---

① 张玉林：《2004 中国教育不平等状况蓝皮书》，《校长月刊》2005 年第 5 期。

② 包月红：《四川省农村义务教育经费投入不足的调查》，硕士学位论文，四川师范大学，2010 年，第 42 页。

③ 教育部：《农村教育经费投入依然不足》，2013 年 10 月 15 日，http//roll. sohu. com/20131015/n388247646. shtml。

3200万人、小学阶段失学的近3800万人、小学毕业后未能升学的5000多万人，初中阶段失学的有3000多万人。进入21世纪以来，情况有所好转，但农村学生在初中阶段失学、辍学的现象依然严重。2002年年底展开的一项对全国有代表性的6个县的普查则显示，农村地区初中阶段失学现象严重，所有的县都超过了教育部设定的初中辍学率不超过3%的底线，其中4个县高于20%，2个县高于30%，1个县超过50%。另外，根据上海教育科学院有关专家的测算，2001—2002年全国15—17周岁人口的九年义务教育完成率分别只有75%和76.6%，有7个省区在60%以下。虽然小学净入学率已达99%，但毕业率仅为89%左右，相差近10个百分点；初中阶段毛入学率达到90%，但毕业率仅为76%左右，相差近14个百分点。他们的结论是：近年来每年大约有500万适龄儿童未完成初中教育，其中近200万适龄儿童未完成6年小学教育，当然，他们主要是"农村人口"。[1] 据东北师范大学农村教育研究所2001—2003年对全国17所农村初中的调查，农村初中最高辍学率达74.3%，平均辍学率为43%。[2] 此外，虽然2012年9月国务院在其颁布的《关于规范农村义务教育学校布局调整的意见》中紧急叫停了"撤点并校"这一教育政策，但随着部分地区的盲目撤并，大量村小和教学点撤减，使得学生受教育的成本增加，由此造成了新一轮的辍学现象。

3. 师资质量低下

有多项研究都表明，农村基础教育阶段的教师队伍突出的问题是数量不足、质量不高、结构不合理。数量不足主要存在于经济落后地区、山区和边远地区。由于城乡二元体制的限制，不同地域之间、城乡之间的经济发展水平存在较大差距，且这种差距正不断被拉大。农村的工作和生活条件较差，加上部分地区"层层拔高"的做法，使得农村学校教师外流严重，教师队伍不断被"抽空"。农村基础教育阶段教师队伍质量不高的问题主要体现在教师的学历水平上。2005年，全国小学具有专科以上学历的教师，城市78.01%、县镇67.17%、农村47.49%，

---

①　张玉林：《2004中国教育不平等状况蓝皮书》，《校长月刊》2005年第5期。

②　邬志辉：《农村义务教育质量至关重要》，《教育研究》2008年第3期。

农村比城市低约 31 个百分点；全国初中具有本科以上学历的教师，城市 62.44%、县镇 34.5%、农村 24.34%，农村比城市低约 38 个百分点。在学科结构上，农村学校普遍缺少音乐、体育、美术等学科的专任教师，兼职教学、跨学科教学的现象普遍存在；在年龄结构上，农村小学年轻教师偏少。城市、县镇、农村小学教师中 35 岁以下的分别占 57.83%、51.44%、41.02%。①

另外，自农村义务教育"一费制"和"以县为主"的教育管理体制实施以来，受农村地区本身经济发展条件的限制，经费筹措困难，使得经费短缺成为制约农村教育进一步发展的瓶颈，地方县级教育行政部门不得不削减用于农村教师培训的经费。且由于经费短缺，大量的县级教师进修学校（院）或勉强维持或挪作他用。总体上，现有的农村基础教育教师继续教育的次数偏少。据我们 2008 年在北京市、浙江省、安徽省、河南省、贵州省、甘肃省各两个县的调查，有近 45% 的教师没有接受过继续教育。②

（二）农村职业教育

1. 学校办学条件差

我国农村职业教育在经费、教学设施等方面的条件都比较差。主要表现在：

（1）教育经费缺乏。

早在 1993 年的《中国教育改革和发展纲要》中就明确提出 2000 年国家财政性教育经费投入占 GDP 的比例要达到 4%，但直到 2009 年，这一比例才达到 3.59%。③ 此外，我国职业教育采取的是分级管理的办学体制，县级财政收入为落实九年义务教育已是捉襟见肘，而职业教育所需的成本又较普通高中高，县级教育部门的财政困难使得农村职业教育经费投入明显不足。

廖其发课题组的调研表明，就全国总的情况来看，认为当地职业学校的办学经费只能勉强应付日常开支的人数最多，占被调查者总数的

---

① 《教育部 2006 年第 4 次新闻发布会散发材料（4）》，http：//www.edu.cn/article/20060509/3188956.shtml。

② 周晔：《农村教师继续教育：问题与政策建议》，《继续教育研究》2009 年第 9 期。

③ 《中国统计年鉴（2000—2009 年）》。

33.3%；认为当地职业学校办学经费比较困难的人数次之，占被调查者总数的 27.1%。[①]　也就是说，各地的被调查者普遍认为当地职业学校的办学经费介于只能勉强应付日常开支和比较困难之间。可以看出，全国大部分地区的职业学校的办学经费都存在不同程度的困难，其中有的学校负债累累，这种情况在中西部地区更为普遍。

（2）硬件建设严重滞后。

"职业教育是为想要成为技术应用型技能型人才的人提供的一种教育服务，职业教育的本质是帮助人们获得技术应用型的能力和资格，技术技能职业性是职业教育的本质属性。"[②]　按照国际通例，同等规模的职业中学所需经费投入应是普通高中的 3 倍左右。农村职业教育经费的严重缺乏，导致许多农村职业学校办学条件多年无法改善，校舍陈旧破烂、拥挤，师生生活设施差，基本的公务、业务费得不到保证，导致严重缺乏专业实验设备、仪器、图书资料等诸多问题，严重影响正常的教育教学的开展。这是很多农村职业学校普遍存在的问题。从 2002 年的相关统计数据[③]的比较中（见图1），我们可以看出，尽管普通高中的办学条件还有待进一步改善，但职业高中的各项主要指标都远远低于普通高中。

2. 学校办学水平低

学校办学水平低，主要表现在：

（1）专业设置与社会经济发展脱节。

据我们了解，目前很多农村职业学校不能很好地掌握市场信息，即使是对农村市场需求也没有认真研究，导致不能及时调整专业设置和方向，使之与农村产业结构调整和劳动力流向大体一致，而大都是简单、盲目跟风，争相开设一些所谓的"热门"专业。有的地市财会类学生占 40% 以上，造成专业趋同、供需脱节，人才结构性过剩，质量也难以保证。据调查，当地职业学校的专业设置与社会经济发展的适应程度很好的比例仅为 1.4%，较好的只有 15.8%，而较差的则占了

---

① 廖其发：《中国农村教育问题研究》，四川教育出版社 2005 年版，第 128 页。
② 欧阳河等：《职业教育基本问题研究》，教育科学出版社 2006 年版，第 55 页。
③ 中国教育年鉴编辑部：《中国教育年鉴2003》，人民教育出版社 2003 年版，第 80 页。

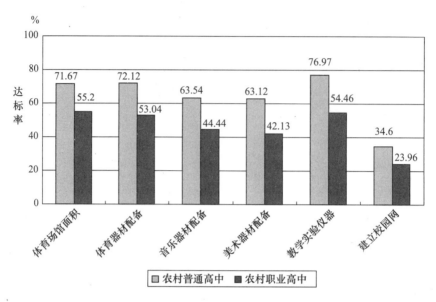

图1　2002年全国农村普通高中与职业高中硬件达标率比较

26.6%①，可见适应程度很低。此外，许多学校的专业设置都是单一型的，这与当今社会对复合型人才的需求不相适应。一些农职校开设的农学、畜牧、林业等传统专业，多年沿袭守旧；固定的学科、教材、学制、计划、考试，塑造了一些学历本位的单一型人才，很难满足现代农业对复合型人才的需求，这也是目前许多农职校共同面临的一个突出问题。

（2）课程设置不合理，教材建设跟不上。

在课程设置方面，许多农村职业学校存在着诸多问题：各门专业课程之间相互封闭，致使课程之间时有重复和脱节，缺乏应有整体性、融通性；各门专业课程的教学内容刚性太强，地区和学校缺乏必要的选择余地。目前，农村职业高中各专业反映新技术、新工艺的教材缺乏，整体上教材内容陈旧的问题没有大的改观。至于适应信息技术教育的多媒体教材和网络课程软件，不少学校几乎还是空白。此外，我国农村地区很多职业学校缺乏开设对学生进行职业道德教育、职业纪律教育和专业

---

① 廖其发：《中国农村教育问题研究》，四川教育出版社2005年版，第286页。

思想教育的课程，这就导致学生的质量观念、效益观念、商品观念、合理竞争观念跟不上时代发展的需要，学生毕业后对社会的适应能力较差，许多学生缺乏敬业精神、合作精神，没有良好的心理素质、思想素质，这些都是课程设置不够合理造成的问题。

尤其是在近几年来，我国"新高职"如雨后春笋般在各地冒了出来，"新高职"发展速度过快导致了诸如相配套的教材都还不具备，许多学校虽然表面上是招的"高职"学生，但教材还是用中等学校的教材，这就使中等职校毕业的学生无法真正进一步提高自己，完善自己，专业技术水平得不到提高，所学知识重复，浪费了职教资源。因此，教材建设滞后的问题也在很大程度上制约着农村职业教育办学质量的提高。

（3）学校专业课教师专业水平低。

总体来说，我国许多农村职业学校由于地理位置偏僻，交通不便，条件艰苦，难以得到高素质的教师，师资队伍很难稳定。由此导致许多农村职业学校的专业教师不但学历达标率低，而且结构还不尽合理，专业素质普遍较差。据我们了解，很多农村地区办的职业学校，有什么专业教师就开什么专业，不管社会需要与否；有的学校开了专业，却没有专业教师；有的学校虽有专业教师，一个人包教十几门专业课，难以保质保量地完成教学计划。以 2006—2010 年为例，中等职业教育的在校生由 1765 万人增长到 2232 万人，增长率为 18.7%，而中等职业学校的专任教师数只增长了 8.5%（由 79.91 万人增至 86.74 万人）。[①] 职业教育教师数量的增长速度明显低于学生的增长速度，使得职业教育教师数量相对不足。就农村职业高中教师而言，他们基本没有进修培训的机会，加之教师的收入不高，很难自费出去学习，面对专业的不断调整更新，大多数农村职业高中的现有教师无可奈何，只能靠自学来勉强教授开设的课程。

3. 农村职业学校招生困难，毕业生就业不理想

受我国传统教育观念的影响，多数家长对职业教育的认识不足，加

---

① 王欢：《我国农村职业教育资源配置主要问题探析》，《教育发展研究》2012 年第 1 期。

上近年来随着人口出生比例的下降，学校生源大幅减少，使得农村职业学校招生越来越困难。鞠冬莲在对江西省某县的调查中发现，2001—2006 年各年中，该县农村中等职业学校都未能完成预期招生指标，2006 年该县农村中等职业学校的实际招生人数仅仅相当于预期招生人数的 82.5%。[①] 廖其发课题组的调查表明，在全国各地的被调查者中，有 38.6% 的人认为农村职业学校的生源一般，有 36.3% 的人认为较差，这两部分人加在一起占到全国被调查者总数的 74.9%。[②] 这表明，从总体上来说，大多数农村职业学校的招生存在困难。据笔者了解，只有少部分农村职业学校招生情况较好，多数农村职业学校门可罗雀，以至于无法生存。

另外，除了少数职业学校的毕业生在人才市场上比较抢手外，大多数职业学校的就业率都比较低，很多学校也因此而面临严重的生存危机。鞠冬莲在调查中发现，农村中等职业教育毕业生的一次就业率低于全国中等职业教育毕业生就业率 95% 的水平。[③] 就业困难进一步加剧了招生困难，形成了恶性循环。据笔者了解，农村职业学校毕业生就业率低主要有以下几个原因：一是职业学校专业培养目标不明确，教学质量低下，学生本身能力素质、心理素质不高，导致在劳动力市场上不具备竞争优势；二是就业观念问题，有些职业学校毕业生盲目攀高，挑肥拣瘦，形成结构性失业；三是就业政策和就业渠道不畅；等等。

4. 农村职业教育体系不完善，保障服务体系不健全

根据教育部职业教育与成人教育司综合改革处的统计，到目前为止，在我国农村劳动力中，接受过短期培训的只占 20%，接受过初级职业技术教育或培训的只占 3.4%，接受过中等职业技术教育的只占 0.13%，而没有接受过技术培训的竟高达 76.4%。目前，我国农业科技推广人员只有 88 万，初中文化程度以下的就占了 60%，

①　鞠冬莲：《农村中等职业教育现状分析与研究——基于江西省某县的个案调查》，硕士学位论文，江西师范大学，2007 年，第 14 页。

②　廖其发：《中国农村教育问题研究》，四川教育出版社 2005 年版，第 293 页。

③　鞠冬莲：《农村中等职业教育现状分析与研究——基于江西省某县的个案调查》，硕士学位论文，江西师范大学，2007 年，第 19 页。

平均万亩土地仅有 0.8 个技术人员，万名劳动力中仅有 0.16 个技术人员。[①]

目前，我国还有很大一部分农村职业学校没有打通毕业生通往高职的渠道，致使学生毕业后无法继续深造。一些农村职校办起了五年制高职班，探索"中高职连读"的途径，但由于很多基础环节工作不到位，致使高职教育的质量得不到切实保证，进而导致高职毕业生就业形势不乐观，这反过来在很大程度上影响了很大一部分农村学生就读高职的积极性。

农村职业教育保障体系不健全主要体现在以下方面：一是就业服务体系不健全，大部分农村职业学校都没有组建职业指导机构，没有开展职业指导活动，未能及时多渠道收集整理各类媒体发布的用人信息，也没有跟用人单位和职业介绍机构建立长久的合作伙伴关系。二是制度建设不完善，有关农村职业学校发展的法规文件还很少，即使有一些，也因缺乏过硬措施而很难落实。三是督导评估体系不完善，目前我国政府和教委的督导机构还没有将职业教育的执法检查、政令督办等都列入督导范围。尤其是许多农村地区的教育督导室，虽有机构存在，但形同虚设，完全没有依法履行督导职责，没有发挥积极的作用。

（三）农村成人教育

1. 经费投入严重不足

1987 年，《国家教育委员会、农牧渔业部、财政部乡（镇）农民文化技术学校暂行规定》中指出："乡（镇）农民文化技术学校的办学经费，由乡（镇）从农村教育事业费附加中提取一定的比例和采用集体自筹、收取学费、勤工俭学收入补贴等办法解决。"1991 年，《国家教委关于大力发展乡（镇）、村农民文化技术学校的意见》中同样提及了上述规定。但文件中"一定比例"的说法，使得农村成人教育经费有了相当大的浮动范围，甚至可以理解为可有可无。[②] 虽然

---

① 中国教育事典编委：《中国教育事典》，河北教育出版社 1994 年版，第 622 页。

② 王锋辉：《农村成人教育教师素质现状及提高对策的研究》，硕士学位论文，西南大学，2009 年。

近年来由于各级领导的重视和群众支持，教育投入状况已有一定改善，但对于农村成人教育经费的投入仍是严重不足。农村成人教育支出远远低于义务教育的现象依然普遍存在。国家用于成人教育的经费不超过教育总经费的5%，而农村成人教育的经费就更少，加上欠款与挪用的现象，连2%的比率也不能保证。① 再加上欠拨、挪用等现象，造成了我国广大农村"成人教育经费人均不足一元钱"的现状。随着全国范围农业税的免除，成人教育原本就难以支撑正常支出的形势更是雪上加霜，许多曾经办得红红火火的农村成人教育机构也出现了办学危机，甚至陷入了瘫痪。在全国4万多个乡镇中，有独立建制的成人文化技术学校仅2000所，因为经费的问题，其中约有2/3的学校仅能够进行简单的农村实用技术培训。② 由于经费投入不到位，直接导致农村成人教育的教学设施落后，办学基础条件差，有的乡镇成教中心学校的办学条件只是一间房子、两张桌子、一块牌子、一个戳子的初始状态。③

2. 师资力量薄弱

师资问题一直是困扰农村成人教育的一大难题。目前，在大多数农村，最为严重的问题是农村成人教育师资数量严重不足。有关资料显示，在我国，农村技术人员只占总人口的0.6%，平均每7000亩耕地只有一名技术人员，7000头牲畜只有一名技术人员，160个乡镇企业中才有一名专业技术人员。④ 另外，农村成人教育教师待遇低，应有的待遇得不到保障，从而导致农村成人教育教师的大量流失，而流失的往往是骨干教师。2002—2005年的4年里，成人学校的教职工人数由2002年的41.39万下降到2005年的25.07万。此后，虽然下降趋势有所缓解，但成人学校教职工数量依然在减少，2014年我国成人学校教职工数量仅为18.51万。第二个问题就是在现有的师资队伍中，由于优秀教师的流失，农村成人学校不得不提高非职业化教师的比重，而这部分教

---

① 陈非亚：《我国农村成人教育发展中的"瓶颈"问题与对策》，《河南广播电视大学学报》2003年第4期。
② 郭炳德：《我国当前成人教育面临的问题与对策》，《成人教育》1999年第5期。
③ 袁桂林：《中国农村教育发展指标研究》，经济科学出版社2009年版，第340页。
④ 李飞燕：《加快发展我国农村成人教育事业》，《生产力研究》2002年第5期。

师基本上没有接受过系统的成人教育专业的培养和培训，缺乏成人教育的专业知识和专业技能，这就导致农村成人学校教师的素质不高、结构不合理。主要体现在三个方面：首先，师资来源渠道多样，教学水平差异较大；其次，学历结构重心偏低，专科和专科以下还占相当比例；另外，现有师资队伍缺乏进修提高的机会，现有知识结构与知识水平与当前农村发展不相适应。这些都极大地限制了农村成人学校教育质量的提高和农村成人教育的发展。

3. 教学内容、形式单一

袁桂林课题组的研究发现，农村成人教育的教材大部分采用的是乡土教材（或称民间教材）。由于没有系统的教学计划，教材的选用随机性较大，缺乏科学性、系统性。而且，我国现存的多数农村成人教育内容多以传统型农业技术为主，尽管也陆续增加了"两高一优"栽培新技术、市场营销等内容，但传统种植养殖仍是重头戏，课程设置狭窄，使得农村成人教育难以满足农业、农村和农民的实际需要，无法适应现代农业和农村经济的发展。另外，我国现有农村成人教育的教学形式单调乏味，基本上沿袭基础教育的做法，即一间房子、几条凳子、一块黑板、一个教师。在教学方式上也大多采取"填鸭式"的教学方式，没有充分考虑到农村成人的基本特点和具体情况，因而难以调动农民学习的积极性，教学效果并不理想。[①]

通过对农村三种教育的发展状况的具体考察，我们认为，农村三种教育没有得到很好的发展，即"三教统筹"的政策目标一没有达到，或者说政策目标一的达成度不高，"三教统筹"政策成效不足，即政府治理农村教育的目标达成度低。

三　三种教育之间：结构不合理，没有协调发展

鉴于"三教统筹"政策的第二个目标——三种教育结构合理，协调发展，政策文本只是如此简单地提及，究竟农村三种教育的结构怎样才算合理，三种教育如何发展才叫协调发展，政策文本没有进一步说明，更没有任何具体指标。所以，我们只能对"三教统筹"的政策目

①　袁桂林：《中国农村教育发展指标研究》，经济科学出版社2009年版，第340页。

标二的达成度做出"自己"的判断。

教育结构通常是指教育系统的内部构成状态或组合方式。农村教育结构则是指农村教育系统的内部构成状态或组合方式，它包含农村教育的类别结构、形式结构、层次结构和管理体制结构等。狭义的农村教育结构，主要是指基础教育、职业教育和成人教育这三类教育之间的关系，这也是"三教统筹"政策所指的农村教育结构。所以，判断农村三种教育是否结构合理，是否协调发展，就要看农村基础教育、职业教育和成人教育三者之间比例是否合理，发展是否符合需求。

从另一个角度来说，农村教育的结构可分为宏观结构和微观结构。宏观结构包括层次结构、类型结构；微观结构包括师资、课程、形式等结构。"三教统筹"政策从宏观上看就是关于农村三种教育的统筹政策，从微观上看涉及三种教育内部的师资、课程、形式等。尽管自改革开放以来我国出台了多项政策来调整和改革农村教育结构，虽取得一定成绩，但我们还是要得出农村教育结构不合理、各类教育没有协调发展的结论。主要表现在以下方面：

（一）基础教育较之职业教育和成人教育发展较快

在农村地区，由于国家"普九"力度的加大和人们教育观念的偏重，相较于职业教育和成人教育，基础教育得到了超常规的甚至是畸形的发展，历史性地成为农村教育中的主体、主角和主导方面，而农村职教和成教还远没有形成与之抗衡的实力，特别是在经济欠发达地区。

以 2004 年农村三种教育的学校规模和办学条件为例，我们选取其中的一些主要指标，来看三种教育的结构问题（见表2）。

表2　　　　　2004 年全国农村三种教育的学校规模比较

三种教育	学校类别	学校（教学点）数（个）	在校（点）学生数（人）	教职工数（不含兼任与代课教师）（人）
基础教育	小学	471475	94148249	5094239
	普通初中	54313	53553141	4171211
	普通高中	9623	14221500	—

续表

三种教育	学校类别	学校（教学点）数（个）	在校（点）学生数（人）	教职工数（不含兼任与代课教师）（人）
职业教育	职业初中	669	509352	26757
	职业高中	—	—	—
成人教育	农民小学	68307＋138430（教学班/点）	3800912（注册）	138969＋109384（聘校外）
	农民初中	1853＋5223（教学班/点）	470177（注册）	7798＋5133（聘校外）
	农民高中	649＋2118（教学班/点）	108382（注册）	5099＋4028（聘校外）
	农民高等学校	—	2136	260
	成人文化技术培训学校	191704＋612584（教学班/点）	46842345（注册）	270515＋323894（聘校外）

注：（1）表中的数据是笔者依据《中国教育统计年鉴 2004》（教育部发展规划司编，人民教育出版社 2005 年版）及《中国教育统计年鉴 2014》（教育部发展规划司编，人民教育出版社 2015 年版）中的基础数据计算而得；（2）空白处的数据无从查实；（3）因统计年鉴中对各种教育的分类口径存在不一致现象，故以上数据可能存在一定程度的重复或遗漏；（4）下表同。

从表 2 可以明显地看出，2004 年，农村三种教育，无论是学校（教学点）数、在校（点）学生数，还是教职工数（不含兼任与代课教师），基础教育在这几个办学规模的主要指标上都远远超过了职业教育和成人教育，农村基础教育"一枝独秀"。

表 3 是 2014 年全国农村三种教育的学校规模比较情况。由此可见，农村基础教育在办学规模（学校数、学生数及教职工数）上仍然占有绝对比重；受我国农村经济发展水平较低、人口出生率下降和撤点并校的影响，与 2004 年相比，2014 年农村基础教育与成人教育的办学规模均有较大幅度的缩减。

表 3　　　　　2014 年全国农村三种教育的学校规模比较

三种教育	学校类别	学校（教学点）数（个）	在校（点）学生数（人）	教职工数（不含兼任与代课教师）（人）
基础教育	小学	128703＋78565（教学班/点）	30498612	2097070

续表

三种教育	学校类别	学校（教学点）数（个）	在校（点）学生数（人）	教职工数（不含兼任与代课教师）（人）
基础教育	普通初中	17707	7484587	684920
	普通高中	667	786071	974815
职业教育	职业初中	—	—	—
	职业高中	—	—	—
成人教育	农民小学	18046 + 36084（教学班/点）	1114119（注册）	39770 + 19638（聘校外）
	农民初中	1243 + 3580（教学班/点）	382708（注册）	7442 + 3012（聘校外）
	农民高中	388 + 1500（教学班/点）	72974（注册）	4861 + 2794（聘校外）
	农民高等学校	—	491	130
	成人文化技术培训学校	82167 + 237649（教学班/点）	28681342（注册）	159329 + 144558（聘校外）

当然，我们也可以看出，农村基础教育的结构也不尽合理，主要是普通高中的规模过小，这在很大程度上限制了农村学生的升学之路，致使很多农村学生在初中毕业后终止了学业，严格意义上说，他们还没有完成基础教育。

表 4 清楚地反映出，2004 年，无论是在学校占地面积、图书藏量，还是计算机拥有量方面，基础教育在这几个办学条件的主要指标上都遥遥领先于职业教育和成人教育。

表4 　　　　　全国 2004 年农村三种教育的办学条件比较

三种教育	学校类别	占地面积（平方米）	图书藏量（册）	计算机（台）
基础教育	小学	2444521749	1134461539	2102961
	普通初中	1268824186	705826370	1790685
	普通高中	524028139	269662166	1068030
职业教育	职业初中	16814650	5375884	28174
	职业高中	—	—	—

续表

三种教育	学校类别	占地面积（平方米）	图书藏量（册）	计算机（台）
成人教育	农民小学	—	—	—
	农民初中	—	—	—
	农民高中	—	—	—
	农民高等学校	—	—	—
	成人文化技术培训学校	73154542	37397711	131512

从表 5 中可以清晰地看出，2014 年，农村基础教育在办学条件（占地面积、图书藏量、计算机）上仍然占有绝对比重；且与 2004 年相比，农村基础教育的办学条件有所下降，成人教育虽然在占地面积上有所缩减，但在图书藏量及计算机方面却有所增加，不过增长幅度较小。

表 5　　　　　　**全国 2014 年农村三种教育的办学条件比较**

三种教育	学校类别	占地面积（平方米）	图书藏量（册）	计算机（台）
基础教育	小学	1226119126	623042692	2409663
	普通初中	409983958	285430035	1102280
	普通高中	50141263	28950723	124380
职业教育	职业初中	—	—	—
	职业高中	—	—	—
成人教育	农民小学	—	—	—
	农民初中	—	—	—
	农民高中	—	—	—
	农民高等学校	—	—	—
	成人文化技术培训学校	50082895	42311182	195260

再以甘肃省 1990 年至 2000 年的统计为例，我们选取学校数量、在校学生数、招生总人数 3 个主要指标，来看农村职业学校与普通高中的不合理状态，其差异更加明显（见表 6）。

表6　　　　1990—2000 年甘肃省普通高中与职业学校的学校数量、
在校学生数和招生总人数比较

		1990—1991 年		1994—1995 年		1999—2000 年	
学校数量（所）	普通高中	485	480	458	444	410	435
	职业学校	192	187	194	190	177	156
	比例	2.5：1	2.6：1	2.4：1	2.3：1	2.3：1	2.8：1
在校学生数（人）	普通高中	203476	201277	157346	168589	201138	346294
	职业学校	45019	47098	45616	42747	49866	56483
	比例	4.5：1	4.3：1	3.5：1	3.9：1	4.0：1	6.1：1
招生总人数（人）	普通高中	66227	62.18	58766	64113	75439	143666
	职业学校	1934	22759	23046	19260	28180	23013
	比例	3.5：1	1.2：1	2.6：1	3.3：1	2.7：1	6.2：1

资料来源：《甘肃省教育年鉴》（1990—2000 年）。

（二）职业教育和成人教育下滑严重

近年来，农村职业教育和成人教育向好的发展形势发生了逆转，滑坡趋势已经非常明显。具体表现是：

农村职业教育规模持续下降。2000 年全国农村职业高中在校生为 55.45 万人，2001 年为 45.15 万人，下降了 17.6%。农民技术培训学校培训规模也明显下降，2002 年培训 7682 万人次，比 2000 年减少了 1365 万人次①。再以甘肃省为例，全省职业学校 1978 年有 35 所，经过 20 世纪 80 年代的发展高峰，1994 年达到 194 所，2000 年又减至 156 所，职业教育已跌入低谷。2003 年，职业中学招生 1.92 万人，比上年下降 16.52%，在校学生 4.95 万人，下降 12.39%。②

农村职业教育资源出现减少趋势。随着农村职业教育滑坡，部分地区着手压缩农村职业教育的规模，有的县将职业学校与普通高中合并，甚至改办为普通高中学校。

农村职业学校办学条件进一步下降。2001 年，全国农村职业高中

---

① 张德元：《中国农村职业教育和成人教育的现状与问题》，《职业教育研究》2005 年第 6 期。
② 中国统计信息网：http://tjcn.org/tjgb/201001/3150_2.html。

的生均校舍建筑面积为 15.72 平方米，生均教学设备和辅助用房为 6.3 平方米，2002 年分别下降为 14.69 平方米和 5.84 平方米。2001 年，全国农村职业高中教学仪器达标的学校数为 509 所，2002 年减少为 471 所，主要是因为一些达标的农村职业高中转为普通高中或其他学校。2001 年，全国农村职业高中生均图书 25.5 册，2002 年减少为 23.6 册。2001 年，全国农村职业高中每百名学生拥有计算机 12.3 台，2002 年减少为 10.4 台。①

根据教育部职业教育与成人教育司的统计，全国农民成人学校在校学生数由 1990 年的 2234.9 万人下降到 2000 年的 473.5 万人，10 年下降了 78.8%；当年轰轰烈烈的"农科教"相结合"运动"现在在多数省、自治区也趋于沉寂，机构撤了或者合并了，经费砍了或者减了，项目免了或者少了。②

（三）职业教育和成人教育不能满足社会需求

全国教育科学"十五"计划重点课题"当代中国农村教育综合改革的历史经验、现存问题与发展对策研究"课题组对全国 10 多个省、市、自治区的调研表明，认为当地职业技术学校太少或较少的人数比例之和达 48%。③ 全国被调查者对农村职业学校数量的估计，反映出我国农村职业学校在数量或规模方面对社会的满足程度偏小，在整个农村教育体系中的比重不够。

据统计，截至 2000 年年底，全国农民高等学校仅有 3 所，毕业生也总共只有 400 人。④ 即使到了 2014 年，全国农民高等学校的在校生也仅仅只有 491 人。这显然满足不了农村经济、社会发展对农村高级专门人才的需求，而且也与高等教育大众化的理论相悖。

1998 年、1999 年和 2000 年全国初中生平均升学率分别为 50.7%、50.0% 和 51.2%，农村地区的初中生升学率可能还要低于 50%，至少有一半以上的农村青少年初中毕业后就成为后继农民。以甘肃省教育厅

---

① 张德元：《中国农村职业教育和成人教育的现状与问题》，《职业教育研究》2005 年第 6 期。

② 同上。

③ 廖其发：《中国农村教育问题研究》，四川教育出版社 2005 年版，第 279 页。

④ 《中国农村统计年鉴 2001》，中国统计出版社 2001 年版，第 276 页。

提供的统计数字为例，2009 年甘肃省约有 1200 万农村劳动力，约有 300 万富余劳动力滞留在土地上，每年还要新增劳动力 40 万，而当年甘肃省高中阶段的毛入学率仅为 43%，这就意味着每年约有 13 万的初中毕业生无学可上。[①] 国家农调总队的统计则表明，现有农村劳动力的 86.4% 未经任何专业技能培训；农业部农村经济研究中心通过抽样调查了解到，1997—1999 年"回流"民工 23%，"回流"原因是找不到合适的工作。2008 年，国务院研究室发布的《中国农民工调研报告》中指出，我国农民工接受过短期培训的占 20%，接受过初级职业技术培训的有 3.4%，接受过中等职业技术教育的只有 0.13%，没有接受过任何职业培训的高达 76.4%。[②] 与此形成鲜明对照的是，80% 以上的职业学校出现生存危机。可见，当前的突出矛盾是，一方面农民对职业教育存在巨大潜在需求，另一方面职业学校却"等米下锅"。[③]

至此，我们可以认为，"三教统筹"政策的第二个目标——三种教育结构合理，协调发展，也没有实现，"三教统筹"政策成效不足，即政府治理农村教育的目标达成度低。

综上所述，从宏观角度而言，我们得出，农村的基础教育、职业教育和成人教育都没有得到很好发展，三种教育之间的结构也不合理，没有得到协调发展。故此，我们认为，"三教统筹"政策的成效不佳，"三教统筹"政策的目标没有实现。

第三节　农村"三教统筹"政策现实
困境的个案明证

甘肃，一个祖国西部经济欠发达地区的落后省份，经过改革开放 30 年来的探索实践，农村教育改革取得了一定成效，探索并积累了许多贫困地区教育发展的宝贵经验，如 1987 年提出"八方统筹"（实质就是"三教统筹"）的设想，在试点之后向全省推行。甘肃省在教育改

---

① 石非：《浅谈农村职业教育发展的现状及对策》，《甘肃农业》2009 年第 9 期。
② 闻连利：《农村职业教育的现状分析和思考》，《教育发展研究》2010 年第 3 期。
③ 张德元：《中国农村职业教育和成人教育的现状与问题》，《职业教育研究》2005 年第 6 期。

革的过程中也涌现出了诸多中国农村教育的先进典型。遗憾的是，时至今日，由于诸多原因，正如经济发展一样，甘肃教育，尤其是农村教育仍然困境重重，发展整体落后。

笔者通过查阅相关历史文献资料，在回顾甘肃省农村教育改革历史的同时，对 Q 县的农村教育综合改革，尤其是其"三教统筹"的实践运作状况进行了实地调查。① 以下就甘肃省 Q 县农村教育综合改革中的教育体制改革和在其背景下的"三教统筹"政策的运行及其成效做出分析、判断。

一　甘肃省 Q 县农村教育体制改革及其困境

教育体制是在一定政治、经济体制基础上建立起来的相对稳定的教育管理基本体系与制度，包括教育行政体制、投资办学体制、招生就业体制等几个方面。教育体制是一个国家教育的基本组织形式，决定着一个国家教育的基本运行秩序。② 农村教育体制改革深刻影响着农村教育的改革与发展。本节将从农村教育行政管理体制和教育投资办学体制两个方面进行分析和论述，以揭示农村教育体制改革过程中所存在的问题。

（一）教育行政管理体制改革方面

自 20 世纪 80 年代以来，以 1985 年《中共中央关于教育体制改革的决定》和 2001 年国务院《关于基础教育改革与发展的决定》的出台和颁布为标志，甘肃省农村教育行政管理体制相应地经历了两次改革。《中共中央关于教育体制改革的决定》中明确指出："基础教育的管理属于地方；除了大政方针和宏观规划制定应由中央决定外，具体政策、制度、计划的制定和实施以及对学校的领导，管理和检查，其责任和权力都应交给地方。"而《关于基础教育改革与发展的决定》中则针对农村教育经费不足的问题提出："实行在国务院领导下，由地方政府负责、分级管理，以县为主的体制。"在对 Q 县的调查中，笔者注意到了

---

① 甘肃省 Q 县是全国农村教育综合改革实验县。此次调查为笔者于 2004 年所进行的调查。

② 国家高级教育行政学院：《新中国教育行政管理五十年》，人民教育出版社 1999 年版，第 51 页。

该县人民政府于 2003 年颁发的《Q 县人民政府关于加快基础教育改革与发展的意见》（以下简称《意见》），《意见》明确详细地规定了实行"以县为主"管理体制改革的具体实施细则，其中提到：

> 撤销原乡镇教育管理委员会，设学区，学区校长由乡（镇）中小学校长担任。乡镇人民政府不设专门的教育管理机构。教育教学业务管理由乡镇中心学校校长负责，乡中学划归县教育行政部门直接管理。
>
> 改革中小学校长任用制度和教师管理制度，校长由县级教育行政部门选拔任用或聘任并归口管理，中小学教师的管理权收到县，农村教师的补充和乡镇之间的调剂、调动由县级教育行政部门负责……县财政设立"工资资金专户"，安排教师工资性支出，由财政部门通过银行直接拨入教师个人账户。乡镇、村委会主要负责落实义务教育的具体工作、执行本乡镇义务教育发展规划。

可以看出，在实施"以县为主"的管理体制之后，Q 县也做出了相应改革，将教育管理权限（包括人事任免管理、学校领导管理、教师管理、经费支配权以及教育教学业务管理权）的主体由乡镇上移到县级政府，直接由县政府集中统一领导和管理。如此，自然就削弱了乡镇一级政府对教育的管理职能。从 Q 县的《意见》内容可以清楚地看出，其教育管理体制改革是按照国家的政策而具体行动的，与全国其他地区的改革是一致的。这种集中统一的教育管理体制与社会主义市场经济体制下农村教育的发展要求明显不相适应，凸显了农村教育体制改革的相对滞后性，未能充分显示出其应有的变革力量。

（二）教育投资办学体制改革方面

农村教育投资办学体制的实质是"由谁来办学、由谁来投资以及谁受益的问题"。20 世纪 80 年代之前，强调国家政府的责任和权力，农村教育投资办学体制几乎是政府独揽。1984 年国务院颁布的《关于筹措农村学校办学经费的通知》明确提出："开辟多种渠道，筹措农村学校办学经费。除国家拨给的教育经费外，乡人民政府可以征收教育事业费附加，并鼓励社会各方面和个人自愿投资在农村办学。"1985 年，

《中共中央关于教育体制改革的决定》也明确指出要"实行多种形式、多种渠道集资办学"。

在国家政策推行的效力之下，Q县形成了政府财政拨款、教育费附加征收、群众集资等投资方式共存的多渠道农村教育投资体制。虽然"政府包揽教育投资的格局"有了变化，但农村教育经费严重缺乏的问题一直存在。尤其是2001年国务院颁布《关于基础教育改革和发展的意见》，决定实行"以县为主"的管理体制以来，农村教育经费紧缺的状况更加严重。作为国家级扶贫县的Q县于2002年取消了农村教育附加费的征收和教育集资，转靠国家转移支付和县级财政，致使全县学校的基建经费、办公经费和其他公用经费"雪上加霜"。仅2004年，在"两基"达标验收任务的重压之下，Q县只有通过各种方式筹措教育经费，其中通过学校贷款、干部职工捐款、向教职工借款、农村群众投工等方式共集资近500万元，而县政府拨款不足60万元，各乡镇政府投资共105万元，县、乡政府的财政投入还不到全部经费投入的5%①，相当于杯水车薪。这至少说明，贫困地区的县级政府财政对教育的投入远远不能支撑庞大的教育经费支出。

《中共中央关于教育体制改革的决定》（1985年）和《中国教育改革与发展纲要》（1993年）都明确要求对农村教育办学体制进行改革，强调由国家单一办学的体制向以政府为主，社会各界参与，多种形式办学转变，也就是强调发动社会力量办学，以改变政府包揽办学的局面。但是，笔者也发现，在经历了20多年的农村教育综合改革之后，Q县的农村教育办学体制依旧是"政府包揽"的格局，时光荏苒，而"涛声依旧"。主要体现在两个方面：

一是公办学校处于绝对支配地位。

通过对Q县关于社会力量办学的现状分析可知，公办学校所占比重占有绝对优势，而农村社会力量办学则表现出极弱态势，学校产权结构不合理现象极为明显。2004年，Q县共有各类学校352所，其中幼儿园7所，小学319所，中学（包括高中、完中和独立初中、农职中学）26所。而全县各类民办学校总共3所（其中幼儿园2所，1所业

———————————
① 数据由Q县教育局提供。

余培训学校)。Q县公办学校和民办学校构成比例为99∶1,民办学校少得可怜。

笔者也看到,民办学校无论在办学规模还是硬件软件设施资源等方面与公办学校都存在天壤之别。两所民办幼儿园在园学生总数不足100人,共有儿童娱乐设施(滑梯、气垫船、小木屋)4部,教室狭小,采光不足。业余培训学校在一家招待所楼上,就是一间办公室和三间教室。经过多年的办学体制改革后,公办学校与民办学校所占比重之间的"天壤之别"仍然难以得到有效改观,农村社会力量办学依然处于无足轻重的地位。

二是办学产权归属不明确、不合理。

从上述2004年Q县为了完成"两基"达标验收任务,各项经费来源来看,其中非政府主体的投资(人)占到全部总额的95%以上,这些非政府投资部分,其产权事实上已归当地政府公有,而对于广大投资主体而言,他们应享有的那部分产权则与他们无缘。在20世纪80年代以来兴起的农村教育综合改革实践活动中,各地农村政府广泛发动当地农民群众,兴起了集资办学、改善办学条件的热潮,而当前绝大多数乡村小学也都是在这一过程中修建起来的。[①] 理论上来讲,群众应该对当地学校拥有一定的产权,但由于其产权归属并没有通过合理的途径加以规范性的说明或明确,而是政府统统将其归为己有,群众对其没有任何权力。这表现出学校产权归属不明确、不合理的现象。例如,在《Q县人民政府关于加快基础教育改革与发展的意见》(2003年)中如此规定:

> 政府和学校要严格管理校园校产,所有教育资源必须用于发展教育事业,任何人,任何单位不得拍卖或挪作他用。

上述文件内容既明显而又含蓄地表达了政府部门对于学校资产的控制和管理权,这也充分说明了农村学校在产权归属上存在着不合理性。

---

① 马福云:《二十世纪八十年代以来甘肃农村教育综合改革的回顾与反思》,硕士学位论文,西北师范大学,2005年,第38页。

而农村学校产权归属不明确、不合理的问题又势必会影响到民间办学的积极性。同时，由于在改革中实行了"乡村分级办学，县乡分级管理"的体制，乡村和县乡的责权不对称，虽然在农村学校资产增值的形成过程中，多种主体都提供了一定的资金或劳力，但都没有依据市场经济条件下的公平、公正、合理的原则来解决其产权归属问题，从而进一步造成了办学产权不合理的问题，并且由此引发了一些社会矛盾和纠纷。①

总之，通过对甘肃省 Q 县以上两个方面教育体制改革现状的考察，可以看出，现实中的农村教育体制依然存在重大问题，这与《中共中央关于教育体制改革的决定》和《中国教育改革和发展纲要》中关于通过改革要建立与市场经济体制相适应的教育新体制的要求和精神还相差甚远。农村教育体制改革的滞后性从多个方面制约着农村教育改革的深化，使得农村教育综合改革处于诸多困境之中。而"三教统筹"政策就是在这种背景下运行的。

二 农村"三教统筹"政策在 Q 县的运行困境实况

农村教育综合改革是"一种政府行为和社会行为"②，政府统筹是关键，实行"三教统筹"政策是改革的核心举措和主要途径。那么，农村"三教统筹"政策在实践中是如何进行的？存在什么问题？取得的成效如何？带着这些问题，笔者查阅了 Q 县的相关文献资料，并在 Q 县进行了实地调查。

（一）统筹领导机构形同虚设

前文提到，县级"三教统筹"机构是本县"三教统筹"具体政策的制定者和执行者，所以县政府要发挥统筹协调职能，首先要建立起实体性的领导机构。"要有一个层次高，有权威、相互独立、具有实力的机构行使统筹协调职能。要明确统筹范围、确定统筹原则和建立统筹制度等。"③《中共甘肃省委、甘肃省人民政府关于实施农村教育综合改革实验的意见》明确规定：

---

① 无独有偶，笔者 2009 年 2 月在甘肃省古浪县调研时，曾经发生了在撤点并校过程中村民哄抢瓜分学校财产的事件，并且由此引发了村民与学校领导、县教育局的矛盾。

② 万迪人：《论农村教育综合改革的成功方略》，《教育研究》2001 年第 4 期。

③ 余永德：《农村教育论》，人民教育出版社 2000 年版，第 238 页。

　　各地政府要高度重视农村教育综合改革，加强领导，建立相应的统筹协调机构，统一指导协调农科教结合和三教统筹，使农村教育综合改革有领导、有组织、有计划地进行。

　　这一规定既体现了统筹协调机构在教育综合改革实践中的重要性和必要性，也指出了建立相应的实体性机构是组织和实施"农科教结合"和"三教统筹"的基本前提。在实施农村教育综合改革的初期，在该意见要求下，甘肃各地逐步建立起了专门负责农村教育综合改革的领导机构。进行农村教育改革较早的Q县自然也不例外，1989年该县就成立了由县政府组织牵头，县委书记任组长，县委副书记和县长任副组长，农业、教育、科技、财政、人事等部门负责人担任成员的统筹领导机构——"县农村教育综合改革领导小组"[①]，下设办公室，主要处理日常具体事务，配备了办公室主任和专职人员。

　　Q县农村教育综合改革领导小组成立初期，做了不少具体工作，相继制定了诸如《Q县农村教育综合改革实施方案》《关于科教兴县的决定》等一系列具体操作性政策。

　　笔者通过查阅1985年至2003年间Q县所存档的有关"三教统筹"政策的文献资料，发现以该县政府或改革领导小组名义制定和实施的各种相关文献，在20世纪90年代中期前后存在明显的差别：有关农村教育综合改革的计划、实施方案、评估汇报材料以及上级部门下达的相关文件和评估、验收材料基本上是90年代中期之前的，而90年代中期之后的文献资料非常少见。这似乎说明"三教统筹"政策在当地的重视程度以90年代中期为"分水岭"，90年代前后是"两重天"，这与前文的假设相吻合。

　　于是笔者做了实地调查，对该县农村教育综合改革领导小组办公室的工作情况进行了走访，对相关人员进行了访谈。调查结果再次验证了笔者的假设与推断。有好多次，笔者去该县农村教育综合改革领导小组

---

①　而2009年笔者了解到，Q县农村教育综合改革领导小组已于2005年被撤销。从笔者2004年的调研来看，这几乎是必然的。

办公室都遇到了大门紧锁的情况，而其时是正常上班时间。在对县农村教育综合改革小组办公室工作人员访谈时，该办公室一位年长的负责人讲到：

> 至于"三教统筹"工作，现在县上主要领导和各部门负责人的变动比较大，再加上综改（农村教育综合改革）小组人员工作岗位不固定，经常调动，几年来综改小组召开会议的次数很少。我们（这位负责人与笔者）熟了，说实话，1995年以后，好像大家都对综改、"三教统筹"不太重视了。我们（县农村教育综合改革小组）现在主要的工作和其他办公室没什么区别……

笔者还了解到，由于政府部门负责人的岗位调动频繁，有些领导对 Q 县农村教育综合改革和"三教统筹"的内容缺乏必要的认识和学习。并且，即使是农村教育综合改革办公室的工作人员，他们大都是从非教育部门调过来的，他们对本县的教育情况不了解，对农村教育综合改革的目标、任务等不清楚。更为要紧的是，教育局和农村教育综合改革办公室也对工作人员这方面的岗位培训和学习并不重视，同时还存在着没有采取必要的自我约束、监督措施，岗位职责不明的问题。这就大大降低了领导机构的办事效率，严重影响了改革过程中各项实际工作的开展。一位改革领导小组成员（政府部门负责人）也谈到：

> ……因为县农村教育综合改革领导小组常年办公专项经费不足，一般是通过召开会议的形式，召集各部门负责人布置工作任务，再具体去执行。说老实话，我们从事调查、研究问题和具体指导各部门、各乡镇基层工作的次数也不多，有时候一年也没有一次。

"三教统筹"与"农科教结合"的实施，关键在于发挥政府作用。切实强化政府行为有利于密切各部门之间的联系，使其相互配合，发挥其综合优势，从而更好地推动农村体制改革和经济社会发展。上述情况表明，长期以来，在农村教育综合改革实践中的县级政府所要行使统筹协调职能的重要实体性机构缺乏自身建设和管理，加上各级部门领导频繁更换岗位和办公经费不足等情况，使得当地政府设立的"三教统筹"的统筹领导机构形同虚设，难以有效行使其统筹协调行为，也就无法真正起到"统一指导协调农科教结合和三教统筹"的作用。

（二）统筹制度和配套性政策不完善

相关工作制度、责任分配制度、奖惩制度的健全和完善以及评估、检查、督导方面的配套性政策的制定和有效执行，是政府"三教统筹"政策协调机制有效运行的保障。

在 Q 县农村教育改革相关档案资料中，笔者发现了 Q 县 1991 年、1993 年和 1994 年存档的《Q 县农村教育综合改革实施方案》《Q 县农村教育综合改革工作汇报》和《Q 县政府总结》，这三份文字材料较明显地反映了政府在统筹协调方面的制度、政策措施以及评估、督导的实施情况。如《Q 县农村教育综合改革实施方案》确定：

> 成立综合教育中心暨农村教育综合教育改革领导小组和办公室，其综合教育办公室要充分做好统筹协调工作，重大问题提交县委、县政府研究。在乡镇党委、政府的直接领导下具体实施、实行目标管理，要制定具体计划，规定完成时间，改革实验的实绩要列入干部管理的内容，作为考核、晋升的主要依据；领导小组要组织力量按国家教委制定的评估细则对全县的改革工作评估指导，对做出贡献的单位和个人要予以表彰奖励。

这表明 Q 县"三教统筹"政策有统筹协调的机构，对评估、督导和奖惩制度方案，均作了一定的安排部署。但从该方案的内容上也可明显看出，方案过于粗糙，只是一些简单的原则性规定，并没有分别在统筹协调的工作制度、评估制度和考核、督导方面制定出较为详细明确的规定和实施细则。这也说明，"三教统筹"政策在具体运行中表现出很强的"软性"。

另外，从 Q 县关于农村教育综合改革的存档文献来看，其中涉及督导、检查、评估、经验总结方面的相关文献的记载大多集中在 1996

年之前。而 1996 年之后，寥寥一二，几乎空白。早期所制定的督导和奖惩制度方案以及相关安排部署一直没有变化和更新。

笔者也了解到，Q 县农村教育综合改革领导小组的人事变动频繁，使得早期制定的各种评估方案和计划要求的实施，以及该县的统筹制度的建设、考核评估、检查督导工作都受到很大的消极影响。教育局的一位负责人的谈话也从一个侧面反映出了问题的存在：

> 我县教育局前任局长当时兼任综改小组办公室主任，现在已经不在工作岗位也有好几年了，但是仍能收到上级综合改革领导小组以他的名义寄来的信件。

在实地调查中发现，许多乡镇和政府部门的负责人对于农村教育综合改革和"三教统筹"政策的精神、任务和目标都存在认识上的不足，尤其是乡镇部门的一般工作人员甚至对其十分不了解，有好多人根本不知道"三教统筹"为何物。

上述情况至少说明两点问题：

（1）从农村教育综合改革伊始，"三教统筹"相关制度和配套性政策就没有得到周密设计，时至今日，"三教统筹"政策的运行也主要靠人为因素（主要是政府部门领导和机构负责人）左右，况且也没有形成领导和负责人行使职能的规范化和制度化，随意性极大。这也注定了"三教统筹"政策在实践中一直处于"风雨飘摇"中。

（2）由（1）推知，尽管在改革初期省级和各区县都制定和出台了相应的评估实施方案、目标考核制度等，但实质上以"三教统筹"为显著标志的农村教育综合改革一直以来没有真正受到政府的持续重视。这也在一定程度上回答了笔者在绪论中的一些疑问。

（三）相关部门的统筹协调名存实亡

农村教育综合改革实践中，由政府负责设立专门统筹领导机构的目的主要是克服政府各部门之间相互独立、条块分割、各自为政的行政管理体制的弊端，强调在坚持各个部门"隶属关系不变，职能不变，经费来源渠道不变，单独核算不变"的原则下，把农业、科技、教育、计划财政、人事劳动等各部门组织起来，由政府统一领导，统筹协调各个部门的关系，以便形成为教育发展服务的合力。如《中共甘肃省委、甘肃省人民政府关于加强农村教育综合改革实验的若干实施意见》中明确规定：

> 农业部门要负责搞好农业教育科研，技术推广，开展本行业技术人员的继续教育和职工培训，帮助职业农中和农村职中、农村成人学校落实开发项目，建立实习基地；科技部门负责建立和完善农村科技服务体系，推广科技成果，帮助农业、教育部门建立项目示范基地，为农村职中、成人学校提供专任教师；教育部门负责搞好教育内的"三教统筹"和各项改革，协助农业、科技等部门搞好人才培训和科技成果推广；计划、财政部门负责协商解决农科教示范基地建设所需的物资、设备和经费筹措；人事、劳动部门负责牵头制定劳动就业制度改革的实施方案。

Q县虽设有由政府领导的Q县农村教育综合改革领导小组，但是笔者调查发现，在实践中，农村教育、科技、农业、人事、财政等部门依然是各自独立、条块分割，并没有因为建立了专门的领导机构而有效地发挥出"统一指导协调农科教结合和三教统筹"的职能作用。

各部门有各自的优势和劣势：有的部门具备动员和组织协调的能力，但受到财力、物力的限制；有的部门是有懂技术、有经验的科技骨干，但因缺乏有效的组织管理而没有得到充分利用，主要在乡镇政府从事行政工作；有些部门虽有项目经费，但缺乏组织能力和相应的统筹能力。在这种情况下，就很需要在政府的统一领导下，各部门相互沟通，取长补短。但是，"本位主义"的思想意识严重影响到各部门的有效沟通协调。在各个部门内部，涉及县、乡、镇科技培训和科学文化知识普及的就有职教、成教、普教；教育部门内部中也需要有职业技术教育的结合渗透，尽管同属于一个系统，它们却有各自的目标、任务、政策和经费来源，总是从本部门或本行业的角度考虑问题，去追逐各自的"政绩"或"效益"。

一位政府部门负责人（领导小组成员）同笔者的谈话，就充分说明了"三教统筹"机构长期以来难以发挥政府统筹协调职能，部门分割弊端无法得到克服，进而严重影响和制约"三教统筹"政策有效运行的问题。

　　笔者：县统筹领导小组是如何开展工作的？

　　负责人：我们县成立统筹领导小组比较早，主要是通过每年召开一两次会议，由县农业、科技、教育、人事、财政等部门负责人参加，专门研究有关重大问题。

　　笔者：领导小组具体是怎样处理和协调各部门关系的？效果怎么样？

　　负责人：要协调好各部门的关系不太容易。在我担任领导小组成员的几年里，这种问题一直没有好的办法去解决。主要是各部门考虑自己的利益，在实际工作中，像农业（部门）只管农业口的，教育（部门）只管教育口的，个个都强调自己工作的重要性，都想当主角，不愿意当配角，没办法，难以真正地形成合力。现在主要靠各种项目争取经费，但争取到的项目并不多。这样的话，有些项目是教育方面的专项项目，有些是科技方面的项目，有些是农业方面的项目。长期以来，各个部门都想把项目的实施拿在自己手里，主要是因为各部门都存在着经费不足的问题，都想多争取些经费用于解决自己部门困难。

　　笔者：那么，您认为怎样才能比较有效地解决这种问题呢？

　　负责人：我个人认为，关键在上层（县级政府部门），不是基层，否则，各部门形成合力是很困难的，统筹也只是一句空话。上面（领导统筹机构）组织领导做好了，下面就好，特别是各部门的领导同志观念上要全局出发，从而考虑全局。该当主角的，就把主角当好，该当配角的，就把配角当好。另外，小组会议应该每个季度或每个月开一次统筹协调会议，既对各部门加强联系沟通有利，也有利于解决具体各部门遇到的问题，还有（有利于协调）部门之间的关系。这样的话，才能够真正发挥出政府协调的作用，工作也能较有效地开展下去。

　　笔者在调查中发现，政府部门在全县范围内针对各个乡镇所开展的经济、科技、教育的综合调查很少，也没有制定切合当地实际的"三教统筹"发展规划。统筹机构的作用和职能并没有真正体现和落实到具体的实际工作中，各部门之间利益关系的统筹和协调作用难以有效发挥。由于牵扯到责、权、利，各部门在项目开发、政策制定、人员调动等方面也难以做到相互协调、沟通，而往往是从本部门的利益出发，从而相互配合很难实现。这说明，统筹协调机构没有真正发挥统筹协调职能，所谓的各相关部门的统筹协调名存实亡。

这使得，一方面，在县域内形成了项目经费的非统筹配置：基础越好的乡（镇）所获得的开发项目越多，"主要是能够较快地见到成效，项目出资方也愿意将项目投给基础好的地方"①；而有些乡（镇）基础差，长期得不到或有很少的开发项目。经费得不到统筹分配，使得乡镇之间发展不均衡。这样，在所谓的"三教统筹"政策下产生了新的不均衡——强者越强，弱者越弱。

另一方面，对人才的错位配置导致人不能尽其才，才不能尽其用。如 2004 年，该县农业、科技部门向农户推广柴胡种植技术和黄牛养殖，种子和种羊发给农民以后，就没有了后续的工作，相关的疾病防治、销售和管理无人问津。而全县 41 个群众性专业协会中能发挥技术指导和提供市场信息的不到 1/3；在一个乡镇政府，有 9 位技术员，却主要做行政事务。而且，笔者从对几个村的村民走访的过程中得知，他们从没有碰到过所谓的农业技术员，自家的种植养殖都是"跟着感觉走"，没有市场信息来源。

"农科教结合"和"三教统筹"的有效实施和实现，有赖于政府的统筹领导和规划协调，而农村长期存在政府统筹协调机制不畅问题，使得各部门之间难以形成合力，在人、财、物等资源的使用上也常常处于一种低效、分散的境况，这既与农村经济社会发展的要求不相适应，也进一步制约了农村教育改革的深化。

三 "三教统筹"政策在 Q 县的成效不足表现

在上述"三教统筹"政策运行的现实环境下，Q 县的"三教统筹"

---

① Q 县教育局某负责人所言。

政策的成效如何呢？笔者对此做了重点调研，结果表明，一是"三教统筹"困境重重；二是三种教育结构不合理。

（一）"三教统筹"困境重重

农村"三教统筹"的内涵是农村基础教育、职业教育和成人教育都重要，都要抓好；在办好基础教育的同时，大力发展职业教育和成人教育；基础教育、职业教育和成人教育之间相互沟通、彼此渗透、统筹考虑，使有限的教育资源发挥整体效益。[①] 农村"三教统筹"，既是农村教育改革的现实需要，也是对过去教育发展经验的总结，对于农村教育尤其是欠发达地区农村教育的发展无疑具有重要意义。

通过对 Q 县的实地调查和分析，笔者认为农村基础教育、职业教育和成人教育之间发展不协调，三种教育相互结合、沟通流于形式，即"三教统筹"政策的目标达成度不高，也再次证明了政府改革农村教育的成效不佳。

1. 三种教育之间发展不协调[②]

从农村教育综合改革与发展的角度分析，改革中在处理农村教育系统内部三类教育之间的关系过程中是否合理、恰当，需要考察三类教育在改革中是否同步协调发展。[③] 从笔者对 Q 县调查的现实状况看，其三种教育的发展并不协调，突出表现为：基础教育得到了较快发展，而职业教育和成人教育发展迟缓；在办学质量和办学条件上，基础教育与职业教育、成人教育之间的不协调状况更为明显。具体而言：

（1）义务教育发展较好。

从 20 世纪 80 年代中后期以来，Q 县义务教育发展较快，教育质量有明显提高，"普九"成果显著。

从入学率来看，该县适龄儿童小学和初中入学率分别由 1990 年的 91% 和 89% 上升为 2004 年的 99% 和 99%，到 2004 年年底通过"普九"验收，基本实现了普及九年义务教育的目标。

就教育教学质量和教师队伍素质而言，二者均得到了较大提高。全

---

① 郭福昌：《教育综合改革的探索与实践》，人民教育出版社 1998 年版，第 229 页。
② 该部分内容中出现的基础数据来源于 Q 县教育局的统计。
③ 马福云：《二十世纪八十年代以来甘肃农村教育综合改革的回顾与反思》，硕士学位论文，西北师范大学，2005 年，第 61 页。

县小学毕业"双科"（语文、数学）合格率，由 1996 年的 44％ 提高到 66％，提高了 22 个百分点；初中"六科"（语文、数学、英语、物理、化学、政治）合格率，由 1996 年的 28％ 提高到 36％，提高了 8 个百分点。全县小学、初中专任教师学历达到国家规定要求的比例分别为 98％ 和 90％。

硬件建设方面，有了长足发展。以农村现代远程教育为例，全县各中小学共累计建成 VCD（DVD）放像点 110 个，多媒体教室 121 个，卫星地面接收站 126 个。①

（2）职业教育和成人教育的发展十分迟缓，而且困难重重。

①职业教育方面。

从学校数量来看，原地踏步。截至 2004 年，该县的职业学校数与 1991 年相比没有任何变化，共有职业学校 3 所，即 1 所职业技术学校、1 所农职中学和 1 所卫生学校。

就职业学校在校学生总人数而言，呈下降趋势。Q 县 1991 年职业学校在校学生共为 563 人，而 2003 年为 510 人；尤其是职业技术学校在 2001 年度和 2003 年度分别仅招生 39 人和 90 人，而农职中学仅有一个农艺高职班，该班 2003 年度共招生 7 人，门庭冷落。

职业学校师资力量，亦有下降。职业技术学校和农职中学的教职工由 1991 年的 70 人减少至 2003 年的 51 人。

专业设置方面，农业类下降明显。1991 年，职业技术学校和农职中学所设的专业有建筑、财会、机电、果蔬、农艺、农牧、家庭养殖等 18 个长短线专业，而到 2003 年很多专业都凋敝了，职业技术学校仅存幼师和计算机应用两个专业，农职中学也仅存农艺一个专业。

至于办学经费，更是捉襟见肘。长期以来，农村职业学校办学经费投入严重不足，使得学校在基础设施建设、专业结构调整和改善办学条件等各个方面都力不从心。Q 县职业技术学校校长十分无奈地说：

> 我们这几年来全校每年经费收支情况也是很不平衡，由于生源不足，学校每年收入经费约二十几万元，只能维持正常开支部分。

---

① 数据来源于 Q 县 2004 年县委、县政府关于《Q 县"两基"达标工作的汇报》。

而县上多年来财政困难，也无力支持学校发展，所以，即使现在有些专业比较有前景，我们也无力开办，请不起老师，更不用说改善办学条件了。现在学校真是半死不活……

②成人教育方面。

Q 县于 2004 年虽然名义上已经建起了农民文化技术学校、农广校和多个各种短期培训班，但是调查结果显示很不乐观。

农民文化技术学校主要挂靠在当地乡村小学，仅仅是在小学挂一块牌子，基本上处于无教师、无经费、无基地的"三无"状态。而且，在扫盲工作中，长期以来农村乡镇政府部门和学校相互推诿扯皮，各自的责任、权利不明确。尽管各乡镇所统计的参加扫盲、脱盲和接受实用技术培训的人数数字越来越大，但实际上，春夏农忙季节，由于农村务农劳累等原因使得农民很少真正参加扫盲和实用技术培训，而在农闲时间，农民大都外出打工。所以笔者推断，这些统计数据的"水分"较大，并不能反映出真实情况。而这种推断在 Q 县教育行政部门《1999年 Q 县教育工作总结》和《2003 年 Q 县扫盲工作总结》中得以验证。其中，在《1999 年 Q 县教育工作总结》中提到：

> 扫盲工作困难大，部分乡镇及村组扫盲工作重视不够，中小学没有很好地承担起扫盲任务，扫盲工作流于形式。

这与笔者在甘肃其他地方调研的情况一致。

至于农广校，则只有"三个一"，即一个办公室、一个校长和一个副校长，没有固定的教室，也没有专职教师，几乎没有"人气"。正如Q 县教育局教研室一位工作人员所言：

> 前几年，报名参加函授班的人比较多，现在（农广校的）函授学历（国家）不承认，没有人上农广校了。农广校成了一个"空壳"。

至此，尽管我们一直强调说，农村基础教育、职业教育、成人教育都是农村教育系统的重要组成部分，尽管从改革初期政府就明确提出"转变重普教，轻职教的观念"的要求，但是，事实证明，长期以来，从政府宏观政策、经费投入、师资培训等方面都反映出整个社会对待农村基础教育和职业教育、成人教育态度的天壤之别。

由上述对 Q 县基教、职教、成教发展状况的比较分析，可以清楚地看出，长期以来，农村职业教育和成人教育的发展明显滞后。这也说明，农村教育综合改革中实施的"三教统筹"政策统筹好农村基础教育、职业教育和成人教育的发展，"三教统筹"政策所强调的"协调三教的关系，三种教育都要重视，认真办好不偏度"的内涵和要求在具体实践中并没有真正得到落实。这也清楚地证明了"三教统筹"政策的成效很差。

2. 三种教育相互沟通、结合的形式化严重

从所查阅到的 Q 县农村教育综合改革的历史文献资料分析，该县在"三教统筹"政策的三种教育的结合方面采取了三种途径，即基教与职教结合、基教与成教结合、职教与成教结合。在具体操作过程中也探索和使用了多种模式。但从笔者的实地调研结果来看，Q 县三种教育的结合总体上呈现出严重的形式化倾向。具体表现如下：

（1）基教与职教的沟通结合方面。

1991 年的《Q 县农村教育综合改革实施方案》（以下简称《方案》）中提到：

> 要积极创造条件在普通教育内部引进、渗透职教因素。分批分期在中学办好"三加一"班，大力开展"三后"职业技术教育和实用技术培训。中小学开设劳动技术课，要列入课表……全县有 80% 的学校有农田（2—3 亩）。

从《方案》可知，Q 县在基教与职教的沟通结合方面主要采取了三种模式：附加型、分流型和渗透型。附加型，即在普通中学开设职业班，本校初三结业学生进入职业班接受职业技术教育；分流型，即实行初三、高三后的"两后分流"，毕业学生进入职业学校接受专门职业技术教育；渗透型，即在中小学渗透职业技术教育，在各学年开设劳动技

术课。

但是，由于 Q 县所存档的有关农村教育综合改革的文献资料中1995 年之后的几乎空白，于是笔者对该县教育部门负责人和教科室工作人员进行了访谈，对该县职业学校和几个乡镇的中小学做了实地调查，结果表明，普遍存在重视基础普通文化知识的教授和学习，轻视职业技术教育的现象。

在笔者所调查的几所初、高中学校中，尽管劳动技术课的教学被列入了学校正常的教学计划，进入了课程表，也安排了专任教师，但是，在初中学校，劳动技术课的教学基本都是进行理论知识讲授，并没有组织学生进行动手实践和各种操作技能的培养，从对学生的访谈中得知，很多时候劳动技术课被其他主科①老师占用或他们自习主科；而在高中，则是在劳动技术课上学习跟高考科目相关的知识内容。可见，在这些学校中，职业技术教育有名无实。

据 Q 县一所实施"绿色证书"教育的初中校长介绍，该校从 2002年就开始对一个班进行"绿色证书"教育试点。但笔者调查发现，所谓的"绿色证书"教育，也是形式重于内容，仅仅是每周开设一节劳动技术课，而且从对试点班学生的访谈中了解到，三年来都是以课堂讲授的方式进行教学，"从来没有过动手操作实践活动"。笔者也特别注意到，"绿色证书"教育所用的教材是全国统一的"农村初中绿色证书教材"，使用的课本有《农村养殖技术》《农村种植技术》和《农业经营》，分三学年完成教学任务。翻开这些课本，会发现其中的知识内容侧重于理论。而且其中的部分内容理论性过强，不容易理解，明显与初中学生的年龄和身心发展特点不符，以至于学生对课程内容的学习兴趣不高。对于考评，学校也只是在每个学期末进行一次考试（笔试），考完这门课的学习就算结束。

同时，笔者在对这所中学所在乡镇的实地调查过程中发现，本地主要农业产业是果树种植、黄牛养殖和食用菌种植。但 Q 县农职中学的实习基地、果园已从几年前就失去了应有的教育实习功能，其中一个果

---

① "主科"是指语文、数学、英语、物理、化学，这些是中考必考科目，其他科目被称为"副科"。

园已变成了平地，准备建住宅楼，另一个果园也承包给了私人经营，原有的食用菌培养室也分别改为学生宿舍和库房，许多实验设备长期闲置堆放在学校库房。

这也可以说明，在很大程度上，Q县具体实施基教与职教的结合存在形式化倾向，并无多少实质内容。

（2）基教与成教的结合方面。

Q县大部分乡镇设立了农民文化技术学校，一般挂靠在当地初中或小学。从对当地农户和中小学教师的访谈中了解到，当地开展扫盲和实用技术培训一般是在夏季和冬季农闲期间在当地中小学进行，由当地挂靠学校的教师讲授。在走访乡镇农民文化技术学校的过程中，一位当地村民说到：

> 现在，农闲的时候，大多数人要进城打工，而留下的一般是老人和娃娃（小孩），我们还要做其他的活儿。有些人离学校比较远，尤其在冬天，年轻人从外面（城市）回来，很少有人去学校上"识字课"、去（参加）实用技术培训。现在学的东西都用不上么，一些人光讲，都是空讲（讲理论），也不实用，有些时候，有些人都是自己请人顶替（去学校上"识字课"、去参加实用技术培训）。

而Q县教育局《2003年关于扫盲工作总结》也提到：

> 目前已建立的农民文化技术学校和扫盲班点中，个别由于经费、组织困难等原因，集中办班进行扫盲和实用培训，工作流于形式。

可见，由于各方面的原因，农村基教与成教的结合同样流于形式。

（3）职教与成教结合的方面。

Q县职教与成教的结合，是通过在职业技术学校和农职中学开办长期和短期培训班，并开设各种长短线专业的方式来具体实施的。一般是依托县职业技术学校和农职中学、农民文化技术学校、农广校等办学实体，对当地青壮年农民进行专业技术、技能的培训。《Q县农村教育综合改革实验情况汇报》中提到：

> 本着"实用、实效"的原则，以职业技术教育为结合点，变只招应届生为应届往届和社会青年一起招，变单一学制为既办长班又办短班，变单一专业设置为多样专业设置。到目前为止，我县已开设建筑、财会、机电、师资、医士、果蔬等8个长线专业和果树、缝纫、裁剪、食用菌、快速养殖等10多个短训专业。

但笔者了解到，Q县职业技术学校尽管开设了电焊、机电、服装裁剪、建筑、服务管理等几个专业，实行长短期结合办培训班，但是，由于学校生源严重不足，许多专业的开设到了难以维持的境地。这一点在Q县农职中学《关于职业高中办学情况的汇报》中也同样被提出来了：

> 由于地域偏僻，生源不足，加之我县以农业为主，对于农职中学的社会认识不够，甚至存在误解，再加之学生毕业后就业不乐观，造成生源匮乏，职业高中在艰难中前进……

Q县职业学校校长也谈到：

> 学校一直以来都开设一些专业，并举办各种形式的培训班，但是，这几年在生源方面的困难一直不能解决。今年，我校承担了本地"阳光工程"项目的培训工作，负责当地外出务工人员的就地培训任务，以劳务输出为目的，相应开设了缝纫、家政、电子电器维修、烹饪、技工等专业，但到现在很少有人报名参加。

而笔者看到《报名册》上仅有5个人登记在册。

通过以上调查和分析说明，在农村教育综合改革中，由于"重普教，轻职教、成教"的传统思想意识、农村职业学校和成人学校的课程内容和专业设置脱离农村实际发展需要、政府部门统筹协调不力以及经费短缺等原因，使得三教在相互结合、渗透的过程中非协调发展、形式化现象严重，从而制约了农村教育综合改革的进一步深化。

（二）三种教育结构不合理

在农村教育综合改革的初期，国家就把"调整农村中等教育结构，大力发展职业技术教育"作为改革的"突破口"和努力的方向。甘肃省政府《关于加快和深化教育体制改革的决定》也强调要"改革中等教育结构"，而其内涵主要包括，"一是普通中等学校、职业技术学校在学校数和学生数上的比例是否合理，二是职业技术学校的质量和专业设置对于社会需求而言是否合理"。经过 20 年来的不断改革，农村教育已经改变了结构单一的局面，但是农村中等教育结构调整和职业技术教育的发展依然步履艰难，这也再次证明"三教统筹"政策的成效不足。我们可以从以下几方面进行分析：

1. 初、高中阶段教育存在结构性失衡

Q 县的初级中学与高级中学在学校数量上存在比例失调现象，同时在初级中学毕业生与高级中学当年招生人数之间的比例上，两者反差较大，这也表明高中阶段教育容量明显不足，大量的初中毕业生无法继续升学（见表 7）。

表 7　　　2001—2004 年 Q 县初中毕业生数与高中招生人数比较① 　　单位：人

年份	初中毕业生数	高中招生总数	初中毕业生数与高中招生总数之差
2001	2521	770	1751
2002	3088	1007	2081
2003	3730	1280	2450
2004	4323	1299	3024

以 2004 年为例，全县初中共有 25 所（包括完全中学初中部），当年的毕业生总数达到 4300 多人，而只有 1 所独立高中，1 所完全中学（简称"完中"）有高中部共 7 个班，当年全县高一共招生不足 1300人。而从高中阶段教育内部结构看，全县只有 1 所独立高中，近几年这

———————————————

① 数据来源于 Q 县教育局教研室。

所学校超负荷招生，当年接纳了全县初中全部毕业生总数的26%；完全中学高中部却又存在着高一年级的两个教学班招生不足的问题。2004年，全县高中阶段学生总人数不足3900人，每万人中高中阶段在校生人数为79人，远远低于全国144人的平均水平。[①]

前文已经谈及，尽管农村初中学生基本都有"读高中、考大学"的美好愿望，但这美好愿望在高中阶段有限的教育容量的严峻现实面前被击得粉身碎骨。2003年和2004年，Q县初中毕业生考入中等职业学校的人数分别为484人和405人，仅占初中毕业生总数的12%和9.3%。可见，大部分初中毕业生不能升入高中或中等职业学校，这意味着他们的"学业已经终结"，而他们中的大部分又加入了外出打工队伍大军。对此，Q县社会劳动部门提供的2001—2003年全县外出务工情况就是明证：

> 2001年外出务工总人数为3.86万，2002年为4.26万，2003年为4.84万。每年外出务工人员总数的95%以上都是青壮年劳动力。

2. 普通中等教育与职业技术教育的比例不合理

一般而言，农村普通中等教育与职业技术教育在学校数量、在校生人数、招生人数上的比例是否合理，就可以反映出农村中等教育结构是否合理，如果两者差距悬殊，则农村中等教育结构定然不合理。

从2004年Q县中等教育的结构状况分析，全县普通中等学校和职业学校之间，在学校数量、在校生人数和招生人数各方面均存在着比例不协调、不合理的现象。

2004年，各类中等职业技术学校招生总人数为1300多人，其中，高中阶段职业学校招生总人数为880人，占全县高中阶段总招生人数的40%，与国家规定的1:1的比例有较大差距。全县中等学校和职业学校的数量比例为6:1。[②] 同时，普通高中阶段学校和职业技术学校之间

---

① 数据来源于Q县教育局教研室。
② 基础数据来源于Q县教育局教研室。

在生源方面存在着较大的反差，普通高中生源充足且招生人数逐年上升，而职业学校和高职生源严重不足。尽管全县有一所农职中学，一所职业技术学校，但是大量初中毕业生涌向普通高中，使得职业学校生源严重不足问题更加突出。[①]

可见，高中阶段的普通学校教育与职业教育在招生人数和在校生人数以及学校数量上都存在比例严重失调的问题，使得中等教育结构调整与农村多元化经济结构变化的实际状况不相适应。

3. 职业技术教育发展缓慢，办学质量低

目前，农村教育改变了结构单一的体系，职业教育有了一定的发展。从当前来看，农村有大量剩余劳动力向城市转移，同时在农村的农业生产过程中需要更多更高层次的懂生产、善经营的农民，所以大力发展职业技术教育仍然是农村教育改革和发展的重点。但农村职业技术教育的发展状况却一直处在发展缓慢、举步艰难的境况下，主要表现在以下方面：

（1）经费投入不足，办学条件差。

一般职业技术教育的经费主要来源于两大方面：一是财政投入；二是收取学费。对 Q 县职业技术教育而言，一方面，由于全县连年财政入不敷出，致使财政对职业技术教育的经费投入严重不足；另一方面，由于职业学校的办学质量低、学生就业困难等，学校招生困难，学校无法获得学生学费。在双重困境下，Q 县职业技术学校经费不足，多年来一直制约着学校的发展，致使学校专业实验室、基地实习等设施条件十分简陋，而这进而影响到生源不足，如此的恶性循环不止，学校无从谈及发展。

2003 年《Q 县农职中学关于职业高中办学情况的汇报》也指出了问题的要害：

> 学校办学经费严重不足，软、硬件设施匮乏，制约着教育工作。近年没有一分钱专项投入，许多扶持职教发展的政策不能落

---

① 马福云：《二十世纪八十年代以来甘肃农村教育综合改革的回顾与反思》，硕士学位论文，西北师范大学，2005 年，第 45—46 页。

实，致使学校办学经费奇缺，学校软硬件建设滞后，发展后劲不足。

而 Q 县职业技术学校同样存在办学经费短缺，实验室、实习基地等设施建设不足的问题。至 2004 年，学校实验室建筑面积和实习基地面积总共才 300 平方米，图书 3000 余册，体育场馆面积为 200 平方米。全校全日制学生不足 280 人，仅有 2 个中专类专业班。实验室、实习基地，计算机、图书等硬件设施指标均达不到国家规定的职业学校硬件建设达标标准。这样的办学条件使得很多专业课教师只能"在黑板上讲种田"、"用书本说养殖"。

（2）师资力量薄弱。

农村职业学校有的开了专业却没有专业教师，有的缺乏专业课教师，由一名教师兼任几门课程。师资力量的薄弱导致学校难以完成正常教学任务。Q 县职业技术学校共有教职员工 50 名，其中文化基础课教师 22 名，专业课教师 16 名。专业课教师中具有初级专业技术职称的 13 人，而中高级专业教师仅 2 名。教师的学历结构也不合理，全校专任教师中具有本科、大专、中专学历的比例为 11:28:4。其中，没有经过专业技能训练，而以通过自考、函授等方式取得本科、专科学历的教师占到 44%，近乎一半。据了解，许多专业课教师在专业方面实际操作能力不足，专业性操作示范能力较差。

关于该校师资队伍问题，该校校长无奈地说：

没有办法，学校原来还有一些好老师，2000 年以后他们就陆陆续续地跑（流失）了，就现在这个状况，学校也花了很大力气才维持的。关键原因是 2000 年以后整个（农村）职业技术教育出现了滑坡，很不景气。没有学生，教师就待不住（不愿意在学校从教），没有好的教师，也就招不来学生，这是恶性循环啊！

职业学校教师队伍的问题在很大程度上决定了学校教育教学质量难以保证和提高。农村职业学校师资队伍力量薄弱，也就成为制约农村职业技术教育发展的关键因素。

（3）专业、课程设置和教材建设落后。

①农村职业学校专业设置方面。职业技术学校和农职中学两所学校在课程设置上存在着与社会经济发展相脱节的问题。Q县职业技术学校开设有幼儿教育和计算机应用两个中专类专业；开设的本科和大专类专业主要有财会、教育管理、小学教育、语言文学等，而这些均面向在职农村中小学教师和各行政部门职员进行学历教育。而该县一所农业学校，也为了扩大生源，盲目跟风，相继开设了计算机应用、财会等专业，并且在2004年一年中总共招生490人，相较而言，该校的园艺、农学、农机、现代园艺四个专业的三个年级的学生总人数仅330人，还不及计算机专业的学生总人数。这种状况充分反映出，农村职业学校单纯地为了扩大招生人数，盲目地开设一些"热门专业"，与当地的农业生产和经济发展相脱节。

随着农村产业结构的变化，商品化程度逐渐提高，需要农职学校相应地调整学校的专业设置，培养一批既熟练农业类专业技能又懂经营的人才。但长期以来，农业学校开设的"农学"、"畜牧"、"园林"等传统专业，多年沿袭守旧，缺乏对农村经济发展的主动适应性。

②课程设置方面。农村职业学校以下问题较突出：文化课比重过大，专业课比重过小；专业理论课比重过大，动手实践操作课的比重过小。

Q县职业技术学校的课程表反映了该校开设的课程情况，其中，计算机专业班每周总共有36课时，专业课与非专业课的课时分别为4课时和3课时，同时基础文化课与专业课分别为5门和2门。而在Q县农职中学，农艺专业二年级高职班，除开设一门农艺专业课之外，其余课程分别为语文、数学、化学、物理、英语等。

③教材建设方面。Q县农职中学里所使用的教材版本十分陈旧。该校的农艺专业课教师给笔者看他们正在使用的教材：《作物栽培学（南方版)》，是1980年的版本；《果树育种学》，是1979年的版本。另外，还有畜牧、兽医、栽培等方面的图书，版本同样也十分陈旧。

教材建设的滞后在很大程度上制约着农村职业教育办学质量的提高，这不仅使职业学校自身发展遭受极大的内部阻力，也无法有效发挥职业教育对于农村经济发展的促进作用，所培养出来的学生、所学的专业跟不上当地农村实际发展的需要。

（4）招生困难，生源不足。

关于 Q 县农村职业学校招生困难、生源不足的问题前文已有提及，这里再做补充说明。Q 县有 1 所职业技术学校，1 所农职中学。笔者对该县职业技术学校和农职中学招生情况进行了调查，结果显示，2003年县职业技术学校共招收全日制学生 150 人，其中，两个中专班共招生31 人，高职班共招生不足 120 人。从 2001 年至 2003 年的招生总体状况看，每年的招生总人数均不足 40 人。① 从这三年的招生情况看，该县职业技术学校存在着严重的生源不足状况。一位县职业技术学校的教师在与笔者的谈话中说到：

> 学校为了能招到学生，维持生存，从去年开始实行了一项硬性政策②，每学年给每个老师分配至少招 5 名学生的招生任务。如果完不成任务，每少招一个学生，从工资中扣除 50 元，如果完成任务，每多招一个学生，就奖励 100 元。

面对严重的生源不足状况，该县职业技术学校校长则认为：

> 政府在宏观政策上的支持力度不大，有些部门未执行"先培训，后就业"的劳动人事政策，而自从实行农村的专业学生"不包分配，自主择业"的人事制度改革以后，职业学校的招生就一直在生源严重不足的困境中徘徊。

笔者从 Q 县农职中学了解到，该校的招生困难问题更为突出。该校仅存 1 个农艺专业的高职班，2003 年总共招收 7 名学生，2004 年末仅仅招到 1 名学生。而高职班实际上却是为了缓解本县因高中招生容量限制而采取的策略，学生上高职班也是为了"考大学"。该校校长

---

① 数据是笔者在各个学校统计所得。

② 这是一位基层教师首次提到"硬性政策"这一概念，意指目标明确、措施具体、评价与奖惩制度明确的政策，对政策执行者来说应竭力去执行的政策。该概念对于本书对政策的新的分类及将"三教统筹"定性为"软性政策"具有启发意义。

讲到：

> 家长们让自己娃娃"上高中，考大学"的愿望很强烈，导致这几年本地的"普高热"。而相应地，职业技术学校和农职中学遇到了招生困难、生源严重不足的困难。

以上分析说明，大致从 20 世纪 90 年代后期开始，农村职业学校招生困难的问题逐步凸显出来，而 2000 年以后每况愈下。导致这种问题的原因是多方面的，既有思想观念的影响，也有学校发展不足（师资问题、学生学不到有用的技术等方面）的问题，但更重要的似乎是国家就业政策的负面影响。

（5）就业服务体系不完善。

职业教育的保障服务体系是否完善是体现职业教育水平的重要标志之一。职业教育发展的水平越高，相应的保障服务体系就越需要健全和完善。受农村经济发展水平的制约，长期以来农村职业教育形成了一种"重招生，轻就业"的现象。这也在一定程度上使得，在国家实施"不包分配，自主择业，自谋发展"的宏观就业政策之后，农村职业学校毕业生就业的困难更加彰显。

在笔者对 Q 县的调查中，不论是教育行政部门工作人员、职业学校校长、教师还是家长、学生，都对职业学校的就业持很不乐观的态度。

笔者也了解到，不能及时有效地发布就业信息、学校没有与用人单位建立长期有效的合作关系，加上学生得不到有效的就业指导，这些都加大了职业学校毕业生就业的难度。尽管政府出台了一些就业政策，但因其缺乏配套措施、比较宏观、原则性强而不能得到有效落实。以"先培训，后就业"的就业指导政策为例，Q 县职业技术学校校长的一席话很有代表性：

> 现在，从政府部门行使职能方面说的话，在解决学校毕业生就业方面，政府应该从政策上提供有力的支持，通过劳动人事部门出台相关政策或文件，实行"拿证上岗"，严格执行"先培训，再就

业"的政策。但是，在这方面政府部门的工作不到位……在我们这里，现在如果能得到政府的支持，（政府）制定相应的规定或制度的话，学校这方面的不足可以得到补充，而且就业压力也可以缓解。只有一些政策措施是不够的，必须要制定相关的法律和配套性的政策，才能形成有利于职业教育发展的良好社会外部环境。

实践证明，相对而言，在相当长的一段时间内，农村职业教育把改革和发展的重点放在学校的硬件建设和学校教育教学质量的提高方面，而轻视了市场经济条件下的学生就业服务体系方面的建设，导致就业服务体系不健全，这已成为农村职业教育自身发展的障碍。

农村中等教育结构调整步伐缓慢和职业技术教育办学质量、办学效益低下的状况，既是政府"三教统筹"政策落实不力的结果，也是利益主体（农民及其子女）主动选择的结果，并且彼此强化。这一方面，不仅反映出"三教统筹"政策的成效不理想，使得农村教育与农村社会经济之间无法形成良性循环发展的运行机制，进而影响到农村教育综合改革的成效；另一方面，笔者认为，更为重要的，则是它对农村教育综合改革中一直以来所坚持和强调的农村教育"要为当地社会经济建设服务兼顾升学"这一办学目标定位形成了重大冲击和挑战。

对于农村"三教统筹"政策成效不足的问题，我们需要做深入的思考，追寻其根源，做出学理上的解释，并对症下药。从上述我们可以清晰地看到：

（1）一方面国家（政府）政策层面对"三教统筹"宠爱有加，而另一方面"三教统筹"政策对象主体对其冷漠，甚至有反感之倾向，二者对"三教统筹"的态度表现出了巨大的落差甚至矛盾。而主体对事物的态度由主体的价值取向所决定。

（2）国家（中央政府）对"三教统筹"政策不断强调，而地方政府对其执行不力，出现政府部门之间扯皮现象。这说明政府部门之间（包括纵向和横向）对"三教统筹"政策没有形成合力。

所以，我们可以从两大方面对"三教统筹"政策成效不足进行归因分析，甚至有必要追寻其原因背后的原因。

第五章 农村"三教统筹"政策的价值取向与对象主体需求之矛盾

一般认为，价值取向（value orientation）是价值哲学的重要范畴，它指的是一定主体基于自己的价值观在面对或处理各种矛盾、冲突、关系时所持的基本价值立场、价值态度以及所表现出来的基本价值倾向。价值取向具有实践品格，它的突出作用是决定、支配主体的价值选择。所谓价值选择，简言之，就是在主体与客体的双向作用过程中，主体根据自己的价值尺度，对客体的属性、功能及其对主体可能产生的效应进行分析、比较，以求用最小的代价取得对主体最大的价值的选择过程。①

第一节 教育政策应有的基本价值取向

一 教育政策的价值分析

（一）教育政策必然关涉价值

教育政策是教育领域乃至社会领域中社会政治和教育政治活动的形式和结果，教育政策活动是社会政治行为在教育领域中的集中体现。

一方面，教育利益和教育利益关系是教育领域政治活动和教育政策的基础与核心。因为政治学理论一般认为，利益和利益关系是政治关系和政治行为的基础，政治权力关系和政治权利关系都是建立在利益关系的基础之上的。"利益是人们结成政治关系的原始动机，而政治关系只不过是人们用来满足自己利益要求的特殊途径。""一切政治组织及其

---

① 潘正云、彭水生：《论价值选择》，《浙江大学学报》1994 年第 4 期。

制度都是围绕着特定的利益而建立起来的，同时也是为其所由以建立的社会成员的利益服务的。"① 所以，实际上，任何教育政策都体现了作为政策主体的国家或政府的权力意志，都是按照国家意志来分配教育利益。

另一方面，强调公共政策的价值分配或利益分配意义是现代政策科学理论的一个重要特征。政治系统分析理论创始人戴维·伊斯顿（David Easton）认为，"公共政策是对全社会的价值作权威的分配"。② "而政府的基本职能，就是对利益进行社会性的分配。公共政策就是政府进行社会性利益分配的主要形式。"③ 那么，教育政策就是政府进行教育利益分配的主要形式。其实，当我们把各种具体的教育政策目标加以归纳和概括，就会发现这些教育政策具有一个共同点，即它们都有一个一致性的目的性特征——在不同的主体之间分配教育利益——权力、权利、机会、经费、条件，等等。"这个抛开具体的形形色色的教育政策而概括和抽象出来的目的性特征就是教育政策的本体形态。"④

所以，教育政策必然关涉价值。

在当下的教育政策研究中，价值成为了一个受到关注的领域。作为一般哲学的价值概念是指主体需要和客体属性在实践基础上统一起来的一种特定的效应关系。那么，教育政策的价值是"价值"的下位概念，从哲学角度来说，是指教育政策的客体属性与教育政策的主体需要在实践基础上统一起来的一种特定的效应关系。"教育政策价值是教育政策活动的属性（如要素、结构、内部机制、功能等）满足教育政策（价值）主体需要的一种关系。教育政策所调整的价值关系的性质决定着教育政策价值的内容。"⑤ 比如：调整"教育权力分配关系"和"教育权利和机会分配关系"的"政治价值"；调整"教育资源配置关系"的

---

① 王浦劬：《政治学基础》，北京大学出版社 2006 年版，第 63 页。
② D. Easton, *The Public System*, New York：Knopf, 1953. 转引自张金马《政策科学导论》，中国人民大学出版社 1992 年版，第 17—18 页。
③ 张国庆：《现代公共政策导论》，北京大学出版社 1997 年版，第 7 页。
④ 刘复兴：《教育政策的价值分析》，教育科学出版社 2003 年版，第 37 页。
⑤ 同上书，第 104 页。

"经济价值";对教育活动和教育政策活动本身进行管理和规范的"教育价值";调整和规范"教育组织、个人活动"的"人的发展价值";综合性的"社会价值";等等。

（二）教育政策的价值分析

价值问题本质上是一个选择性的问题，不同主体对同一个事件往往具有不同的价值选择。在教育政策制定和实施的全过程中，价值不仅体现着对主体的教育需要的某种满足，而且还体现着主体的主动性追求。E. 迪尔凯姆（Emile Durkheim）曾说过，许多社会现象之所以具有一种规律的性质，实际上是强制性的结果，而不是普遍性的结果。人们在强制性面前往往将这种社会现象看成是一个自然的事实，而不是某些利益集团制造的结果。① 实际上，"在大多数情况下，政策不过是人们在比较、鉴别、协调、平衡的基础上进行价值选择的结果"②，所以对教育政策进行价值分析就是要揭开教育政策的"面纱"进而看到其本质，揭示教育政策所张扬标榜的表面事实或貌似自然的"规律"之背后的利益关系、价值选择和价值冲突，分析不同利益主体对教育的真正需求与期望以及各自想通过教育和教育政策所达到的目的。当然，一般来说，对教育政策进行分析，无论是教育政策内容的分析、过程的分析还是价值的分析，脱离分析者的价值观念的分析几乎是不存在的，即对教育政策的价值分析一定含有分析者自己的价值判断。

什么是教育政策的价值分析？目前，政策科学的理论中对价值分析做了很多限定，有代表性的如 R. M. 克朗认为，价值分析"在于确认某种目的是否值得为之争取，采取的手段是否能被接受以及改进系统的结果是否'良好'；它要回答的主要问题包括：'因为什么？为了什么目的？为谁？许诺什么？多大风险？应优先考虑什么？'等等"。③ 再如有的学者指出，价值分析的"作用主要是制定和应用评判标准来评价政

---

① ［法］E. 迪尔凯姆：《社会科学方法的规则》，胡伟译，华夏出版社第 1998 年版，第 6 页。

② 劳凯声、刘复兴：《论教育政策的价值基础》，《北京师范大学学报》（人文社会科学版）2000 年第 6 期。

③ ［美］R. M. 克朗：《系统分析和政策科学》，陈东威译，商务印书馆 1985 年版，第 50 页。

策价值观与政策选择","主要内容是提出并评价价值论点正确性的判断标准","中心问题是用什么样的标准证明政策行为的正确、有益或公正"。① 还有的学者指出,"价值分析,是指考察人们和社会的价值观念及价值规范,并确定价值准则的一个研究过程与方法"。② 我们可以将这些对价值分析的限定归纳为两个方面:一是价值分析研究的内容领域;二是价值分析作为研究方法的意义。

教育政策分析的内容包括三个方面:内容分析、过程分析和价值分析。所谓教育政策的价值分析,是指对教育政策赖以依托的价值观念进行分析,即分析政策所表现出的外在价值(政治价值、经济价值和文化价值)和内在价值,也就是要分析教育政策主客体的属性及其相互关系所体现出的价值。"教育政策是价值选择的结果,所以对教育政策的分析必须重视教育政策的价值来源和价值取向,基于价值的分析才能超越表面化的文本政策,溯及其背后真正的利益动因。"③ 教育政策价值分析也是对教育政策活动的价值系统和价值问题进行确认与分析的一种教育政策研究方法和方法论,其研究的中心内容是教育政策活动中的"价值选择"及其"合法性"、"有效性"问题。④ 所谓价值选择,是指教育政策主体和利益主体在自身价值判断的基础上所做出的集体选择(社会选择)。这里,价值选择不仅仅是价值目标的选择,而是既包括观念中的选择又包括实践活动中的选择,如教育政策问题的认定、教育目标的确立、政策方案和手段的选定、政策评价标准的确立等。价值选择表达着教育政策追求的目的与价值,通过对价值选择的分析,可以回答某项特定的教育政策"做出了什么价值选择"、"为了什么目的"、"为谁"、"向公众许诺了什么"等方面的问题。

从本体角度讲,在社会范围内进行教育利益的分配是教育政策的根本目的,那么教育政策的价值选择决定着分配什么、如何分配。合法性

---

① 陈振明:《政策科学》,中国人民大学出版社1998年版,第509页。
② 沈承刚:《政策学》,北京经济学院出版社1996年版,第230页。
③ 孙绵涛、邓纯考:《错位与复归——当代中国教育政策价值分析》,《教育理论与实践》2002年第10期。
④ 刘复兴:《教育政策的价值分析》,教育科学出版社2003年版,第80页。

是教育政策基本价值特征的集中表现，即按照某种价值选择分配教育利益是否是正当的，是否具有合法性。① 教育政策的合法性，主要是指教育政策的价值选择符合某些普遍性的规则、规范，如法律、社会价值观、意识形态及社会习惯等，并由此在社会范围内被承认、接受和遵守。合法性不仅是教育政策被承认的基础，也是教育政策价值选择存在的价值依据和理论基础，更是教育政策合法化的前提条件。它表明教育政策价值选择的正当性、有益性和公正性等特征。教育政策价值选择的合目的性是教育政策的合法性的本质，即价值选择符合人们的需要、价值理想和追求。② 教育政策过程的有效性是教育政策在过程层面上的基本价值特征的表征。因为教育政策的有效性与政策过程紧密相连，所以有效性主要是一个程序性或操作性问题，即理想的价值选择如何才能做出，理想的政策目标如何确立，政策目标如何才能完整实现，政策活动如何进行才能具有"有效性"。③

二　教育政策应有的基本价值标准

从教育政策的根本目的来看，政策主体制定教育政策的根本目的是根据不同群体的不同需求进行利益分配，协调由此而引起的各类社会关系。而指导决策主体合理地处理和调整这些基本的全局性的关系的价值标准就构成了教育政策的价值基础。④ 由于不同的政策价值主体具有不同的需要和利益追求，在面对同样的价值关系时，他们之间的价值选择的不一致或冲突就是必然的。正如阿罗（K. J. Arrow）"不可能性定理"所认为的那样，在进行集体选择或社会选择时，即使一个非常理性的政治民主社会，它的价值选择的方法也不可能同时完全满足所有社会成员的各种不同的需要和利益。⑤ 另外，人们价值选择的不一致或冲突往往

---

① 刘复兴：《教育政策价值分析的二维模式》，《教育研究》2004 年第 4 期。

② 同上。

③ 同上。

④ 劳凯声、刘复兴：《论教育政策的价值基础》，《北京师范大学学报》（人文社会科学版）2000 年第 6 期。

⑤ ［美］肯尼斯·阿罗：《社会选择与个人价值》，载司马云杰《文化价值论》，山东人民出版社 1990 年版，第 177 页。

遵循"价值同轴对称原理"①，即往往极端地表现为价值选择的二元化对立。在人类社会教育和教育政策的实践中，面对"国家、教育组织、个人的利益关系"、"教育权力分配关系"、"教育权利和机会分配关系"、"教育资源配置关系"、"教育制度特征与教育组织、个人活动的关系"等价值关系，教育政策的价值选择也往往存在二元对立或矛盾。于是便形成了"个人与社会（国家）"、"集权与分权"、"平等与不平等"、"公平与效率"等的对立与矛盾。

教育政策在调整社会关系与进行利益分配方面具有不同于一般公共政策的特征，所以教育政策应有的价值取向除了满足一般公共政策的价值取向外，还有其自身必须满足的价值取向。面对二元对立的价值选择的可能性，在现代教育政策应确立的实质价值标准中，"以人为本"、"教育平等"和"教育公正发展"是教育政策应有的基本价值取向，也是政府教育治理的应然价值选择。其最根本的原因在于，政府的权力来源于人民，政府存在的价值基础在于其公正性。

（一）以人为本

为什么教育政策要将"以人为本"②作为应有的基本价值标准呢？

从教育和教育政策本身来说，"以人为本"是其应有之责。教育是指向人的、为人的发展服务的社会实践活动，受教育者是教育活动的对象和主体，离开具体的人的教育活动是不存在的；另外，教育政策是以促进教育发展为使命的，其根本目的应是促进人的发展。

首先，从教育理论来看，应否"以人为本"反映的是社会与个人、社会化与个性化、社会价值与个人价值之间的关系问题。以教育中的社会和个人之间的关系为例。一方面，个人是社会的个人，个人是社会发展的结果和产物。而另一方面，任何一个个人总是以自己独有的个性而区别于他人，这种与之存在的个性包括与他人之差异性、不可取代性和自我性，也包括主体的自觉性、自主性和独特性。所以说，

---

① "价值同轴对称原理"，意即人们的价值选择时时呈现对立状态，各种价值体系的矛盾冲突以一定的社会价值体系为轴心而相互对立运动。参见司马云杰《文化价值论》，山东人民出版社1990年版，第181—185页。

② 教育学中把"以人为本"定位于"以人的发展特别是作为教育对象的具体的个人的和谐发展为根本"，在这里，人专指受教育者个人。

"教育是在一定社会背景下发生的促使个体的社会化和社会的个性化的实践活动"。①

社会与个人，社会的利益、需要与个人的利益、需要之间的矛盾是任何社会都存在的基本矛盾，在这一矛盾变得突出的情况下，社会就要在社会与个人之间进行利益和需要的某种平衡和规限，政府在此发挥作用。而社会是由不同的利益群体组成的，因此社会的利益和需要必然表现为社会成员中的这部分人或那部分人的利益和需要。所以说，社会发展的每个阶段提出的要求不是要不要个人利益和需要的问题，而是反映和代表哪部分人的利益和需要、以什么样的形式来实现这种利益和需要以及这种利益和需要获得满足程度的问题。教育领域亦不能例外。

其次，"以人为本"是现代教育发展的必然逻辑。在现代社会系统中，人的作用和地位得到了很大提高，人的潜能得到了很大发挥，人越来越重视自己的社会存在，越来越重视个人价值的实现。而教育已经被人们看作是个人的一项基本权利，教育被认为是具有有利于促进个性丰富和全面发展的、有助于创造个体新生活的功能。所以，在教育实践中，我们应该确立如下基本观点：教育是每一个人都应拥有的基本权利；受教育者在接受教育过程中应该处于主体地位；教育应保护受教育者的主动性、积极性、求索精神和创新精神；教育应有助于个性的丰富和全面发展。为此，"教育政策必须从它的本质、目的、内容、方法等方面重新阐明其立场，把人作为教育政策的基本价值取向"。②

（二）教育平等

对于什么是教育平等的问题，迄今人们的理解还是见仁见智。在国内，有从法律意义上的受教育权利方面理解教育平等的③；有人把教育平等等同于教育机会均等；有不少人将教育机会平等与教育机会均等不作特别区分，同时使用。在国外，主要是使用教育机会均等（equality of educational opportunity）这个概念进行关于教育平等问题的研究，其中比较典型的是詹姆斯·科尔曼（James S. Coleman）的观点，其认为

---

① 全国十二所重点师范大学：《教育学基础》，教育科学出版社 2007 年版，第 4 页。
② 劳凯声、刘复兴：《论教育政策的价值基础》，《北京师范大学学报》（人文社会科学版）2000 年第 6 期。
③ 顾明远：《教育大辞典：第 6 卷》，上海教育出版社 1992 年版，第 100 页。

教育机会均等有四个标准：进入教育系统的机会均等；参与教育的机会均等；教育结果均等；教育对生活前景机会的影响均等。^① 我国《教育大辞典》中也持类似的看法。^② 虽然目前国内外关于教育平等的观点多样，但我们可以根据这些观点，结合罗尔斯（J. Rawls）提出的正义的两个基本原则^③和补偿原则^④，把教育平等问题应具有的理念概括如下：

（1）教育实践主体（教育者、受教育者、教育管理者）的人格和尊严应受到同等的保护，即"本体论上的平等"。^⑤

（2）教育机会平等。包括入学机会或进入其他教育系统的机会平等和以能力本位为出发点的为相同能力的人提供相同的教育和发展机会。

（3）教育过程的平等。即在任一层次的教育中，向任何受教育者所提供的基本的教育条件和在培养目标、学习年限、课程设置、教学条件与师资质量等方面都应基本相同。

（4）学业成功的机会平等。即保证各社群的子女在各级各类教育中所占的比率，与其家长在总人口中所占的比率大致相当。

（5）对弱势群体进行补偿。包括两个方面：一是对于教育实践中现实的机会不平等和过程不平等进行补偿；二是通过教育系统对受教育者因财富、出身、社会地位、文化背景等因素所造成的差异进行补偿。保障教育公平是政府对社会和公众的基本责任，政府必须建立弱势群体

---

① James S. Coleman，"The Concept of Equality of Educational Opportunity"，*Harvard Educational Review*，Vol. 38，No. 1，1968.

② 顾明远：《教育大辞典：第6卷》，上海教育出版社1992年版，第413页。

③ 第一个原则：每个人对与其他人所拥有的最广泛的基本自由体系相容的类似自由体系都应有一种平等的权利。第二个原则：社会和经济的不平等应这样安排，使它们①被合理地期望适合于每一个人的利益；并且②依系于地位和职务向所有人开放。参见［美］约翰·罗尔斯《正义论》，何怀宏等译，中国社会科学出版社1988年版，第60—61页。

④ 补偿原则就认为，为了平等地对待所有人，提供真正的同等机会，社会必须更多地注意那些天赋较低和出生较不利的社会地位的人们。参见［美］约翰·罗尔斯《正义论》，何怀宏等译，中国社会科学出版社1988年版，第101页。

⑤ J. 巴什勒（J. Bashler）提出"本体论上的平等"（onto logical parity）的概念，认为任何存在的东西都是真实的，每一个自然复合体都具有同样的优先性。所以，人们要摈弃一切歧视，接受客观存在的一切有区别的东西。参见 J. Bashler，*The Metaphysics of Natural complex*，Columbia University Press，1966，p. 33.

补偿和优先扶持制度，保障弱势群体的教育权利。

（三）教育公正发展①

所谓"教育公正发展"，是一种教育发展的应然价值选择，一种教育政策导向的结果，也是教育事业本有的理想目标和应有的客观态势。尽管教育公正和教育发展是两个不同的概念，它们各有自己的含义，但本书的观点是：在主体的选择下，在教育政策导向的结果下，教育发展必须是有利于实现教育公正的，教育公正本身也就是教育发展的目的、过程和结果。换言之，尽管在概念上我们不否认教育公正和教育发展的含义之区分，但在实践上，我们把教育公正和教育发展指称同一种教育的状态，指称同一性教育的发展过程，指称同一个教育的经验事实。

以罗尔斯在《正义论》中确立的两个基本原则为指导，我们认为，所谓教育的公正的发展，就是在教育上承认和实现：（1）合理的、适当的差别；（2）符合并满足绝大多数人的利益和受教育的需求（主要指受教育的机会和权利）；（3）有利于促进绝大多数人所受教育的质量的提高，有利于他们能力的提高。这三条既是我们所理解的"公正"，也是我们所理解的"发展"，所以称之为"教育公正发展"。这个概念确立以后，在严格意义上我们不再把那种导致严重的教育不公正（如城乡教育的悬殊差距）、实际上带来负效应的"增长"和"扩张"之类的教育活动过程及其结果称为"教育的发展"。

教育公正发展旨在于：教育公正不是作为教育发展的外在相关性，而是作为其内在的规定性，作为一种价值选择，决定着教育发展的性质和趋向。

我们认为，在公正价值前提下，可以取得教育发展，教育不公正也就意味着教育"负发展"或"不发展"；教育数量的增长和规模的扩张可能有利于实现教育公正，也可能导致教育的不公正。所以，对"教育公正发展"应作如下理解：

首先，教育公正是教育的发展的核心价值。如果把教育公正置丁教育发展之外，那么现实的情形将会是，要么教育公正被淡忘或抛弃，要

---

① 该部分内容主要参考周晔、袁桂林《教育的公正的发展与城乡教育差距问题——兼论教育政策的价值选择》，《教育科学研究》2009 年第 8 期。

么发展成为"畸形儿",甚至归于失败。所以,教育公正并不是教育发展以外的一个参照物,它就存在于教育发展之中,是其"精神支柱"。否则,到底是为了什么而发展、为了谁而发展、发展的目的是什么等根本性与方向性的问题就容易被忘却。当然,发展还是硬道理,但发展的价值意涵不可以被忽略。教育事业太多的教训鞭策着我们对教育发展的认识必须从片面的数量增长和规模扩张,转向以人为本,转向均衡、协调的发展,转向有质量的发展,而这些转向的价值基础就是公正。

其次,教育公正是教育发展的根本动力。如果认为公正对发展来说只是外部的,就很容易把公正和发展对立起来。如果转换思路,把教育公正看作是教育发展的内在规定性,那么我们就会看到,教育公正是教育发展的更根本的动力。这是因为,公正首先是承认差别的,只不过它承认的是合理的、适当的差别。关于差别,罗尔斯在《正义论》中用严密的论证,把公正的概念建立在了差别原理的基础之上:关于到底什么样的差别才是合理的和适当的,见仁见智,不同文化场域中的人对"合理"和"适当"的理解也不同。尽管如此,这并不意味着"合理和适当的差别"就不可能有明确的意义。罗尔斯提出的"交叠共识"(overlapping consensus)概念①就解决了这一问题。这里,"合理"意指差别的质的规定性,"适当"是差别的量的体现,那么"合理和适当"自然指的是差别的质和量的辩证统一。毫无疑问,"合理"和"适当"只能是相对的,但人们总是可以在某些具体情境中达成关于什么是公正的共识,即可以确定合理和适当的差别的衡量标准。另外,教育公正还有绝对的意义,也即教育公正的必然性和必要性。这就是一个人、一个社会,包括法律政策,总有一种诉求,或者是一种道德的、良知的诉求,或者是一种理性的、规范的、秩序的诉求。再也没有什么社会事业能像教育事业这样应该具有这种对公正的诉求了。可以说,公正是教育本身的、教育政策的"绝对命令"。有了公正,即有了合理、适当的差别的界限;有了教育公正,教育发展才能是持久健康的、高效高价值的。

---

① 罗尔斯提出的"交叠共识"概念启示我们:人们总是可以在某些具体情境中达成关于什么是公正的共识,即确定合理和适当的差别的衡量标准,在人们的看法中,总可以找到重叠的共同的部分。

最后，教育公正是教育发展的合理状态。如果说前两点言及的是教育发展的目的和动力问题，那么这里谈的是教育发展本身的状态问题。教育发展的状态（或者模式）可以分为两类：一类是在片面追求异化了的教育规模扩张的目的的同时，导致如城乡教育差距拉得过大等畸形的"发展"；另一类是在追求教育发展的同时，高度重视各方的协调、平衡，甚至必要时把保持协调放在首位，这样的发展，合力大，内耗小，积累性强。发展是硬道理，是"要发展"的问题；而协调发展是第一要务，是"如何发展"的问题。教育的均衡、协调发展，最基本的就是均衡、协调个人、群体、集团和阶层的教育权益，而均衡、协调教育权益的基本原则和价值取向就是追求教育的公正。所以，"教育公正发展"也就是以教育公正为目的、动力和模式的发展。

综上所述，在对"教育公正发展"这个概念的理解上，"当我们从'公正'着眼时，我们看到了'发展'……当我们从'发展'着眼时，我们看到了'公正'"①。这样，在"教育公正发展"这个概念中，公正和发展是合二而一、融为一体的。一句话，教育要发展，教育也要公正，教育更要公正地发展。

第二节 农村"三教统筹"政策的价值取向及其必然性

一 农村"三教统筹"政策的价值取向

（一）表面现象层面的农村本位

农村"三教统筹"政策主要涉及对农村教育结构的调整和对农村教育办学方向的规定与强调。从政策文本表述表象来看，这几个方面都体现出了明显的农村本位的价值取向，即面向农村，为了农村。

1. 从关于教育结构调整的角度来看

农村中等教育结构的调整改革是农村"三教统筹"政策的主要措施，为农村服务是农村"三教统筹"政策的指导思想。这突出地反映在中等教育的结构改革中。1980年10月7日，《国务院转批教育部、

---

① 景天魁等：《社会公正理论与政策》，社会科学文献出版社2004年版，第6—7页。

国家劳动总局关于中等教育结构改革的报告》指出,"县以下教育事业应当主要面向农村,为农村的各项建设事业服务。在城乡要提倡各行各业广泛举办职业(技术)学校。可适当将一部分普通高中改办为职业(技术)学校、职业中学、农业中学"。

何东昌发表的《十二大指明了开创教育事业新局面的道路》一文从学制、课程、教学内容、招生就业方面谈到了农村教育为农村服务的指导思想。"从指导思想上要明确,必须按照农村的实际情况和发展趋势发展农村教育⋯⋯农村教育的学制、课程设置、教学内容,都要因地制宜,有必要的灵活性;面向农村的高等和中等专业学校的招生和毕业生分配制度要研究改进,使农村的学生进得来、回得去。"[①] 教育结构调整政策中所反映出的农村教育主要是面向农村,为农村服务。如1983年5月6日,《中共中央、国务院关于加强和改革农村学校教育若干问题的通知》清楚而具体地表达了这一思想。

> 农村学校的任务,主要是提高新一代和广大农村劳动者的文化科学水平,促进农村社会主义建设。一定要适应广大农民发展生产,劳动致富,渴望人才的要求。一定要引导广大学生热爱农村,热爱劳动,学好知识和本领。必须通过宣传教育,采取切实措施,纠正目前社会上片面追求升学率的倾向⋯⋯各地要根据本地区的实际需要与可能,统筹规划,有步骤地增加一批农业高中和其他职业学校。

1989年12月23日,李铁映在第七届全国人大常委会第十一次会议上所做的汇报——《关于我国教育工作若干问题的汇报》中指出,"特别在农村地区,要把发展基础教育同发展多种形式的职业技术教育结合起来,使农村教育更好地为农业的振兴以及整个农村经济建设和社会发展服务"。

农村教育要面向农村,为农村服务。1995年,《国家教委关于深入

---

① 何东昌:《十二大指明了开创教育事业新局面的道路》,《人民日报》1982年10月3日第1版。

推进农村教育综合改革的意见》中指出：

> 农村教育综合改革的主要任务是：落实教育优先发展的战略地位，在各级政府和教育主管部门的领导下，进一步调整和优化农村教育结构，坚持农村"三教统筹"和"农科教结合"，促进"燎原计划"与"星火计划"、"丰收计划"的有机结合，使农村教育与农村经济、社会协调发展，使农村劳动者素质有较大提高，为当地建设培养所需要的中、初级专业人才，逐步形成适应现代化建设需要的农村教育体系。

2001 年的《基础教育课程改革纲要（试行）》指出，"农村中学课程要为当地社会经济发展服务，在得到国家课程基本要求的同时，可根据现代农业发展和农村产业结构的调整因地制宜地设置符合当地需要的课程，深化'农科教相结合'和'三教统筹'等项改革，试行通过'绿色证书'教育及其他技术培训获得'双证'的做法"。

2. 从农村教育的办学方向角度来看

农村教育的办学方向问题在始于 1987 年的农村教育综合改革中就集中体现出来了。1987 年 1 月，《国务院办公厅转发国家教育委员会等部门关于全国职业技术教育工作会议情况报告的通知》中明确提出，"农村的教育应该从办学单纯为了升学转到主要为本地区两个文明建设服务，并适当兼顾向高一级学校输送新生的方向上来。农村的职业技术教育必须确立为振兴经济、发展农业生产和为农民劳动致富服务的办学方向"。同年 9 月，何东昌在辽宁省农村教育办学方向研讨会上的讲话再次明确了农村教育的办学方向，"现在我们把方向转过来，着重为本地培养人才，从长远讲，是以经济为中心的各项建设的需要，也是发展教育的根本措施"。1992 年的《国务院关于积极实行农科教结合，推动农村经济发展的通知》也明确指出，"农村职业技术教育要始终坚持为农业和农村经济建设服务的方针"。

1993 年，国家教委、国务院贫困地区经济开发领导小组、财政部印发的《国家教委关于大力改革与发展贫困地区教育，促进经济开发，加快脱贫致富步伐的意见》指出，教育"改革的核心是，进一步明确办学的方向和路子，使教育由单纯追求升学转到主要为当地经济和社会发展服务"。这里提到教育主要为当地经济和社会发展服务，"当地"该作何解？毫无疑问的是，农村的"当地"就是农村，也即农村教育主要为农村经济和社会发展服务。1994 年，《国家教委关于建立全国地区（市）农村教育综合改革联系点的通知》进一步强调，"进一步明确农村教育的办学方向，切实由过去单纯的应试教育转到主要为当地社会主义建设服务兼顾升学的轨道上来"。

后来，李岚清在 1997 年全国中小学素质教育经验交流会上的讲话中明确提出，"广大的农村学校，当前主要还应当推行教科农相结合、'三教统筹'，基础教育要为农村的发展、为脱贫致富服务"。这是国家领导人首次明确提出农村基础教育要为农村服务。

1998 年，《国家教委、国家经贸委、劳动部关于实施〈职业教育法〉加快发展职业教育的若干意见》明确指出，"农村职业学校应坚持面向农村、面向农业、面向农民为主的办学指导思想，努力为发展高产、优质、高效农业服务，为农民脱贫致富服务，为农村产业结构调整服务"。同年，《教育部关于贯彻十五届三中全会精神，促进教育为农业和农村工作服务的意见》更是强调：

　　农村教育必须坚持为农业和农村工作服务，必须坚持走综合改革的道路，实行农科教结合和基础教育、职业教育、成人教育三教统筹，这是农村教育改革的方向，也是农民脱贫致富的出路。

　　要进一步转变农村教育的办学指导思想，促进农村教育切实从主要为升学服务转变到主要为农业和农村工作服务的轨道上来。

1999 年，《中共中央、国务院关于深化教育改革全面推进素质教育的决定》也指出，"进一步推进农科教结合，全面推进农村教育综合改革，促进农村普通教育、成人教育和职业教育的统筹协调发展，使农村教育切实转变到主要为农村经济和社会发展服务上来"。同年，张天保在全国农村教育综合改革工作经验交流会上的讲话再次强调，"进一步端正农村教育办学指导思想，始终坚持为农业、农村和农民服务的方向"。

21 世纪以来，农村"三教统筹"相关政策关于农村教育为农村发展服务的提法有所转变，即在达到九年义务教育的前提下，农村教育为农村服务，关注农民群众多样化的学习需求。

2001 年，《教育部、农业部关于在农村普通初中试行"绿色证书"教育的指导意见》提出，在农村普通初中试行"绿色证书"教育应遵循的原则是"坚持农村普通初中的办学方向。应在达到九年义务教育要求的前提下，坚持为当地经济和社会发展服务，为学生的发展打好基础"。2003 年，《国务院关于进一步加强农村教育工作的决定》再次指出，"农村教育教学改革的指导思想是：必须全面贯彻党的教育方针，坚持为'三农'服务的方向，增强办学的针对性和实用性，满足农民群众多样化的学习需求；必须全面推进素质教育，紧密联系农村实际，注重受教育者思想品德、实践能力和就业能力的培养；必须实行基础教育、职业教育和成人教育的'三教统筹'，有效整合教育资源，充分发挥农村学校的综合功能，提高办学效益。"

3. 从政策中对受教育者利益关注的角度来看

在农村"三教统筹"政策中，也有从对象主体的利益角度来考虑农村"三教统筹"的，只是为数不多，即使是这些为数不多的提法，也强调农村本位。

1991 年 1 月 18 日，李铁映在全国职业技术教育工作会议上的讲话中提到：

今后十年，为了使农村绝大多数新增劳动者能获得必需的实用技术培训，从"八五"期间开始，"在广大农村地区，要积极推行"燎原计划"，实行三教统筹，农科教结合，分别对小学后、初中后、高中后的回乡青少年进行短期实用技术培训。

在普通教育的适当阶段，要因地制宜地引进职业技术教育的因素，从小培养学生热爱劳动、热爱科学技术的精神，养成良好的习惯与作风。在经济发展水平和教育普及程度较低的贫困地区，在小学的高年级就应增加一些与当地生产、生活联系密切的实用技术知识教育，使他们能够成为家庭生产的"小能人"、"小顾问"。我们倡导这一点，是从我国的国情出发的，是从受教育者的切身利益出发的。

同年 1 月 24 日，李铁映在全国教育工作会议上的讲话也提到，"要根据当地实际，在基础教育适当阶段引进职业技术教育的因素。这样做，既有利于提高学生从业的本领，也有利于促进义务教育的普及"。

1998 年，《教育部关于认真做好"两基"验收后巩固提高工作的若干意见》提到，"要进一步加大农村初中办学模式改革力度，从实际出发，积极推进多种形式'分流教育'，还可根据当地需要附设职业班、劳动技术班，使每个学生都能得到充分发展，学有所得，为他们回乡生产打好初步基础"。

由上述政策文本可见，农村"三教统筹"政策始终是在农村教育改革和发展方向指导下的行动，其必须遵循以下思想的指导：

（1）农村教育为农村经济和社会发展培养人才，为农村建设服务；

（2）农村教育要与农村经济相适应，坚持与生产劳动相结合，增加职业技术教育的内容，使学生掌握服务于农村的技能，为农村学生在农村发展做准备；

（3）农村教育要培养学生热爱家乡、热爱农村、扎根农村的思想。虽然有的政策文本提到"从受教育者的切身利益出发"、"使每个学生都能得到充分发展"等，但只是"为农村服务"的陪衬。

这些都是农村"三教统筹"相关政策明确标榜和强调的。其实，在这些政策价值选择的背后，存在着更深层次的、更本质的价值选择。

（二）深层本质层面的分析

1. 社会为本、国家至上

对农村"三教统筹"相关政策文本进行解读，我们会发现，农村教育政策充斥着社会本位、国家利益至上的倾向。相对而言，难觅教育主体——"人"的踪影，可以说我们的农村教育政策是"目中无人"的政策。除了上述提到的一些政策文本之外，以下是一些补充例证。

1980 年，《国务院转批教育部、国家劳动总局关于中等教育结构改革的报告》指出，"要使高中阶段的教育适应社会主义现代化建设的需要，应当实行普通教育与职业、技术教育并举，全日制学校与半工半读学校、业余学校并举"。

1983 年 7 月，何东昌在全国普通教育工作会议上的讲话中提出，"从中国的国情出发，使教育更好地适应以经济建设为中心的社会主义现代化建设的需要，坚持为社会主义现代化建设服务的方向"。1985 年的《中共中央关于教育体制改革的决定》确立了"教育必须为社会主义建设服务，社会主义建设必须依靠教育"的方针。

1987 年，《国务院批转国家教育委员会关于改革和发展成人教育的决定的通知》指出，"各级各类成人学校要根据生产、工作的实际需要和成人教育的特点进行各项改革，发展不同形式的横向联合，提高质量，增进效益，更好地为社会主义建设服务"。同年 9 月，李鹏在首都庆祝教师节优秀教师代表座谈会上的讲话也指出，"深化教育改革，首先要端正教育思想，进一步明确教育必须为社会主义现代化建设服务"。

何东昌在国家教委 1988 年工作会议上的讲话中指出，教育"要坚持为以经济建设为中心的各项建设事业服务……要使专门人才的培养面向社会的实际需要"。

李铁映在国家教委 1989 年工作会议上的讲话再次强调：

> 培养有理想、有道德、有文化、有纪律的劳动者和专门人才，是建设社会主义所必须遵循的一条根本方针。
>
> 基础教育要适应社会主义建设的需要，必须把提高全民族素质、培养大量合格的劳动者作为主要任务。
>
> 教育的根本任务是培养有理想、有道德、有文化、有纪律的劳动者和专门人才。

李铁映在国家教委 1990 年工作会议上的讲话谈到："农村中学的办学模式要适应当地经济建设和社会发展的需要。"李鹏在第八届全国人民代表大会第五次会议上的报告中也指出，"农村的义务教育也要增加职业教育的内容，改变目前生产、建设、服务和管理第一线实用人才缺乏的状况。"

从以上的政策文本中可以看出，我们的农村"三教统筹"相关政策中不断地出现"社会主义现代化建设"、"国家"、"民族"、"经济建

设"、"社会发展"、"社会需要"、"满足"、"服务"等字眼，这说明
（农村）教育政策一直是站在社会、国家（政府）的角度来看待教育事
业的，这就必然导致对教育的为"社会"、为"国家"的功能过分强调
张扬，而漠视了活生生的"人"，即使提到，也是"人才"、"劳动
者"，也还是侧重于"人"的工具性价值，"人"的本体性价值荡然无
存。而这种结论在黑龙江省呼兰县召开的深化农村教育改革现场研讨
会①上得到了侧面的印证。与会代表提出：农村教育的目的应从培养传
统的产业劳动者、传授简单的农业劳作技能，转向培养全面发展的人，
为人的可持续发展、终身发展奠定坚实的基础，为人的创业能力的形成
服务；农村教育的功能应从"工具论"转到"本体论"，从"功利性"
转到"教育性"，从视教育对象为"手段人"转到"目的人"，通过教
育，实现农村人口从小生产者到中国人（民族性）、文明人（进步性）、
现代人（时代性）的转变。②

2. 效率优先，公平缺失

农村"三教统筹"政策在农村由酝酿萌芽到大力推行、不断加强
的另外一个主要初衷就是使农村教育资源的使用效率尽可能地最大化，
进而取得更大效益。

1980年，《国务院转批教育部、国家劳动总局关于中等教育结构改
革的报告》中指出，"有条件的大中城市还可试办职业技术教育中心，
开设若干职业技术教育科目，提供专业教师，设备和实习场所"，而对
农村只字不提。职业技术教育的经费则是"社队办的，其经费由办学
单位自行解决"。同年，《中共中央、国务院关于普及小学教育若干问
题的决定》指出，"在我们这样一个人口众多、经济不发达的大国，普
及小学教育，不可能完全由国家包下来，必须坚持'两条腿走路'的

---

① 2002年8月6日至8日，民盟中央、民进中央、中国陶行知研究会、中国教育学会和
中华职业教育社在黑龙江省呼兰县召开了深化农村教育改革现场研讨会。与会的100多名代
表听取了呼兰县的经验介绍，观摩了党政干部论坛、校长论坛、教师论坛、毕业生论坛、课
程建设五个模块，参观了12所农村中小学校，并就21世纪农村教育发展的理念、改革的思路
和应对的措施进行了研讨。

② 姜同河：《农村教育改革的新思路、新探索——全国深化农村教育改革呼兰县现场研
讨会综述》，《教育探索》2002年第11期。

方针，以国家办学为主体，充分调动社队集体、厂矿企业等各方面办学的积极性。还要鼓励群众自筹经费办学。社队办学，不应视为'平调'和不合理负担"。

1983 年，《中共中央、国务院关于加强和改革农村学校教育若干问题的通知》谈到了职业教育师资问题：

> 要尽快把各类职业学校专业课教师队伍建设好。当前，可选调一部分科技人员担任专职或兼职教师；也可将部分教师经过培训，改任或兼任专业课教师；还可由学校教师与农村的能工巧匠结合起来进行教学。有关高等院校和中等专业学校，应分工承担农村职业教育的师资培训和教学辅导工作。还要从大专院校和中等专业学校分配一定比例的毕业生，到农村各类中等学校任教。

这里虽然谈到了农村教育的师资问题，但措辞为"可"、"应"、"要"，只是建议性的泛泛而谈，没有硬性要求和操作措施，更没有考核、奖惩制度保障。

1985 年，何东昌在《精心组织教育体制改革的"施工"》中明确指出，"我们必须认真研究如何以较少的人力、物力，取得尽可能大的投资效益和社会效益"，而不提认真研究如何配置人力、物力资源的问题。何东昌在国家教委 1986 年工作会议上关于当前教育工作的几点意见中指出，"发展农村成人教育，要充分利用现有的教育、文化、科技和农业、商业等部门的设施，实行一校多用，一站多用，一场多用"。

1992 年，《国务院关于积极实行农科教结合，推动农村经济发展的通知》也指出：

> 发展农村职业技术教育和进行适用技术培训，必须要有农业、科技、教育等各部门的积极参与和密切配合。同时，县、乡政府要加强统筹规划，做到统一安排、合理布局，综合利用学校设施，发挥学校多种功能，提高办学的经济效益和社会效益。

1996 年，王明达在全国职业教育工作会议上的总结讲话中指出：

中西部地区在农村职业教育层次的选择上，也应从实际需要出发。一般每个县应集中力量办好一所中等职业学校，人口特别稀少和分散的地方也可每个地区办一二所中等职业学校。同时积极发展三加一、初二分流、四年制初中等多种形式的初等职业教育，大力开展各种实用技术培训，在普通中学乃至小学高年级应适当增加职业教育内容。为了充分利用教育资源，在贫困地区，还可利用乡村中、小学等各类学校举办"星期日学校"和夜校，广泛开展对回乡知识青年和广大农民的培训。

1998 年的《教育部关于贯彻十五届三中全会精神，促进教育为农业和农村工作服务的意见》对农村学校用地做出了这样的规定，"土地相对宽余的地区，政府要划拨一些土地作为学校的勤工助学基地；土地紧缺的地区，学校要充分利用校园内的土地，栽种花草或果树等"。对农村学校的教师则提出了这样的要求，"学校教师在完成教学任务的前提下，尽可能掌握一些生产技能"。

2003 年，陈至立在全国农村教育会议上的讲话指出：

要统筹农村教育事业发展规划，优化农村教育结构，统筹安排基础教育、职业教育和成人教育的发展目标。要统筹承担农民教育培训任务，农村职业学校、成人学校和中小学都要科学合理地开展农民教育工作。要统筹教育资源和经费投入，发挥各类农村学校的综合功能，提高办学效益。

《2004—2010 年西部地区教育事业发展规划》中也提出：

积极推进农村教育综合改革，加强农村"三教统筹"和"农科教结合"，加强农村初中"绿色证书"教育。充分利用农村中小学资源，特别是农村的村小，通过日校办夜校等多种形式，积极面向广大农民群众普遍开展实用技术和文化培训，大力扫除青壮年文盲。同时充分利用各类教育资源，积极开展农村基层管理人员的能力培训，提升农村基层管理人员的素质和管理能力。

2005 年，《教育部关于实施农村实用技术培训计划的意见》指出：

> 各级教育行政部门要在当地政府统筹领导下，加强农村"三教统筹"和"农科教结合"，与农业、科技、扶贫等部门密切合作，广泛动员组织各级各类学校开展培训。普通中小学要利用现有的师资、校舍和现代远程教育设备积极支持农村劳动力培训。在没有独立设置乡、村成人文化技术学校的地方，普通中小学要一校挂两牌，日校办夜校，安排人员负责此项工作，积极开展农村劳动力培训工作。

2008 年，周济撰写的《大力办好农村教育事业》中也再次提出：

> 我们要健全县域职业教育培训网络，以县级职教中心为核心，充分发挥各级各类农村学校和农村中小学现代远程教育的作用，进一步加强基础教育、职业教育和成人教育"三教统筹"，推进农村中小学"日校加夜校，一师兼两教"，使其成为培育文明风尚、传播先进文化、推广农业科技、提供经济信息以及开展农村党员培训、农民多种项目培训的重要阵地。

通阅改革开放以来的与农村"三教统筹"相关的农村教育政策，除了"燎原计划"、"星火计划"和"丰收计划"以及后来的"农村实用技术人才培训工程"和"农村劳动力转移培训'阳光工程'"，以及其他相关工程，有国家专项经费支持外，我们再也看不到农村"三教统筹"政策在国家层面的任何经费、师资、场地、设施设备的配套支持，只是一味强调地方政府要统筹规划，协调三种教育发展，如何统筹，如何协调，则全权交给地方政府，原因是我国各地差异很大，发展教育要因地制宜。

国家（政府）一直强调我国是"穷国办大教育"，也就是说我国以有限的国力举办庞大的教育事业，着实不易。然而，我们发现，自改革开放以来，国家对农村教育的投入极其有限，国家倡导的"人民教育人民办"在农村实质为"农村教育农民办"，国家将有限的教育资源投给了城市，即"城市教育国家办"。所以说，在一定意义上来说，农村教育实践中的农村"三教统筹"是被国家漠视的现实"逼生"出来的，后来国家又将其上升到国家政策层面，被认为是解决农村教育问题的"灵丹妙药"，在全国推广、加强实行。如此，又为国家不给农村教育投入找到了托词——农村教育的问题可以通过在农村实行"三教统筹"来解决。我们知道，农村教育本来就落后于城市，国家还将有限的教育资源投给城市。可以看出，在国家政策层面，我们一直更加关注的是如何使农村已有的教育"存量"资源充分发挥效益，而不去考虑如何为农村教育配置"增量"资源。这是很显然的效率第一的表现。当然，强调农村教育资源发挥效益，强调效率，是没有问题的，是应该的，但就城乡教育资源的配置而言，城市优先，公平则是被抛置国家政策"脑后"了。

3. "留农"倾向，城乡割裂

尽管我们的教育政策口口声声说农村教育要为农村服务，但其隐含的更深层次的价值取向则是使农民及其子女固守在农村。农村"三教统筹"政策涉及对农村教育的培养目标的规定性和具体的操作方面，包括教育结构的调整、基础教育中渗透职业教育（包括课程设置、教学内容、教材、"绿色证书"教育）、农村学生就业等，都散发着浓浓的"乡土味"。

1982 年何东昌撰文指出："从指导思想上要明确，必须按照农村的实际情况和发展趋势发展农村教育……农村教育的学制、课程设置、教学内容，都要因地制宜，有必要的灵活性；面向农村的高等和中等专业学校的招生和毕业生分配制度要研究改进，使农村的学生进得来、回得去。"①这里明确表明了领导人对农村学生就业去向的态度——留在农村。要让农村学生毕业后留在农村，得从思想上进行引导，教学内容上进行设置，学校结构上进行调整，就业制度上给予安排，等等。1983 年出台

---

① 何东昌：《十二大指明了开创教育事业新局面的道路》，《人民日报》1982 年 10 月 3 日第 1 版。

的《中共中央、国务院关于加强和改革农村学校教育若干问题的通知》就上述方面做出了详细的规定。

在思想上的引导：

一定要引导广大学生热爱农村，热爱劳动，学好知识和本领。必须通过宣传教育，采取切实措施，纠正目前社会上片面追求升学率的倾向。

在教学内容、课程的设置上：

农村小学的办学形式要灵活多样……各类小学的教学内容，都要注意联系农村生产、生活的实际，考虑学生的接受能力和多数教师经过努力所能达到的水平，进行必要的调整和修改。高年级应适当增加农村应用知识和技能的内容……

农村各类职业学校要以教学为主，对文化科学基础知识、专业知识和技能都要认真教好，还要讲授农村经济政策和科学管理知识。要把教学、生产劳动与科学技术的推广应用等活动密切结合起来……职业技术课的比重不少于百分之三十，也可以更大一些。农村应保持一定数量的普通高中（具体数字由各省、自治区、直辖市确定）并切实办好。农村普通高中也要进行教学改革，开设必要的职业技术课和劳动课，有关课程要注意联系生产实际。

初中也要增设劳动技术课；或在三年级时，分为普通科和职业科；或试办农村初级职业中学，学习期限为三年或四年，文化课与职业技术课大致按三比一安排。

在学校结构调整方面：

各地要根据本地区的实际需要与可能，统筹规划，有步骤地增加一批农业高中和其他职业学校。除在普通高中增设职业技术课，开办职业技术班，把一部分普通高中改办为农业中学或其他职业学校外，还要根据可能，新办一些各类职业学校。力争一九九〇年，各类职业技术学校在校学生数达到或略超过普通高中。农业中学和各类职业学校的毕业生，主要回乡参加工作，有关单位应优先从中择优录用，也可以对口升学……

要重视对没有升学的高中、初中和小学的毕业生的职业技术教育，通过举办农民技术学校、短期培训、专题讲座等，使他们获得一技之长。

在就业制度安排方面：

改革高等学校的招生和毕业生分配制度，打开人才通向农村的路子……今年可在少数学校或专业试行招收一部分农村学生，不包分配，毕业后仍回农村从事生产劳动及各项工作。

1986 年，李鹏撰写的《大力发展职业技术教育是教育改革的重要内容》指出：

初等职业技术教育也是不可缺少的，特别是在农村……根据各地的经验，一个办法是在初中的课程里增加关于农业的、关于乡镇企业的职业技术教育课；另一个办法是初中三年毕业后再加一年职业技术教育，因为现在有很多五年制的小学，三年制的中学再加一年职业技术培训，也是九年；也有的到初中阶段就把它改成职业技术学校。不管采用哪种办法，都应该有职业技术教育的内容……我们的政策是离土不离乡，不鼓励人口进大城市。……除了在初中阶段进行一定的职业技术教育以外，还要为培养大量的中等专业技术人才，甚至对于某些接受高等职业技术教育的人才，也要实行"出来再回去"的方针，并且还要鼓励来自城市的学生到农村去工作。

该文的字里行间透露着这样的信息：农村义务教育阶段加入职业技术教育为的是使农村孩子完成义务教育，为的是使农村孩子留在农村；农村职业技术教育也只能为农村培养人才，即使"出去"也要"再回来"。后来的一系列政策也基本上坚持这样的指导思想。

1988 年，《国务院办公厅批复国家教委关于组织实施"燎原计划"的请示的通知》指出：

> 中小学应改革教育内容，适当安排针对当地需要的劳动技能和技术的教育。在初中后、高中后，以及尚未普及初中的地方的小学后，都应逐步对毕业生进行一定的职业技术教育或培训，使他们掌握一种或几种实用技术和管理知识。
>
> （农村）学校教育思想要端正，努力贯彻国家的教育方针，坚持教育与生产劳动相结合，建立稳定的生产劳动基地，教育内容要改革，适当增加乡土教学。

李铁映在国家教委1989 年工作会议上的讲话中也强调，"要继续进行中等教育结构改革，特别是要下决心将一部分普通高中改为农、职业学校。要积极创造条件，努力开展与当地经济建设密切结合的小学后、初中后、高中后的劳动技能和实用技术培训"。同年 3 月，何东昌撰写的《从农村看中国普及教育的路子》明确指出，"农村教育的普及要走与职业技术教育相结合的路子。县以下的教育主要是中等以下的教育。在接受这些教育的学生中，只有 3% 左右的同龄人能够进入高等学校，绝大多数要回乡或留在县城就业。因此，县以下的教育主要应该为本地区培养人才"。紧接着，1989 年的《国务院关于依靠科技进步振兴农业加强农业科技成果推广工作的决定》指出，"各地要加快农村教育结构的调整，增加职业中学的比重和农用技术的教学内容"。

1991 年的《国家教委、中国科协关于在农村中小学开展课外科技"小星火计划"活动的意见》也指出：

> "小星火计划"活动……以"爱祖国、爱家乡、爱科学、爱农业"为主题，以学习实用技术、开展小种植、小养殖、小加工、小实验、小考察、小改革、小咨询等活动为主要内容的课外科技活动。其主要目的，是培养学生热爱农业科技，从小立志为家乡农业生产服务的思想，同时，使学生在活动中学会一项当地农业生产、

经济发展所需要的种植、养殖、加工、农机等方面的实用技术，从而使学生毕业回乡后，可较快地参加当地农业生产建设。

同年，《中共中央关于进一步加强农业和农村工作的决定》强调，"农村普通中学要积极创造条件，增设农业劳动技术课程"。1992 年，《国务院关于积极实行农科教结合，推动农村经济发展的通知》也指出"农村中小学教育要在适当阶段引进职业技术教育内容和举办多种形式的职业技术培训班"。

1993 年，朱开轩关于教育工作的报告指出，"农村基础教育的结构要不断完善，综合改革要不断深化；应创造条件，使多数农村初中能及早注入职业技术教育因素，实行'三教'统筹、农科教相结合"。1995 年，国家教委关于印发《关于大力办好普通高级中学的若干意见的通知》也提到，"农村高中要从实际出发，加大办学模式改革的力度，根据本地经济建设和社会发展的需要，调整和改革课程结构与教学内容，教育学生热爱家乡，为建设社会主义现代化农村培养一代新型的建设者"。同年，李岚清在全国农科教结合工作经验交流会上的讲话也指出，"要继续抓好'三教统筹'，使基础教育、职业教育、成人教育协调发展，进一步调整农村教育结构，大力发展农村职业教育，为农村培养初级、中级实用技术人才和经营管理人才"。

1996 年，王明达在全国职业教育工作会议上的总结讲话中提到，"有条件的地方，可以根据劳动力有序流动的需要，开展适应劳务输出的职业教育"。这是政策文件中首次提到农村职业教育可以有劳务输出培训的职能，但只限于"有条件的地方"，且强调"劳动力有序流动"。此外，1998 年，《国家教委关于加快中西部地区职业教育改革与发展的意见》中提到，"在满足当地人才需求的前提下，也可发挥自身劳动力资源丰富的优势，根据劳动力有序流动的需要，适当发展劳务输出型的职业教育。在教育结构上，要实行'三教统筹'，大力发展多层形式的职业教育"。这两个政策文件都提到了农村职业教育可以适当进行劳务输出教育的"小插曲"。后来的政策文件又几乎不提了，直到 2005 年。2005 年，周济撰写的《以科学发展观为指导实现中等职业教育快速健康发展》指出，"目前教育要为解决好'三农'问题作出贡献，必须抓好中等职业教育的发展。一方面，要继续实施农科教结合和'三教统筹'，大力推进科教兴农，把农业技术推广、科技开发和教育培训紧密结合起来，共同促进农村和农业的现代化；另一方面，要进一步加强对农村劳动力转移的职业教育和培训工作，实现农村富余劳动力向非农产业和城镇转移，是解决'三农'问题、帮助农民增收致富的根本出路"。

1998年的《教育部关于认真做好"两基"验收后巩固提高工作的若干意见》指出：

> 深化农村初中教育改革。农村普通初中要在学好文化科学知识基础上，依据当地经济建设、社会生活和学生全面发展需求，上好劳动技术课，有条件的学校可利用选修课、课外活动开设实用技术和职业技术课程等。要进一步加大农村初中办学模式改革力度，从实际出发，积极推进多种形式"分流教育"，还可根据当地需要附设职业班、劳动技术班，使每个学生都能得到充分发展，学有所得，为他们回乡生产打好初步基础。

1999年以来，"绿色证书"重回教育政策。陈至立在教育部2000年年度工作会议上的讲话中提出，"在农村初中教育中，要进一步推广'绿色证书'教育"。2001年，《国务院关于基础教育改革与发展的决定》指出，"农村中学的课程设置要根据现代农业发展和农村产业结构调整的需要，深化'农科教相结合'和基础教育、职业教育、成人教育的'三教统筹'等项改革，试行'绿色证书'教育并与农业科技推广等结合"。同年，《教育部、农业部关于在农村普通初中试行"绿色证书"教育的指导意见》出台，该意见指出，"在农村初中引进'绿色证书'教育，对学生进行一定的现代农业技术教育，既为学生升学奠定了基础，又为学生将来从事农业生产、经营创造了必要的条件"。

对上述政策文本进行解读，我们可以总结出农村"三教统筹"政策的"留农"倾向：

（1）培养目标：不论是义务教育阶段还是职业技术教育、成人教育都强调从思想上、技能上培养留在农村为农村服务的人才。

（2）培养途径：在基础教育阶段渗透农村职业技术教育，将基础教育与职业技术教育结合，把进行职业技术教育当作完成普及义务教育的途径，尽早实行"分流"；把基础教育与成人（扫盲）教育结合起来，让农村孩子掌握农业生产和从事农村工作的技能。

（3）就业方面：不包分配，即使出来也要再"回去"。

通过以上对政策文本的解读，我们分析得出了农村"三教统筹"政策"留农"倾向的结论，而这种结论同样在一定程度上，在黑龙江省呼兰县召开的深化农村教育改革现场研讨会上与会代表的意见中得到了侧面的印证。与会代表提出，农村教育的模式应从过去的分流教育，早期定向，转到重视人的整体素质构建，坚决克服只强调教给学生一些简单的农业技能的传统农村教育观，重视为学生的终身发展奠基所需要的知识、素质和能力，为农村劳动力的转移和从事"二产、三产"积蓄潜力。

鉴于农村学生大部分不能升学的现实，农村的确需要建设人才的要求，似乎要求农村教育为农村服务，在义务教育阶段渗透职业技术教育，让农民及其子女学习农业生产知识等等，是合乎情理的。但是，就政府的意图来说，举办农村教育，历来强调两个观点：工具论和身份论。所谓工具论，就是农村教育在职能上要立足于为"三农"服务，为地方经济建设和社会发展服务；所谓身份论，就是农村教育在目标上要立足于把农村儿童培养成新型农民。工具论强调教育的社会作用，身份论强调个人发展的身份规定，二者构成政府举办农村教育的基本意图，是相辅相成的两种要求。[①]

农村"三教统筹"只是国家教育政策中针对农村教育系统的操作性的政策，它所反映出的价值选择也只是国家教育政策的价值选择的具体化体现。所以，可以说，在国家教育方针、政策的规定下，农村"三教统筹"政策只能有上述的价值选择。要考察农村"三教统筹"政策的价值选择的原因，需从国家大教育政策入手，是国家大教育政策的价值选择生成了农村"三教统筹"政策的价值选择的必然性。

----

① 王本陆：《消除双轨制：我国农村教育改革的伦理诉求》，《北京师范大学学报》（社会科学版）2004 年第 5 期。

二 农村"三教统筹"政策的价值取向之必然性

（一）教育方针的社会为本、国家至上的价值选择①

教育方针是指引国家教育事业前进的方向和目标。在我国，教育方针常被界定为教育事业的总方向和总目标、教育工作的根本指导思想、教育政策的最高表现形式，等等。就教育方针的内容而言，萧宗六认为："教育方针应该包括三个方面的内容：教育工作的总任务，即要明确教育为什么服务；国家培养人才的总目标，即要明确培养什么样的人；培养人才的基本途径，即通过什么途径培养人。"② 就教育方针的属性而言，教育方针是一种意识形态，因为它所反映的内容是国家或一定的政治集团的教育思想观念，但它又是以制度形态的面目出现的，在本质上它与教育政策和教育法规同宗同属，都是社会的上层建筑。③ 但是，社会的上层建筑是建立在现实社会经济基础上的，其必然应考虑来自现实的需求，就教育方针而言，一般地，教育方针的制定至少必须考虑社会对教育的要求和个人发展对教育的要求两个方面，即要充分考虑教育的社会功能和本体功能。应当说，合理的教育方针的制定就是要对社会（国家）和个人对教育的要求进行权衡、协调，不能顾此失彼或厚此薄彼。

教育方针的价值取向就是教育目的的提出者或从事教育活动的主体，根据自身需要和社会发展需要，对教育目的及其价值做出选择、判断和追求的倾向性。教育方针及其价值取向是我国教育的主导价值，对教育发展和人才培养起着重要的导向作用。④ 而教育目的是就教育范畴而言的，它规定把受教育者培养成什么人，即它所要培养人才的质量规

---

① 我国教育方针的"钦定"传统和特色，使教育学者们在论及教育方针时往往秉持仰视或膜拜的态度，只称颂其"英明正确"的一面，而不敢或不去评价其失当或失误的一面。这样的研究显然是一种立足于贯彻执行的诠释，不是以求真或证伪为目的的学术研究。参见王长乐《教育方针的形态变化与教育本性的回归》，《西北师大学报》（社会科学版）2006 年第 4 期。

② 萧宗六：《教育方针、教育政策和教育法规》，《人民教育》1997 年第 11 期。

③ 杨天平：《论教育方针的基本规律》，《浙江师大学报》（社会科学版）2001 年第 1 期。

④ 蔡中宏：《新中国教育方针嬗变的考察与反思》，《兰州大学学报》（社会科学版）2005 年第 5 期。

格。从它的定义来看，它的指向应该是人的发展，是以人为中心的，是教育这一实践活动的总意图、总纲领，规定教育活动的总方向。

改革开放以来，我国的教育政策受新中国成立初期教育方针及其价值取向——偏向于教育的外在价值，即社会为本、国家至上——的影响，都将目标锁定在经济发展上，这在给我国社会、政治、经济以及文化带来巨大变化的同时，也使社会产生了严重的功利性导向，使教育带有明显的工具性，这使整个社会染上了一种注重经济的"怪病"，即只要搞好经济其他问题都可以解决。这导致在很长一段时间里，经济发展成为各行业追求的目标与评价标准。[1]

回顾和分析我国改革开放以来的教育方针及其价值取向是理解"三教统筹"政策及其价值选择的必然性前提。

1978 年 3 月 5 日，五届人大一次会议通过的《中华人民共和国宪法》的第十三条规定：

> 教育必须为无产阶级政治服务，同生产劳动相结合，使受教育者在德育、智育、体育几方面都得到发展，成为有社会主义觉悟的有文化的劳动者。

这里，将教育的政治功能置于首位，受教育者的发展位于次位，且强调使受教育者成为社会的劳动者。可见，此时我国的教育政策着重于它的政治价值。

1978 年底，中国共产党召开的十一届三中全会确立了以经济建设为中心、坚持四项基本原则、实行改革开放的总路线和总政策。在这样的背景之下，教育界也开展了教育方针的大讨论。1985 年，《中共中央关于教育体制改革的决定》确立了"教育必须为社会主义建设服务，社会主义建设必须依靠教育"的"两个必须"的思想指导原则，这一原则渗入了此后的教育方针和各类各项教育政策的骨髓，成为了指导教育事业的核心灵魂。

---

[1]　孙艳霞：《教育政策道德性研究——义务教育城乡差距的归因与路径探索》，博士学位论文，东北师范大学，2006 年，第 71 页。

1990 年 12 月，由中共十三届七中全会通过的《中共中央关于制定国民经济和社会发展十年规划和"八五"计划的建议》正式提出，"教育必须为社会主义现代化服务，必须同生产劳动相结合，培养德智体全面发展的建设者和接班人"。1993 年 2 月，中共中央、国务院颁发的《中国教育改革和发展纲要》对其作了修改和补充，表述为"教育必须为社会主义现代化建设服务，必须与生产劳动相结合，培养德、智、体全面发展的社会主义事业的建设者和接班人"。这一表述经过修改并经一定的立法程序写入了 1995 年颁布和实施的《中华人民共和国教育法》：

> 教育必须为社会主义现代化建设服务，必须与生产劳动相结合，培养德、智、体等方面全面发展的社会主义事业的建设者和接班人。

至此，人民共和国发展史上第二个里程碑式的教育方针已完成法律程序，载入教育的根本大法。2002 年，党的十六大提出了"坚持教育为社会主义现代化建设服务，为人民服务，与生产劳动和社会实践相结合，培养德、智、体、美全面发展的社会主义建设者和接班人"的教育方针。

可以看出，改革开放以来，我国的教育方针虽经几次修改、补充，但其教育目的表现出来的特征始终是社会本位的价值倾向。教育方针阐明的教育目的，无一例外地都将"经济"、"社会"放在表述的最前面，这是教育目的的外在性彰显的表露，即在教育目的中强调和张扬教育的经济功能和价值，关注教育的外在价值和工具价值。而相比而言，教育本身的意义和价值，即教育的内在价值和本体价值被置于次要位置。正如孙绵涛等人指出的："由于传统政策文化的传承性和制度框架的惯性，中国几十年来的教育政策以社会本位为中心，重视教育政策的工具形式价值，忽视教育政策的直接本位价值。"① 我国教育方针中体现的

---

① 孙绵涛、邓纯考：《错位与复归——当代中国教育政策价值分析》，《教育理论与实践》2002 年第 10 期。

教育目的包含的是发展经济或维护政治的理性，而非教育的理性，更确切一点说，在这样的教育目的中，是不需要教育的理性的，它只需要教育的"服从"，去完成政治的或者经济的任务，这被认为是教育活动存在的首要理由。①

进而言之，在各种工具、功利的压制下，教育很容易迷失自己本身为人的发展服务的目的，而只服务于外在利益。从上述内容我们清楚地看到，教育方针和教育目的中教育本身的、个体的内在价值被外在的、整体的目标取向而消解和掩盖了。不论是"劳动者"、"建设者"，还是"接班人"，都是教育的国家、社会的整体价值取向的体现，教育的视界中丢掉了活生生的、个体的人的存在。教育方针和教育目的关注的只是教育对他人、对社会（国家）的贡献，而把"人"当作待加工的对象与可使用的工具，忽略了个人的生存需要和身心和谐发展的需要。"教育的目的不在教育自身，始终游离于教育之外，其内在利益（或内在价值）难以实现，这样的实践活动，便缺少了其内在的德性。"②

这样的教育方针，具体（对应）到农村教育政策上，就"三教统筹"政策而言，就变成了"农村教育必须为农村社会经济发展服务"，"必须与劳动生产相结合"。

与近邻日本相比，我国的教育方针中表现出来的社会本位的价值取向更加彰显。战前，日本为了富国强兵，十分强调教育的工具意义，但从战后 1947 年所颁布的《教育基本法》的前言中，已把"尊重人的尊严、追求真理与和平的人"作为改革的基本精神。1986 年，日本临时教育审议会《关于教育改革的第二次审议报告》中指出，21 世纪的教育目标有三个方面：①宽广的胸怀，健康的体魄，丰富的创造力。教育中心问题是要对学生进行身心两方面均衡发展的教育。要在精心培养学生德、智、体协调发展中寻找真、善、美宽广的胸怀与健康的体魄。②自由、自律与公共精神。自由、自律精神要求学生具有总结自己的思考、提出判断、做出决定、敢于负责的能力、意愿和态度；公共精神要

---

① 孙彩平：《教育的伦理精神》，山西教育出版社 2004 年版，第 231 页。

② 安宝珍：《我国教育目的价值取向的分析思考》，《中北大学学报》（社会科学版）2006 年第 6 期。

求学生要有为公共事业尽职的精神，对他人关心、为社会服务的精神，爱国、爱家乡之心，尊重社会规范和法律秩序的精神。公共精神只有在自由、自律精神基础上才能确立起来。③世界之中的日本人，要站在全人类、全世界的视野，培养能够在艺术、学识、文化、体育科学技术、经济社会等各领域为国际社会做出贡献的日本人。①

从这三方面我们可以看出，日本的教育目的是充满"人味"的，将"人"放在第一位，其遵循的逻辑为：人，日本人，世界之中的日本人。

（二）国家战略的效率优先、城市优先的价值选择

教育政策是"政府为了解决教育方面的公共问题和实现一定的教育目标，通过决策和计划，对全社会的价值做权威性的分配而采取的一系列行动"。② 教育政策的制定与实施，本质上是教育政策主体的一种利益诉求的表达。在这个过程中，非常重要的是政策主体必须确立合理的价值取向。但如前文所言，由于社会由不同的利益群体构成，教育政策确立怎样的价值取向，代表哪个群体的利益，如何合理地权衡社会（国家）和个人的利益等等，是非常复杂的问题。

20世纪70年代末至90年代初，由于"文革"后百废待兴，社会（国家）建设对人才的强烈需求，凸显效率的教育政策被社会普遍认为是势在必行。改革开放对教育政策的影响尤为突出，改革开放以后的相当一段时间内，在经济社会思潮的冲击和影响下，社会上对效率的推崇达到无以复加的地步，"效率优先，兼顾公平"这一经济领域内的策略性原则很快扩张、渗透到包括教育领域在内的社会其他领域，成为制定政策和对资源进行分配的首要原则。

在改革开放初期，国家各行各业急需大量建设人才，强调教育效率优先，集中力量尽快培养出人才，有其历史合理性，"穷国办大教育"，就是要尽力发挥有限教育资源的最大效用，"多出人才，快出人才"。但是，由于制度理念的惯性和既得利益集团的操纵，这种教育领域的

---

① 国家教育发展与政策研究中心：《发达国家教育改革的动向和趋势（第2集）》，人民教育出版社1987年版，第451—452页。
② 李孔珍、洪成文：《教育政策的重要价值追求——教育公平》，《清华大学教育研究》2006年第6期。

"效率优先"一直持续至今，而"兼顾公平"成为"效率优先"的陪衬，多年来教育发展的事实表明，"效率优先，兼顾公平"几乎被异化扭曲成"效率优先，不顾公平"。"20 世纪 90 年代中期，效率优先政策导致的负面影响日趋明显。'效率优先，兼顾公平'原则在教育领域的简单移植，造成了教育资源特别是优质的教育资源较多地集中在我国经济比较发达的东部地区及其城市，教育发展严重不均衡，从而导致区域差别、城乡差别、阶层差别呈扩大化趋势。"① 仅就城乡教育投入失衡问题而言，国家将教育经费主要投向了城市教育，而对农村教育投入极少，农村义务教育有名无实；国家各项教育政策均优先照顾城市居民的利益，实行的是着眼于城市、立足于精英选拔的教育政策；用户籍制度、人事制度将农村来的学生挡在"门外"。

回顾改革开放以来我国的教育政策，其明显地表现出了效率优先的价值取向，这种价值取向是一种国家的战略选择。在这种战略选择的指导下，国家教育政策对国家教育资源的配置一味地追求效率，而忽视了公平。效率优先的教育政策的价值选择，体现在城乡关系上就是城市优先，国家将有限的教育资源集中在城市，对城市教育高于农村教育标准发展。政策对城市教育高标准、严要求，使资源配置与城市现代化建设相匹配；而对农村教育的提法则是"量力而行"。这实际上是由于一开始在发展目标上就降低了对农村教育的要求，迁就农村的落后，这样就"怂恿"了城乡教育差距的拉大，表现出教育政策对弱势地区、弱势群体的冷漠。其实，农村的教育在很长时间里都是农村自己解决，由农民来办的，农村教育也要追求效率，要使仅有的教育资源尽可能发挥效益，"三教统筹"应运而生。在这些以效率为核心并带有明显的"城市取向"的教育政策面前②，农村的教育只有"自给自足"，只有按着政策努力向上攀爬，才能获得较好的发展。

以下几项重大政策为例。

1980 年 12 月 3 日，《中共中央、国务院关于普及小学教育若干问

---

① 孙中民：《效率 VS 公平：我国教育政策价值取向的反思》，《学理论》2009 年第 2 期。

② 孙艳霞：《教育政策道德性研究——义务教育城乡差距的归因与路径探索》，博士学位论文，东北师范大学，2006 年，第 73 页。

题的决定》：

> 在八十年代，全国应基本实现普及小学教育的历史任务，有条
> 件的地区还可以进而普及初中教育。
> 今后一段时期，小学学制可以五年制与六年制并存，城市小学
> 可以先试行六年制，小学学制暂时不动……中央要求：经济比较发
> 达、教育基础较好的地区，应在一九八五年前普及小学教育，其他
> 地区一般应在一九九〇年前基本普及。至于极少数经济特别困难、
> 山高林深、人口稀少的地区，普及期限还可延长一些。

看来，国家对教育的发展采取的是双重标准，城市——有条件的地
区，经济比较发达、教育基础较好的地区——是高标准要求，即使是小
学教育也是如此，而对于农村——其他地区，极少数经济特别困难、山
高林深、人口稀少的地区——要求则相对宽松。

1985 年，《中共中央关于教育体制改革的决定》中指出：

> 实行九年制义务教育，实行基础教育由地方负责、分级管理的
> 原则，是发展我国教育事业、改革我国教育体制的基础一环。
> 由于我国幅员广大，经济文化发展很不平衡，义务教育的要求
> 和内容应该因地制宜，有所不同。

该决定将全国分为三类地区，提出了普及义务教育的不同要求①。

1993 年，中共中央、国务院印发的《中国教育改革和发展纲要》
提出了各级各类教育发展的具体目标，其中：

---

① 全国可以大致划分为三类地区：一是约占全国人口 1/4 的城市、沿海各省中的经济发
达地区和内地少数发达地区。在这类地区，相当一部分已经普及初级中学，其余部分应该抓
紧按质按量普及初级中学，在 1990 年左右完成。二是约占全国人口一半的中等发展程度的镇
和农村。在这类地区，首先抓紧按质按量普及小学教育，同时积极准备条件。在 1995 年左右
普及初中阶段的普通教育或职业和技术教育。三是约占全国人口 1/4 的经济落后地区。在这
类地区，要随着经济的发展，采取各种形式积极进行不同程度的普及基础教育工作。对这类
地区教育的发展，国家尽力给予支援。

90 年代，在保证必要的教育投入和办学条件的前提下，各级各类教育发展的具体目标是：全国基本普及九年义务教育（包括初中阶段的职业技术教育）；大城市市区和沿海经济发达地区积极普及高中阶段教育。大中城市基本满足幼儿接受教育的要求，广大农村积极发展学前一年教育……

由此看来，国家对不同地区的不同阶段的教育，有着不一样的发展目标。

1999 年，《教育部关于积极推进高中阶段教育事业发展的若干意见》对国家高中阶段教育提出了要求：

城市和经济发达的地区要有步骤地普及高中阶段教育，满足初中毕业生接受高中阶段教育的需求。已经基本普及高中阶段教育的地方，要优化教育结构和教育资源配置，进一步提高教育质量和办学效益。

王湛在 2001 年度职业教育与成人教育工作会议上的讲话同样对城乡职业教育和成人教育做出了区别对待：

在广大农村和西部地区，职业学校要面向初中阶段普通教育的辍学生，向他们传授生产、生活中的实用技术，弥补普通教育的不足，为普及九年义务教育做出贡献。在经济和教育相对发达的沿海地区和大中城市，要充分理解和适应广大家长和学生的接受更多普通文化教育的需要，积极稳妥地把高中阶段职业教育向高中后职业教育推移，在更高的文化教育基础上开展职业技术教育。

可以看出，国家教育政策对各级各类教育都是"一国两策"。在追求效率优先和城市偏向价值取向的教育政策"关照"下的农村教育，只能想方设法地尽量使教育资源发挥最大效益，"三教统筹"就是集中体现。

每一个事物都有其特有的规律，经济规律不一定完全适用于教育，教育的利益关系更与经济的利益关系不同，经济手段无法在教育领域中取得它在经济领域中的良好效果。在政治层面上，教育政策除了经济、效率、效能之外，还有对公民权利、社会公正及社会责任等方面的价值追求。过分强调效率，不顾公平，便会使教育政策陷入过分注重其工具性等外在价值，从而忽视其内在价值及本体的价值。①

（三）教育政策的城乡二元割裂、偏向城市的价值取向②

我国多年来的城乡二元结构体制导致了城市社会与农村社会形成严重的断裂和巨大的差距，教育事业亦不例外。长久的城乡二元结构的社会，也使人们形成了看待、分析社会的二元思维定式，反映在教育上，不仅有教育政策的城乡二元割裂和城市偏向，也有不少社会精英（学者、专家）对城乡教育差距认识的偏差，并且二者经常相互支持，彼此强化。这种二元思维定式比现实城乡教育的差距更可怕，因为它影响甚至决定着新的教育政策（包括制度）的设计和制定。

教育政策的本质是对教育利益和教育资源的分配，而教育政策的制定和实施则以政策价值为导向。以下以 20 世纪八九十年代几项重大基础教育政策为例③，剖析我国教育在发展过程中的教育政策的城市偏向及其后果。

基础教育是国家的奠基教育，办好基础教育（不论城市还是农村的基础教育）是政府的责任和义务。基础性是基础教育的内在规定性④，应当说，基础教育的基础性决定了基础教育及其政策是最应该

---

① 孙艳霞：《教育政策道德性研究——义务教育城乡差距的归因与路径探索》，博士学位论文，东北师范大学，2006 年，第 73 页。

② 该部分内容中的部分在笔者已发表的拙文（周晔：《应该培养什么样的人——对农村基础教育培养目标的思考》，《中国农村教育》2008 年第 12 期；周晔：《从"二元割裂"走向"一体化"——再论农村基础教育的培养目标》，《教育学报》2009 年第 2 期；周晔、袁桂林：《教育的公正的发展与城乡教育差距问题——兼论教育政策的价值选择》，《教育科学研究》2009 年第 8 期）中有所呈现。

③ 之所以选择 20 世纪八九十年代基础教育政策为例，主要考虑城乡的可比性，因为自改革开放以来，我国的教育事业才发展起来，同时城乡教育差距快速拉大；另外，农村直到今天几乎没有正规的高等教育（机构）。另外，笔者在此有一个前提，即基础教育政策是最不应该表现出培养目标上的城乡差距。

④ 基础教育的本质是为了每一个人能在社会中生存和继续学习所需要的最基本的教育，基础性是它最本质的内在规定性。基础性的意义至少表现在两方面：第一，它是整个教育事业的基础、人一生成长的基础、提高国民素质的基础和培养各级各类人才的基础；第二，在现代社会中，每个社会成员为获得社会生存和发展必须接受最低限度的基础教育。

体现教育的公正价值的。但我国长久的城乡二元结构的社会使得人们在思考教育问题时，亦将城乡进行二元割裂，表现在教育政策上就是"一国两策"，区别对待，严重偏向于城市，使得农村人口接受基础教育的权益受到损害。

"如果说过去城乡基础教育的巨大差距受国力限制有不得已之处，那么90年代全面的教育不公却是政策和制度所预设和强化的。"[①] 关于基础教育政策城市偏向的表现，具体可以从以下几个方面去审视和反思：

1. 教育政策关于农村教育培养目标的"留农倾向"

在我国，教育政策直接为教育发展提供指导，教育目标、教育模式、教育内容等均以教育政策作为实施原则和依据。自改革开放以来，我国关于农村基础教育培养目标的教育政策表现出明显的"留农"倾向。如1978年全国教育工作会议上的报告指出："农村要大量发展农业中学，多学一些农业科学技术知识，直接为社队的需要服务。"1983年中共中央、国务院颁发的《关于加强和改革农村学校教育若干问题的通知》提出："农村学校的任务，主要是提高新一代和广大农村劳动者的科学文化水平，促进农村社会主义建设。一定要适应广大农民发展生产，劳动致富，渴望人才的要求。一定要引导广大学生热爱农村，热爱劳动，学好知识和本领。"1985年的《中共中央关于教育体制改革的决定》和1987年颁布的《关于农村基础教育管理体制改革若干问题的意见》都指出，"基础教育是地方事业，担负着为地方培养和输送劳动后备力量的重要任务"。所以，"把发展基础教育的责任交给地方"。2003年，《国务院关于进一步加强农村教育工作的决定》中提出：农村教育教学要坚持为"三农"服务的方向，增强办学的针对性和实用性，满足农民群众多样化的学习需求；必须全面推进素质教育，紧密联系农村实际，注重受教育者思想品德、实践能力和就业能力的培养；必须实行基础教育、职业教育和成人教育的"三教统筹"，有效整合教育资源，充分发挥农村学校的综

---

① 肖雪慧：《从根本上检讨教育政策——反思1990年代的教育》，《中国改革》2004年第12期。

合功能，提高办学效益。①

我们知道，农村学校主要是基础教育学校，农村教育主要是基础教育。解读已有教育政策，我们可以得知农村基础教育培养目标表现出明显的"留农"倾向，其实质就是要培养热爱农业，从小立志为家乡农业生产服务的学生，就是要培养为农村建设服务的人才。并且，政策为在农村基础教育阶段推行"三教统筹"、"农科教结合"等教育模式提供了"尚方宝剑"。可以说，这些教育政策是城乡二元割裂的定式思维的体现，而反过来，这些政策又为不少主张农村基础教育培养"留农"人才的学者提供了论据。

其实，教育政策的城乡二元割裂思维产生的农村教育培养目标的"留农倾向"，预设了一个十分不科学的前提，即农村可以脱离城市而独立存在和发展，所以农村教育培养的人才应该留在农村而不是流向城市。布迪厄（Pierre Bourdieu）认为教育是文化再生产和社会再生产的工具，具有维护不平等社会关系的功能。如果农村教育只面向农村劣势文化圈，那么只能导致农村孩子的低地位的社会再生产，农民永远摆脱不了悲惨的命运。② 在长久的城乡二元体制下，我国的社会已经表现出"断裂"的局面，农村一般被认为是贫穷、落后的代名词，农民被认为是愚昧、无知的代表，农村社会处于社会结构的底层，而城市则完全相反。在这样的社会背景下，对于农村孩子，高考几乎是改变命运、实现社会升迁性流动的唯一机会。如果农村基础教育一味地要求农村孩子面向农村，参加农业生产劳动，掌握农业生产技术知识，这势必会减少甚至剥夺他们走向城市、走向社会上层的机会；如果农村基础教育追求培养为农村服务的人才的目标，那意味着阻碍农村孩子进入城市主流文化，甚至是剥夺了他们参与城市生活和国家生活的权利，如此，不利于社会阶层公平流动。

所以，在现实社会背景下，我们没有充分理由去无情地批评、指责农村基础教育为考试服务、为农民子女的升学服务的目标。并且要农村

---

① 周晔：《应该培养什么样的人——对农村基础教育培养目标的思考》，《中国农村教育》2008 年第 12 期。

② 余秀兰：《中国城乡教育差异》，教育科学出版社 2004 年版，第 34 页。

基础教育培养"留农"的人，在农村基础教育阶段实行"三教统筹"等办学模式，实质上必然导致社会的再生产，而教育成了其手段和"帮凶"，这在社会公平伦理上讲不过去。①

教育学术研究会为教育政策议题和内容的确定提供支撑，教育政策关于农村教育培养目标的"留农倾向"与长期以来学术研究的"留农"情结有关。

分析已有的文献，学界关于农村基础教育目标的讨论，大体上可以归为"留农论"和"离农论"两大类，但主张农村基础教育"为农"、"留农"的培养目标的研究在数量上远远超过主张"离农"的研究，"留农论"远远占于上风。

很多学者认为农村教育脱离农村实际而为城市培养人才，断言农村教育"走错了路"！有人批评农村不应把应试升学作为教育的全部目的和人才培养的主要目标，批评农村教育走上了升学指挥棒导引下的仅有一元化升学目标的独木桥，进而提出解决农村经济和社会发展的根本问题的途径只能是发展"在农村、为了农村"的农村教育。② 并且很赞赏农村教育由单一的普教转变为"三教统筹"和"农科教结合"多种形式并存的新格局。

有人认为，"教育已经是现代社会建制的边缘性结构，而农村教育又处于教育系统的边缘化位置上"，农村教育被"双重边缘化"。在谈到解决农村处于被边缘化状态的思路时，这位学者认为："农村教育应该培养出更多能够适应农村发展需要的人。"③ 还有人指出，"农村教育应该针对农村学生建立以农为本的现代农民教育体系"，"农村教育应立足于农村，服务于农村经济和当地社会发展"。同时又指出，"透视农村义务教育，在农村义务教育阶段，进行不同职业技术与技能渗透供

---

① 周晔：《从"二元割裂"走向"一体化"——再论农村基础教育的培养目标》，《教育学报》2009 年第 2 期。

② 刘尧：《农村教育目标的一元化与多元化》，《职业技术教育》（教科）2004 年第 4 期。

③ 葛新斌：《农村教育：现代化的弃儿及其前景》，《教育理论与实践》2003 年第 12 期。

学生选择，使之学以致用，能为日后就业、从事农业打基础"。①

也有不少人认为，现有的教育从根本上讲是"在农村"为城市培养高级专门人才，培养离开农村、农民和农业的人才，而不是"为农村"培养人才。并进而提出农村教育应该为农村服务，应该坚持为农村服务的方向。

与这些强势话语相比，只有很少学者对农村教育"为农村培养人才"的目标提出了质疑，提出我国当前的农村基础教育应该为农村城市化的发展进程服务，也就是为农村产业结构、就业结构调整和农村人口向城市转移服务。如有人指出，在我国城乡二元结构依然存在并仍发挥着重要作用的现实面前，要考虑农民对子女上大学的愿望，如把农村基础教育的目标定位于服务农村，只会继续加剧城乡二元对立，也只会使农民处于更加不利的社会地位。②

在基础教育上，不仅有教育政策的城乡二元割裂和城市偏向，在农村基础教育目标上表现为"留农"的倾向，也有不少学者、专家对农村基础教育培养"留农"人才的目标的情结。如何看待我国教育政策的"为农"、"留农"的倾向及学界争论的态势？笔者认为，已有的政策和学者的"留农"倾向和情结最大的问题在于忽视了农村基础教育对象主体的现实性需求和期望，另外它们有淡忘和漠视农村基础教育基础性的嫌疑。③

2. 教育政策在教育发展战略、普及基础教育和资源配置上的城乡区别对待，偏向城市

教育政策的本质是对教育利益和教育资源的分配，而教育政策的制定和实施则以政策价值为导向。以下以 20 世纪八九十年代④几项重大基础教育政策为例，剖析我国教育在发展过程中的教育政策的城市偏向

---

① 李艳、李双名：《简论农村教育的培养目标》，《学术交流》2005 年第 5 期。

② 阎亚军：《论当前我国农村基础教育的目标定位——对一种目标定位的质疑》，《江西教育科研》2005 年第 1 期。

③ 周晔：《应该培养什么样的人——对农村基础教育培养目标的思考》，《中国农村教育》2008 年第 12 期。

④ 毛泽东：《实践论》，《毛泽东选集》，人民出版社 1964 年版，第 263、261、269、270页。

及其后果。关于基础教育政策的城市偏向的表现，可以从以下几个方面去审视和反思：①

首先，在教育的发展战略上，教育政策表现出对城乡教育差距冷漠，对缩小城乡教育差距的目标与任务没有计划，或计划模糊，或没有评价指标，致使城市偏向合法化、合理化。例如，教育部《全国教育事业"九五"计划和2010年发展规划》在总结"八五"期间我国教育事业显著成绩时，承认城市和农村教育存在差距。但对于缩小城乡教育差距、缩小不同地区教育差距的重大问题，在教育发展的基本指导上如何对待"差距"，轻描淡写，没有具体打算和详明规划，以致延误缩小差距的时机。再如，教育部《面向21世纪教育振兴行动计划》，这是教育的发展战略方面的纲领性文件，理应对教育的可持续发展提出全面、综合、均衡发展的目标。但是，对于"2010年在全面实现'两基'目标"基础上的要求，只提"城市和经济发达地区"的发展目标，根本不理会农村与欠发达地区的可能性目标。

其次，在普及基础教育上，教育政策表现出城乡区别对待的突出特征。《中共中央、国务院关于普及小学教育若干问题的决定》（1980年）"承认并强调城乡差距"，城市（或经济发达地区）发展目标始终高标准，而农村发展则比城市"缓几步、慢几拍"；在基础教育经费上，把政府应承担的农村基础教育经费筹措的重担转给乡村"财政"甚至农民个人，而对城市基础教育的发展在经济上予以保证。对于普及小学这类直接关系国运、民生、人权的事，理应是"雪中送炭"比"锦上添花"更为迫切、更为重要，但该决定第一条规定"城市小学可以先试行六年制，农村小学学制暂时不动。经济比较发达、教育基础较好的地区，应在1985年前普及小学教育，其他地区一般应在1990年前基本普及"。②

最后，在教育资源配置上，怎么对城市教育有利，教育政策就怎么规定。政策对城市教育高标准、严要求，使资源配置与城市现代化建设相匹配；而对处于不利地位的农村教育的提法则是"量力而行"。这实际

---

① 周晔、袁桂林：《教育的公正的发展与城乡教育差距问题——兼论教育政策的价值选择》，《教育科学研究》2009年第8期。

② 同上。

上是由于一开始在发展目标上就降低了对农村教育的要求，迁就农村的落后，这样就"纵容"了城乡教育差距的拉大，表现出教育政策对弱势地区、弱势群体的冷漠。① 如中共中央、国务院《中国教育改革和发展纲要》（1993 年）第四十八条规定："要提高各级财政支出中教育经费所占的比例，'八五'期间逐步提高到全国平均不低于 15%，省（自治区、直辖市）级财政、县（市）级财政支出中教育经费所占比例，由各省、自治区、直辖市政府确定，乡（镇）财政收入主要用于发展教育。"

重大的教育政策为教育的发展规划蓝图、指明方向、制定措施，一旦出现偏差，教育的发展会遭受重大失误。我国多年来的城市偏向的教育政策，已经为教育事业的健康发展酿造了难以下咽的"苦酒"，"在城乡两大利益集团的公共利益上丧失教育公平，使城乡教育差距加重，其教育不公平现象又成为新一轮教育政策出台的依据，造成教育政策城市偏向的恶性循环"②。城乡社会的先天差距（自然的、历史的因素导致的差距）注定了城乡教育不在同一起跑线上，这是非人为的影响城乡教育公正的因素，是不易改变的；但我们也必须要看到城乡教育不公在一定程度上也是人为的教育政策的不公所导致和加剧的，只要下决心、花力气，是可以改变的。③

综上所述，我国的教育方针、政策的价值取向规定了只针对农村教育的"三教统筹"政策的价值选择，这些价值选择都企图固化城乡二元结构，这是国家的教育意志的反映。而农村民众在自身的生存背景下对教育却有着自己的价值选择和期望，并将其付诸教育领域。

第三节　农村"三教统筹"政策对象主体对教育的现实需求及其合理性

美国心理学家马斯洛认为人的基本需要由低到高有五个层次，即生

① 周晔、袁桂林：《教育的公正的发展与城乡教育差距问题——兼论教育政策的价值选择》，《教育科学研究》2009 年第 8 期。

② 陈敬朴：《教育政策城市倾向的要害及其特点》，《当代教育科学》2004 年第 20 期。

③ 周晔、袁桂林：《教育的公正的发展与城乡教育差距问题——兼论教育政策的价值选择》，《教育科学研究》2009 年第 8 期。

理的需要、安全的需要、归属和爱的需要、尊重的需要和自我实现的需要，而且必须是低层次的需要得到基本满足后，才能产生高层次的需要。① 正所谓主体对事物有什么样缺失就有什么样的需求，需求决定了期望，期望决定了主体的价值取向，期望亦即价值选择。中国封建社会能够延续 2400 年，很重要的一个原因就是隋朝产生的一直延续到清朝末期的科举考试为下层人民提供了一条通往上层的道路，穷苦的人民只要通过自己的努力一朝榜上有名便可平步青云，改头换面甚至是光宗耀祖，下层人民只要看到通过自己努力考取功名改变身份地位的希望就会拥护封建制度。尽管这种思想有诸多不科学的地方，但是作为"三教统筹"政策对象主体的中国底层农民对教育的现实需求可能就是这么直接和功利，他们理解不了国家提倡的德、智、体、美、劳全面发展的素质教育，要求学生全面发展是国家的事情，但是作为农民只希望自己的子女能够走出代表贫穷落后的农村，离开终日面朝黄土背朝天却收入寥寥的农活，离开祖祖辈辈所传承的一个农民身份，过上以干净、整洁、收入可观的城市白领为标志的小康生活。下文具体从三个方面分析：

一　农民对子女受教育的期望

农民希望孩子在学校中有怎样的发展并获得怎样的收获？这是一个从利益主体角度对农村教育提出的一个重要问题，具有本体论的意义。农村家长对子女的期望不仅决定了学生的发展方向，也在很大程度上影响了整个农村学校教育发展的形态，"对教育动机的研究是制定所有现代教育政策的关键"②。教育期望与教育目的紧密相连，就"需求"、"期望"、"目的"和"动机"的原始意义来讲，它们的含义基本相同。

对于生于农村，在农村长大的笔者而言，对于农民对子女受教育的期望了然于心，农民对子女受教育的期望表现在平日和子女的对话（或称作对子女的教训）中。③

---

① 冯忠良等：《教育心理学》，人民教育出版社 2002 年版，第 238—239 页。

② 联合国教科文组织：《学会生存——教育世界的今天和明天》，上海译文出版社 1979 年版，第 12 页。

③ 尽管我国地域差异很大，可能不同地区的农村的农民对子女受教育的期望有差异，可能不同人有不同的期望，但大多数农民对子女普遍的受教育的期望应该是一致的。

　　　　"好好念书！"

　　　　"要考上大学！"

　　　　"不好好念书，以后就像你老子我一样受苦受累一辈子！"

　　　　"我辛辛苦苦、累死累活还不是为了你念书?!"

　　　　"只要你考上大学，我勒紧裤腰带也高兴！"

　　　　"人家大学生找的对象都漂亮！"

　　甚至农村的妇女看到本村的大学生，对自己还在襁褓中的孩子说：

　　　　"宝宝长大了干什么？要像×××一样考大学，将来坐小汽车。"（其实是在自言自语）

　　　　……

　　这些言语表露出了农民对子女受教育的朴素的期望，即在农民的心目中，农村教育的最明显功能在于使学生通过学校教育系统（小学、中学和大学）摆脱农民的身份并获得较高的社会地位，而没有人愿意让自己的孩子将来"面朝黄土，背朝天"地"修理地球"。正如王苗和张力跃所言，"农民在为子女进行教育选择时，基于本土地域形成的乡土文化必然会在农民的选择框架中产生潜移默化的影响，一直以来'重官轻工'的人才观，每一个社会成员都被区分为三六九等，尽管在不同的历史时期人们对于社会阶层的划分是不一样的，一般意义来说，社会阶层的划分是根据社会成员在社会生活中获取的社会资源的能力和机会的大小来进行的"。[①]农民很清楚，在很久的时间里，农民的身份便意味着只能参加农业劳动，除了可以在自己土地上耕作没有其他资源可以利用，即使在户籍制度逐渐松动和城乡流动日益加快的今天，不具有较高学历的农民也只能成为城市社会底层的打工者，还经常拿不到血汗钱。教育之路的存在给予农民子弟以机会和希望，所以即使

――――――――――

　　①　王苗、张力跃：《乡土文化对农民子女职业教育选择的影响探究》，《理论经纬》2013年第4期。

他们苦得腿也瘸了、背也驼了，也不愿意让子女在土地上勤劳勇敢、默默耕耘。王一涛的研究也表明，即使在高校高收费和扩招使就业存在风险的今天，农户对高等教育的态度并没有明显改变，农村对基础教育的态度也没有明显改变，农民依然希望孩子能够好好学习并争取考上一个好的大学。① 姜岩等人通过调查也发现，农民越来越意识到子女教育状况与孩子未来的职业和生活道路密切相关，他们即使省吃俭用也要让孩子接受良好的教育，他们迫切希望农村中小学教育能和城市接轨，具有和城市同样的竞争能力。② 而关于甘肃会宁《近万人农民"陪读大军"：大学梦让人如此沉重》的报道也从一个侧面反映了农民的这种现实需求。③

正如费孝通先生在其《乡土中国》所言，中国农村是熟人社会的"面子文化"所主导的，在传统文化生活方式保留最多并且相对封闭的农村，农民生活在浓厚的文化影响当中。即生活在村落文化的价值评判当中，比如，我们所熟知的门面意识就起源于村落，起源于村落内各家族争取优势地位，这就从另一个方面反映了农民家庭必须有子弟通过读书、当兵等方式走出去，只有吃上国家饭了，才可以凸显外边有人，起到光耀门楣的作用。农民之所以对高等教育仍然保持着旺盛的需求，从经济学的角度看，是因为高等教育仍然具有较高的收益率；而从社会学的角度看，是因为读大学仍是农民子弟改变自身处境、获取较高社会地位的最主要方式。读大学是农民子弟改变自身处境主要途径的观点，也

---

① 王一涛：《农村教育与农民的社会流动——基于英县的个案分析》，社会科学文献出版社 2008 年版，第 105 页。

② 姜岩、陈通、潘淑英：《加快发展我国农村教育，不断满足农民的教育需求》，《未来与发展》2006 年第 9 期。

③ 该报道的大致内容是："不大的会宁县城，目前已形成几个规模不小的'陪读村'。据保守估计，全县由家长陪读的学生有 1 万多人。陪读家庭除了大量分布在学校集中的县城外，在许多中心乡镇学校周边，也形成一道独特的'风景'。这些陪读的农民大军，上至年逾古稀的爷爷、奶奶，下至而立之年的父亲、母亲。为了减少日常生活开支，一些农村老人和妇女，带着自家产的蔬菜和粮食来到县城，租一间房子住下来，给孩子做饭。与农村相比，县城的生活成本其实很高。而'陪读农民'蜗居在此，并不是出于对城市生活的向往，而是希望孩子通过读书来改变命运。但因为城乡教育的不均衡，为了能让孩子上一所好学校，距大学校门更近些，他们也只好勒紧裤腰带，进城陪读。这样的'陪读农民大军'，燃起的'大学梦'让人沉重。"参见 http://www.china.com.cn/news/edu/2009-12/22/content_19108300.htm。

被其他学者所认同。① 黄金来等人的调查也表明，通过读大学的方式改变自身的地位，不仅是农民改变自身处境的"最主要"方式，而且还是"最体面"、"最确定"的方式。

尽管目前大学生就业不乐观，但从某种程度上来说，农民家庭只要有子女考上大学就意味着子女教育的第一步成功了，这也是家长自身价值成功的体现，而立足学历平台，工作慢慢会找到，只是时间问题。但是让农村孩子接受农村职业教育往往被农民认为是走投无路的选择，几乎没有家长认为是因为自己孩子喜欢或者适合学习某种技术而主动选择职业培训，大多只有学习成绩太差完全没有希望升学的学生才迫于无奈选择读农村学校的职业教育，进入这种学校，家长也不希望孩子能学到多少东西，用农村人的一句话说就是"往大长长，出外太小以防受欺负，也防学坏"，接受农村学校的职业教育被默认为学无所成，没有前途的事情，甚至有低人一等的感觉。所以，通过受教育实现向上流动，离开农村，是农民对子女接受教育的最大期望，也是唯一期望。

而对于被农民认为"不是念书的料"的农村孩子，做父母的也有一个最起码的期望，即通过读书掌握基本生活所必需的读、写、算的能力，以适应现代生活，最好能学到一技之长，能够养家糊口。中国传统文化提倡经世致用，这种思想对于农民子女职业教育选择的影响则体现在：固然"学而优则仕"是最佳的选择，但是这条路走不通时，有"三百六十行，行行出状元"的说法来说服自己。农民对于孩子的教育，如果子女不能升入高等院校会选择退而求其次，接受职业教育。农民心里很清楚，不会读、写、算在"熟人社会"的农村还可以勉强生活，而他们在城市的经历告诉他们，在城市，这样的人是"睁眼瞎"，甚至"连男女厕所都不会分辨"，"打工不会算工钱"，"走路的姿势都和城里人不一样"等等，不具备基本的文化知识将很难融入现代生活。也正是从这个意义上，联合国教科文组织将基础教育看作是"必不可少的'走向生活的通行证'"，基础教育有助于人们更好地"生存下去"。② 徐勇认

---

① 陆学艺：《当代中国社会流动》，社会科学文献出版社 2004 年版，第 187 页。
② 联合国教科文组织：《教育——财富蕴藏其中》，教育科学出版社 1996 年版，第 109 页。

为，"就当今大多数农村自身的实际来说，小学毕业已基本够用，更多的学习是满足农村外部的需求"。① 对于不能升学的孩子，农民希望他们有一技之长，能够走出农村，在城市里"挣得一碗饭吃"。

所以说，由于城乡严重的二元割裂，城市占有大量的社会资源，代表先进、文明和富裕，而农村则在人们心中意味着落后、贫穷和野蛮，城市和乡村构成了两个不同的生存境遇的现实背景，对农民而言，"升学——就业——改变生存状况——得到社会的认可"，是他们理想的子女的人生轨迹，通过升学来跳出"农门"是最为有效的途径。所以，农民对自己孩子接受教育的最大愿望就是考上大学，改变自己贫穷的处境，农民送孩子到学校不是为了掌握基本的农业知识，回家务农，而是让孩子有社会升迁的机会，这也是农民对孩子读书抱有的最美好、最朴实的愿望。这是合情合理的。

至此，有必要对社会中屡屡出现的关于"读书无用论"的几种错误观点予以澄清。"读书无用"似乎与上文提到的农民对子女受教育的强烈愿望相矛盾，其实不然。"读书无用论"② 在一些农村地区屡屡抬头，在教育学界常常被提起，但是对于导致"读书无用论"的真实原因还存在着几种错误的看法。

一些学者将"读书无用论"作为解释某些地区家长和学生消极对待学校教育的一个重要原因，他们怀着对农民的强烈批评和不满认为，农民认为"读书无用"是因为农民们愚昧和目光短浅，看不到教育的巨大作用。这种论调是对"读书无用论"的真实意蕴缺乏深入了解而形成的误解，这种观点正反映了"局外人"的目光短浅和不求甚解，也阻碍了我们采取恰当的行动。

当然，个别农民或许是"愚昧"的，但作为整体的或某个地区的农民群体一定是"理性"的，可以说"读书无用"也是农民群体对教育的"理性选择"的结果。对农民群体的这种选择，我们必须站在

---

① 徐勇：《乡村治理与中国政治》，中国社会科学出版社 2003 年版，第 246 页。

② "读书无用论"是指在某些地区存在的一种消极对待学习教育的文化氛围或舆论环境。所谓"读书无用"，就是说教育对农民及其子女没有意义。显然，若仅有个别农民认为读书无用，并不会形成"读书无用论"，只有在某个地区有很多人认为教育无用的时候才是一种"读书无用论"。

"局内人"的立场上去寻找解释。

在考察教育对于特定人群所具有的作用时，必须考虑到特定行为者所面临的特殊约束条件。一项决策是否"理性"、是否"最优"，当以此决策所面临的约束条件而定。对于某些人是"最优"的决策，可能并不是另一些人的最优决策。

对于那些在温饱线徘徊的贫困农民而言，其子女教育成本相对于他们的家庭收入而言十分高昂，加之子女的教育收益十分不确定，因此他们的理性决策就是让孩子辍学；对于看清了农村教育质量差，升学的机会远远不能和城市相比，每年能升上大学的农村学生寥寥无几的现状的农民来说，"考不上大学，还上这个学有啥用"。袁桂林等人的研究也表明，农村教育质量低下，"学生看不到未来的出路"是导致农村学生辍学的主要原因之一。① 看来，正是农民在自身面临的约束条件下看不到希望，农村教育没有对他们形成"有效需求"，他们才无奈地做出了"读书无用"的"理性"选择。另外，"读书无用"其实也是农民对城乡教育巨大差距和教育政策不公的巨大不满和消极抵抗的表现，"既然游戏规则不公平，我们退出游戏，不玩了"！

还有一些学者并不认为是农民的愚昧导致了"读书无用论"，他们认为，农民之所以对读书持"无用"的态度，是因为孩子在接受了几年教育之后，并没有掌握基本的谋生技能，所谓"喂鸡不如嫂子，种地不如老子"。从这样的解释出发，他们强调为了使读书有用，就要在当前的学校教育中增加农业劳动技术教育的内容，这和"三教统筹"政策在基础教育阶段渗透职业技术教育的措施完全一致。他们认为，只有让农民子弟在学校里学习到了合适的农业劳动技术，才能够让农民看到"教育有用"。

这种解释显然是受到陶行知和晏阳初两位先生的影响，虽比较接近事实真相，但与农民的真实想法依然距离很大。的确，大部分农民子弟没有在农村学校中学习到实用的农业劳动技术，但有一个重要的前提，即农民对农村学校教育是否有这样的需求和期望，如果农民没有这样的

---

① 袁桂林等：《农村初中辍学现状调查及控制辍学对策思考》，《中国教育学刊》2004年第2期。

期望或这样的需求得不到满足时，他们自然会认为教育无用。上文提到，农民希望子女能够通过教育改变社会身份，离开农村，取得好的社会地位。那么，农民是否也希望子女能够在学校中学习到合适的农业劳动技能，或者学习到在毕业后能够安身立命的职业技能呢？

由于农民几乎从来没有看到过农村学校成功地提供过农业劳动技能和有用的职业技能，他们几乎从来没有对学校教育产生这样的期望，他们的"有效需求"自然不会凭空产生。黄金来的调查也证实了这一点。[①] 其实，让农村学校成功地进行农业劳动技能和职业技能教育的要求，既不合理也不可能。一方面，农村学校主要是基础教育学校，应该以普遍的知识教育为己任，在教育教学质量本就低下的农村学校进行农业劳动技能和职业技能教育，无疑是加重学校负担，让农村学校发挥基础教育以外的功能，这势必影响甚至戕害农村教育的发展，对农村孩子不公平；另一方面，农村学校要进行农业劳动技能和职业技能教育也没有这个能力：师资从哪儿来？教学设施设备在哪里？被诸多学者和教育政策所热衷的"三教统筹"在很多农村早已是名存实亡。

农村学校进行农业劳动技能和职业技能教育在目前是心有余而力不足的，农民由于看不到希望，内心里也不会让自己的孩子在农村学校接受有名无实的职业教育，因为他们不自信自己的孩子接受了培训能够回到父辈耕耘多年的土地上大有作为，这不是说农民自己看不起自己，而是他们深知在土地上做成功是很难的，更大的风险是念了个职业教育学校和不上学的孩子还是一样当农民，甚至还不如人家吃苦能干。农民虽然不明白"双轨制"的概念，但是农民知道"三教统筹"让农村学校承担农村孩子职业技能培训其实是在让孩子走自己的老路，所以农民对子女受教育的期望与"三教统筹"政策初衷是不一致的。

二　农民对自己受教育的期望

随着计划经济体制的改革与传统户籍管理制度的松动，在 20 世纪

---

① 王一涛：《农村教育与农民的社会流动——基于英县的个案分析》，社会科学文献出版社 2008 年版，第 107—108 页。

最后十几年中国所发生的急剧社会变迁之中，大量农民从农村向城市的流动算得上是最引人注目的现象之一。曾经被长期固定在土地之上的农村剩余劳动力开始从土地上"脱离"出来，以前所未有的规模和速度流向城市。这种现象一度被人们惊呼为"民工潮"。另外，我国的城镇化建设目标要求在 2015 年内，使 2.5 亿农村人口转变为城镇人口，使城镇化水平达到近 50%。目前研究者们较为一致的看法是，流动人口从农村来到城市后，其社会经济地位普遍得到了提高，是一种向上的社会流动。①

　　农民工背井离乡进城打工，为的就是发家致富，参与现代生活。他们迫切地希望走出"大山"，走出"盆地"，进入非农领域，在城镇找到安身立命之所，图谋个人生存价值的实现。② 事实上，改革开放以来的"民工潮"，作为具有中国特色的蔚为壮观的"离土"现象，既展示了农民虽九死而不悔的奋斗求索精神，更显示了他们"离土"的决心与志气，其强烈程度乃是任何艰难险阻都无法阻挡的。这种现象看上去很悲壮，如同柳宗元在《捕蛇者说》中所提到的，人们宁可冒着生命危险去捕捉毒蛇，也不愿意交赋税，原因是"苛政猛于虎"，现在的农民因为留在农村实在是太艰苦了，空有一身力气都没有出卖的机会，一家老小辛苦一年到头用土地换来的钱可能不及一个外出打工人年底带回家的多，摆脱贫穷，向往美好的念头驱使他们克服重重苦难离开土地走向机会更多的城市，远离父老乡亲，甚至老婆孩子，孤身一人背井离乡去了一个习俗迥异，没有亲人，甚至话语不同的城市，朴素的期望就是多挣些钱，让家里过得好一点。

　　而在"民工潮"的初期，以激情和体力为支撑因素，迫使农民兄弟以沉重的代价换来了低廉的经济回报，惨痛的经验教训使得农民兄弟已经深刻认识到，要立足城镇，没有相应的技能水平和整体素质是根本不可能的，他们普遍要求接受适应城市生存和发展的职业技术教育，以便跟上城市发展的步伐，否则，即使生活在城镇，也只能属于城市赤贫

---

① 赵延东：《城乡流动人口的经济地位获得及决定因素》，《中国人口科学》2002 年第 4 期。

② 周青：《农村职业教育办学目标定位的双重选择》，《经济与社会发展》2007 年第 2 期。

阶层，甚至陷入比留守农村更窘迫的境地。因此，农民青壮年中蕴含着巨大的接受职业教育的积极性。据北京大学"中国教育与人力资源问题研究"课题组 2005 年在东莞的调查，有超过 75% 的被调查农民具有强烈的继续教育需求。

对于不进城打工的农民来说，其教育需求也主要不在"务农"上。与农村经济结构的多元化以及农村社会结构的分化相联系，农民教育的需求也表现出显著的多元化、多样化的发展趋势，由传统的种养殖业生产，逐步拓展到第二、第三产业的各个领域、各个环节，而且涉及经营、管理、生态、安全等多个方面。这种需求还逐渐具有不同水平的层次性特征，既有对一般水平职业技术的需求，如美容、家政、保安等，也有对较高层次技术与专业知识的需求，如文秘、财会、家电维修等。

赵耀辉在四川的调研结论是：教育程度较高的劳动力倾向于首先选择农村本地非农产业就业，其次才是外出就业，最不好的选择是本地务农。[①] 离土不离乡不用适应人生地不熟的新环境，熟人社会中生活成本相对较低。但是，由于乡镇企业吸纳劳动力有限，而且待遇相对较低，大部分农民不得不背井离乡外出就业，因为没有技能，大部分农民在建筑工地和煤矿等行业从事脏、累、差甚至很危险的工作，他们被第二产业、第三产业排除在外。所以农民期望自己多接受职业培训，但是在农村学校由于资金、人力和场地等因素的缺乏，最基本的农业技术都得不到培训，其他的更难实现。而从事传统农活不需要学习，跟随父辈或者他人通过观察和模仿就可以学会了，所以"三教统筹"中农村学校对农民的"职业教育"和"成人教育"都没有很好地得到落实，政策的初衷和实际的效果大相径庭。

2006 年广西新农村建设有 7 个试点村，农民对技能教育类型的需求兴趣，基本上呈现出非农类高于农业类的特征，农民希望参加的培训项目中，非农技能中的技工类比例最大，高达 58%。[②]

---

① 赵耀辉：《中国农村劳动力流动及教育在其中的作用》，《经济》1997 年第 2 期。

② 廖寅：《新技能：农民教育的主面——立足于广西新农村的调查与研究》，《广西财经学院学报》2009 年第 1 期。

由于非农产业从业能获取到较高收入，广大农民对获取非农方面的知识产生了浓厚的兴趣，内容涵盖现代社会生产的各行各业。2006 年，农业部农民科技教育培训中心在全国范围内组织开展了农民教育培训情况调研，结果表明，非农类知识逐渐成为农民教育需求的重点，农民对非农教育培训的需求可用多而杂来形容，目前相对集中的是对工业机械类的操作培训需求，其次是农产品加工的培训需求，分别超过或达到受访农民的 1/3。而运输业、建筑业和农产品储藏业，其教育培训需求分别占到 29%、20%，其他各具特色的教育培训，在农民劳动力转移中都各有市场，亟待开发和培育。①

面对农民对接受教育的需求，现实中的农村学校依然没有能力去满足。不要说适应城市需要的职业技能的培训和第二、第三产业所需的职业技能培训，就连农业劳动技术，农村学校也没有能力展开。

毫无疑问，传统的、简单的农业劳动技术不需要在学校里专门学习，在农村生活的人只要看看、练练就能得心应手。那么，农村学校能够传授先进的农业技术从而使农民在掌握这些技术后在农业生产和农村建设中发挥重要作用吗？答案不能。

农业职业技术教育要成功进行，对农村学校而言，必须克服两大风险：技术风险②和价格风险③，而这两大风险对于现实中的普通农村学校而言都没有能力克服。农业生产要依赖于特定的土壤、气候、光照、降水等条件，要克服技术风险并成功引进先进的农业技术，需要经过学习—试验—推广等环节，而农村普通学校很难具备这些条件。以目前普通农村学校所拥有的教育资源和办学条件来看，能高质量地传授普通文化知识已属不易，根本没有能力和精力来进行此项工作。相比于技术风险，农产品的价格风险更高，"谷贱伤农"、"瓜贱伤农"、"菜贱伤农"。农产品的价格风险几乎无处不在，年年都有，农民经受多次"丰收悖论"之苦以后，高产农畜产品的种植和养殖成了农民的"鸡肋"。

---

① 王平：《农民教育需求信息研究》，《现代农业科学》2009 年第 9 期。
② 所谓技术风险，是指将外地的农业技术引进本地，不一定能够获得预期的产量，引进的先进技术对本地而言是有风险的。
③ 所谓价格风险，是说即使农业技术在克服了技术风险且获得了预期产量之后，由于价格波动而不一定获得预期的收益。

要克服价格风险，需要对市场的信息有准确的预测和清晰的了解，这些经济学家的能力岂是普通农村学校所具备的。

三　对象主体对教育需求的合理性

（一）对象主体的生存状况决定了他们对教育的"有效需求"

1. 社会地位最底层

农民在我国是一种身份概念，是被忽视、受歧视的对象。人为城乡分离的二元社会结构，对农民身份设置了许多歧视性限制，使农民身份被定格在主流社会之外，社会地位处于社会底层，这种因制度安排形成的农民身份一直延续至今。中国社会科学院"中国社会阶层结构研究"课题组的研究表明，在当代中国的十大社会阶层中，农民几乎居于社会的最底层。[1]

2. 政治地位是象征性的

除基层政府有一批农民干部（大都是合同制干部或临时工干部）外，农民在其他场合的参政机会是非常有限的。尽管农民占全国总人口的70%多，但就拿相对具有广泛代表性的人大代表和政协委员来说，农民在其中的比重却少得可怜。[2] 2002年3月15日，九届全国人大五次会议通过的《关于第十届全国人民代表名额和选举问题的决定》指出，"各省、自治区、直辖市应选的第十届全国人民代表的名额，农村按人口96万人选代表1人，城市按人口24万人选代表1人"。农民没有自己的代言组织。工人有工会、妇女有妇联、学生有学联、记者有记协、工商户有工商联，可以说每一个社会阶层或团体都有自己的代言组织，唯独农民是个例外。

3. 经济地位逐渐下降

在市场经济条件下，社会成员收入的高低成了其社会地位高低的决定性因素之一。从总体上看，我国农民的收入一直是很低的。2003年，全国农民人均纯收入为2622元，城镇居民人均可支配收入为8500元，

---

[1]　陆学艺：《当代中国社会流动》，社会科学文献出版社2004年版，第9页。

[2]　1990年4月2日，在第七届全国人民代表大会第三次会议举行的记者招待会上，一位记者透露了这样一个事实：在全国政协2700多名委员中，只有2名来自农业生产第一线的委员；在全国人大常委会400多名委员中，也只有2名农民委员。

城乡名义差距为 3.24∶1，考虑到城镇居民享受到的各种补贴和福利，实际城乡居民收入差距为 5∶1 至 6∶1。1997 年至 2003 年的 7 年间，全国农民人均纯收入只增加了 695.9 元，不到城镇居民收入的 1/5，年均增长速度不到城镇居民收入的一半。然而，城乡居民收入差距仍在继续拉大，由 20 世纪 80 年代中期的 1.8∶1，90 年代中后期的 2.5∶1，扩大到 2003 年的 3.2∶1，到 2005 年达到 3.4∶1，达到历史最高值。如果考虑到城镇居民所享有的教育、住房、卫生和社会保障等方面作为福利的隐性收入成分和上报农民收入中的虚报成分，则实际城乡收入之比更大。另外，多年来，农民还要承受税收、统筹、提留、摊派、集资、罚款等五花八门的"农民负担"。

4. 教育和就业状况堪忧

在我国，城市中小学教育基本是国家投资，而农村中小学教育则基本上是以摊派的形式由农民自己投资；在就业方面，我国的就业制度是针对城镇劳动力而言的。改革开放后，许多农民涌入城市，他们的职业变了，但身份仍是农民，这些"民工"在城里大都从事城里人不屑干的脏、乱、差的工作。而且，近年来，部分城市为了解决下岗职工的再就业问题，竟不顾公平和竞争规则限制"民工"就业范围或强行清退"民工"返乡。

"人往高处走"，而在现代社会，教育成为决定人的职业和社会阶层的关键因素。对于处于社会最底层的"二等公民"的农民，让孩子考上大学，也就是通过高考这一条途径实现跳出"农门"，向更高社会阶层的流动；使自己学到一技之长，达到"离农"的目的，这是农民的朴素而现实的愿望。这样的农村教育才是对农民构成"有效需求"的教育。

（二）对象主体对教育的需求符合国家长远利益

农村教育对象主体对教育的"有效"需求也符合国家长远利益。这里需从一种错误的普遍观点谈起。这种观点认为，农村孩子考入大学进入城市，是农村教育在为城市培养了人才，而农村流失了精英人才。对这种观点稍作引申，表达更为清晰的说法是：农村大学生毕业后到农村，会对农村的整体发展发挥更大的作用。这种观点赢得了不少的支持者，但依笔者来看，这种观点是关于农村教育最为错误的观点之一，这是典型的城乡二元割裂思维结果的反映。

从现实来看，那些毕业后无法在城市就业因而必须回到农村的青年是回答这个问题的极好的例子。这些青年并没有发挥建设乡村、改造农村的作用，也没有成为农村中的经济和政治精英，反而成为乡村社会的"多余的人"，他们游手好闲，甚至给当地带来了负面影响。之所以这些青年并没有在改造乡村中发挥明显的作用，是因为这些青年在目前的乡村中根本没有用武之地。也就是说，并不是乡村社会需要这些人而这些人不回来，而是乡村社会产生不了对这些人的需要。在这种情况下，"再喊人才外流不归的冤屈就有些矫情了"①。

因此，农村孩子通过上大学进入城市，至少可以减轻家庭负担（最起码能给家庭节省口粮），提高家庭经济、社会地位。而且，农村孩子进入城市，可以增加其他农村成员对土地等资源的占有量，进行规模经营。再有，出身农村的社会精英们（大学生和一些外出创业者）还可以把城市文化、市场和就业的信息等带到农村，有助于农村居民提高思想水平和改变生活观念，进而促进农村现代化水平的提升。在现实中，不难发现这样的农村"精英效应"。目前，我们可能低估了农村孩子通过高考流向城市对于整个农村进步所起的作用。

正如大哲学家黑格尔所说："存在即合理。"农民对教育的现实需求做出的价值选择是合理的，农民希望自己的孩子通过教育升学进入高等院校走出农村，离开土地走向城市，这种选择是合理的，因为只有走出去了才能实实在在感觉到教育的成效，孩子走出去了，找一个不错的工作可能带活一个家庭，至少在经济上、地位上、精神上肯定会对一个家庭产生积极的影响。把一个孩子送到城市，也符合国家的城镇化发展战略。同理，农民工进城也不是对农村建设不利，而是对农村的贡献，农村把多余的劳动力送到城市，或者说让劳动力得到更高效的利用，然后把从城市挣来的钱用来建设自己的家乡，促进了乡村的城镇化，是符合国家长远发展利益的。

---

① 李书磊：《村落中的国家——文化变迁中的乡村学校》，浙江人民出版社 1999 年版，第 157 页。

本章小结

改革开放以来，我国国家（政府）的价值选择（比如：教育方针的社会为本、国家至上；国家战略的效率优先、城市优先；教育政策的城乡二元割裂、城市偏向）决定了"三教统筹"政策的深层次价值取向，其包括：社会为本、国家至上；效率优先、公平缺失；"留农"倾向、城乡割裂。这种实然价值选择在一定程度上违背了教育政策应有的基本价值标准——"以人为本"与"教育平等"。"三教统筹"政策所体现的深层次价值取向与在城乡二元社会境况下的"三教统筹"政策对象主体（农民及其子女）对教育的现实"有效需求"之间存在巨大的落差和矛盾，而良好的教育政策应该使每个人有均等的入学机会，在教育过程中受平等的对待，并使每个受教育者平等地取得学习成功的机会①，这是"三教统筹"政策最不得人心之处，也是"三教统筹"政策成效不足的最主要原因。

---

① 彭小霞：《公平视角下农民受教育权缺损及对策研究》，《内蒙古农业大学学报》（社会科学版）2010 年第 3 期。

第六章　农村"三教统筹"政策运行问题

> 一个共和国，如果小的话，则亡于外力；如果大的话，则亡于内部的不完善。
>
> ——孟德斯鸠《论法的精神》

导致农村"三教统筹"政策成效不足的原因，除了其本身的价值取向与对象主体（农民及其子女）对教育的价值取向之间的矛盾之外，还有农村"三教统筹"政策在具体运行过程中遭遇的诸多问题的因素。

第一节　农村"三教统筹"政策运行的农村教育管理体制背景

从教育行政管理的角度来看农村"三教统筹"政策的运行，其自上而下纵向地要经历多个行政管理层级，横向地又必然牵涉多个部门。农村"三教统筹"是三种教育的统筹，其政策的运行自然要受到（农村）基础教育、职业（技术）教育和成人教育管理体制的影响和制约，换言之，（农村）基础教育、职业（技术）教育和成人教育管理体制构成了农村"三教统筹"政策运行的体制（或制度）环境。所以，有必要对三种教育的管理体制的沿革进行回顾并作出简要评论。

一　农村基础教育管理体制

基础教育管理体制是基础教育体制的重要组成部分，它主要涉及中央与地方政府、地方政府与学校在基础教育管理上的权力隶属与分配等内容。改革开放以来，我国农村基础教育管理体制可以划分为以下阶段：

（一）恢复统一领导、分级管理阶段（1977—1983 年）

"文革"结束后，随着高考的恢复、知识分子地位的重新确立以及教育推动"四个现代化"目标实现的战略思想的提出，新时期教育发展的基调开始奠定。1978 年，中共中央召开了十一届三中全会，重新确立了马克思主义的思想路线、政治路线和组织路线。教育战线根据中央的统一部署，开始拨乱反正，恢复整顿教育秩序。1978 年，教育部颁发了修改的"两个条例"（《全日制小学暂行工作条例（试行草案)》《全日制中学暂行工作条例（试行草案)》），对中小学教育管理体制作了明确规定，"全日制小学由县（市属区）教育行政部门统一领导和管理。社队办的小学可以在县的统一领导下，由社队管理"。"全日制中学原则上由县以上教育行政部门领导和管理。社队办的中学，可以在县的领导下由社队管理。"1982 年 12 月中共中央、国务院颁发的《关于普及小学教育若干问题的决定》，强调了地方党委和政府发展教育的责任，小学普及任务被纳入各级党委和政府的重要议事日程当中；中学管理体制则采取中央统一领导下、地方政府分级分类管理的模式，且分别对戴帽中学、社办中学、一般中学以及重点中学的直接领导与管理主体做出了规定。除此之外，统筹制定普通教育的发展规划、年度计划，且统筹安排教育事业经费和实施基建投资、人员编制等也被纳入地方党委和政府工作日程当中。在这一阶段，经过治理整顿，强调中央教育行政的权威，基本上恢复了"文革"前实行的统一领导、分级管理的教育行政管理体制。[1] 农村基础教育在统一教学计划、教学大纲、教材和各项教学制度的前提下，由县教育行政部门负责指导全县教育工作，实行县、乡、村三级管理体制，我们将其称为"分级办学、分级管理"。

（二）地方负责、分级管理阶段（1984—2001 年）

这一时期是"以乡为主"管理体制的形成时期，也是"以乡为主"教育管理体制向"以县为主"教育管理体制转变的时期。

---

[1] 金燕、彭泽平：《新中国基础教育管理体制改革：历程、经验与启示》，《教育学术月刊》2016 年第 2 期。

1985 年出台的《中共中央关于教育管理体制改革的决定》明确规定，实行"基础教育由地方负责、分级管理的原则"。该决定还明确提出要在农村地区建立"县、乡两级管理"体制，由县和乡负责管理并部分地从经费上支持基层中小学，把基层学校的管理和经费筹措的责任下放给乡镇一级。该决定标志着我国基础教育行政管理体制改革进入全面探索时期。随后出台的有关文件进一步把农村地区的基础教育管理明确为县、乡两级为主。1986 年，全国人大通过的《中华人民共和国义务教育法》规定，"义务教育事业，在国务院领导下，实行地方负责，分级管理"，这就以法律的形式明确了中央和地方之间对基础教育管理权力的划分。

1993 年，中共中央、国务院印发的《中国教育改革和发展纲要》指出，"深化中等以下教育体制改革，继续完善分级办学、分级管理的体制"。这就提出了 20 世纪 90 年代和 21 世纪初基础教育行政体制改革的目标。随后又召开了改革开放以来第二次全国教育工作会议，就全国的教育发展和教育体制改革作了部署，教育行政管理体制改革全面推进，分级办学、分级管理的基础教育管理体制继续得到完善。2001 年，国务院颁布了《关于基础教育改革与发展的决定》，在基础教育管理体制改革上，对农村基础教育给予了特别关注，明确提出，"要进一步完善农村义务教育管理体制，实行在国务院领导下，由地方政府负责、分级管理、以县为主的体制"，这样，该决定将原来的基础教育由地方负责、分级管理，省、地、县、乡四级管理的体制，改革为由地方负责、分级管理，省、地、县三级管理，以县为主的体制。

这一阶段的"地方负责、分级管理"的教育管理体制打破了过去由国家包揽办学、过度集权的体制，把基础教育管理权下放到地方，调动了地方办教育的积极性。但是这一体制在实施过程中，由于权力的层层下放，再加上各级政府职责不明晰，在实际工作中，存在着各级政府相互推卸对基础教育的责任，最典型的表现就是责任层层下推的现象：省推市，市推县，县推乡镇，而乡镇又将很大一部分责任（主要是教育经费筹措的责任）转嫁给农民和农村。这样，"最基层、财力最薄弱的乡镇政权机构承担了农村义务教育的重大职责，农村义务教育管理体制演变成了'以乡为主'的体制"。① 基础教育管理权下放到乡甚至村以后，教育经费不能足额筹集、合理利用，如长期拖欠教师工资的现象一度很严重等问题的存在，影响阻碍了农村基础教育的发展。

（三）"以县为主"的分级管理阶段（2002 年至今）

在全国基本实现"两基"目标以后，党的十六大召开以来，"科学发展"、"和谐发展"、"可持续发展"成为促进社会各项事业现代化的基本要求。在基础教育领域内，教育实现和谐发展的重要任务即是要缩小城乡、区域、校际之间的差距，实现教育均衡发展，而农村教育的发展无疑是实现这一目标的关键步骤。于是，党和政府在继续实行"以县为主"教育管理体制的同时，又进一步赋予了县一级政府的统筹规划权。

党中央、国务院于 2001 年颁发了《关于基础教育改革和发展的决定》，该决定规定，农村义务教育实行"在国务院领导下，由地方负责管理，以县为主的体制"，2002 年 4 月国务院又下发了《国务院办公厅关于完善农村义务教育管理体制的通知》，规定"县级人民政府对农村义务教育负有主要责任，省、地（市）、乡等地方各级政府承担相应的责任，中央政府给予必要的支持"。2003 年 9 月，国务院发布了《关于进一步加强农村教育工作的决定》，对农村义务教育实行"在国务院领导下，由地方政府负责、分级管理、以县为主"的管理体制作了进一步强调。该决定指出，要"明确各级政府保障农村义务教育投入的责任"，"县级政府要切实担负起对本地教育发展规划、经费安排使用、校长和教师人事等方面进行统筹管理的责任。中央、省和地（市）级政府要通过增加转移支付，增强财政困难县义务教育经费的保障能力。特别是省级政府要切实均衡本行政区域内各县财力，逐县核定并加大对财政困难县的转移支付力度；县级政府要增加对义务教育的投入，将农村义务教育经费全额纳入预算，依法向同级人民代表大会或其常委会专题报告，并接受其监督和检查。乡镇政府要积极筹措资金，改善农村中小学办学条件"。在农村中小学人事管理上，县级教育行政部门依法履行对农村中小学教师的资格认定、招聘录用、职务评聘、培养培训、调

---

① 国家教育行政学院：《基础教育改革新视点》，教育科学出版社 2003 年版，第 194 页。

配交流和考核等管理职能，乡（镇）村无权聘任农村中小学教职工；农村中小学校长的选拔，竞争上岗；乡（镇）人民政府不设专门的教育管理机构，乡（镇）有关教育工作由乡（镇）长直接负责，乡（镇）可在核定的行政编制内确定一至二名助理或干事协助乡（镇）长管理具体教育事务，并接受县级教育行政部门指导；全面实行教师资格制度。

2005 年，国务院《关于深化农村义务教育经费保障机制改革的通知》又作出建立农村义务教育经费保障新机制的决定，全部免除农村义务教育阶段学生学杂费，力争实现每一个农村孩子都有学上、都能上得起学的目标。2006 年新修订的《义务教育法》对义务教育的管理体制和投入体制作出新的规定，在过去强调"以县为主"管理体制的基础上，突出了省级政府对义务教育进行统筹规划的责任，也强调了中央政府的责任问题。

目前，我国农村基础教育所实施的"以县为主"的管理体制促使"农村教育农民办"向"农村教育政府办"过渡。这种新体制的变化，带来了教育资源配置方式的变化，也带来了教育管理体制中权利和义务的变化，使得农村基础教育有了较大发展。但这个单方面的管理体制改革依然难解义务教育投入总量不足和结构失衡之结，"小马拉大车"局面没有发生根本性变化，县级财政难当重任，特别是一些经济欠发达地方。近年来，中央不断加大对农村教育的投入，"2002 年达到 359.12 亿元，占农村义务教育总投入的 28.37%，加上地方政府投入达到 989.78 亿元，占总投入的 78.18%。但其中 90% 以上被用作发放教师工资"[①]。另外，加上难以估算的拖欠教师工资，提高学校公用经费，进行危房改造和学校建设，以及新增改造农村初中学校最基本的食宿设施等经费，农村基础教育的经费还比较艰难。

二 农村职业教育管理体制

农村职业教育管理体制是指国家各级政府对农村职业教育进行管理

---

① 曾天山：《完善农村教育管理体制是发展农村教育的治本之策》，《教育研究》2003 年第 8 期。

的行政机构设置及其职能、作用及相应的工作制度和规范。我国农村职业教育管理体制大致经历了以下阶段：

（一）恢复、改革阶段（1977—1997年）

改革开放以来，我国职业教育及其管理体制跨入了一个新的历史阶段。

1984—1985年，根据劳动人事部有关指示精神，由各级劳动部门对技工学校进行全面整顿。1985年出台的《中共中央关于教育体制改革的决定》提出，"要调整中等教育结构，大力发展职业教育"，"中等职业技术教育主要由地方负责"，通过改革形成在政府统筹管理下，包括政府办学在内的多元办学主体并存的办学体制，形成教育部门主导、各有关部门分工协作、行业部门参与业务指导的管理体制。1986年7月，第一次全国职业教育工作会议召开，会上提出了职业教育逐步形成既便于地方统筹又能调动各业务部门的积极性，使学校拥有较大自主权的管理体制的思路。但这一思路对一些关键问题的确定还相当模糊，地方统筹，究竟由哪一级统筹，如何统筹，统筹的内容是什么，并没有提出明确的意见，对于如何保证地方统筹才能使学校拥有较大自主权，也未能提出切实可行的有效措施。因此，职业教育管理体制改革仍然跟不上经济体制改革的步伐，在实际管理工作中依然维持着条块分割的职业教育管理体制。

1986年，国家教委相继发布了《关于加速发展农村职业技术教育的意见》和《职业技术教育管理职责暂行规定》，进一步明确了我国农村职业教育应当与普及义务教育结合起来，坚持振兴农村经济、发展农业生产和为农民劳动致富服务的办学思想，根据各地的经济发展水平，多层次、多规格、多形式地发展农村职业技术教育。同时，对国家教委、省、自治区、直辖市政府的职业教育管理职责作了具体的规定。

1991年，国务院《关于大力发展职业教育的决定》提出，"各级政府及中央有关部门要对职业技术教育分工负责"，宏观管理由国家教委负责。并明确指出，"发展职业技术教育主要责任在地方，关键在市、县"。这一决定提出了在中央统一方针政策指导下建立市地统筹的职业教育管理体制的大体框架，并对市地统筹的内容范围、上级各有关部门与市地统筹的关系作了原则性的规定。

1993 年，《中国教育改革和发展纲要》提出了"各级政府要高度重视，统筹规划，贯彻积极发展的方针，充分调动各部门、企事业单位和社会各界的积极性，形成全社会兴办多种形式、多层次职业技术教育的局面。到本世纪末，中心城市的行业和每个县，都应当办好一两所示范性骨干学校或培训中心，同大量形式多样的短期培训相结合，形成职业技术教育的网络"的目标，也提出了"要在政府的指导下，提倡联合办学，走产教结合的路子，更多地利用贷款发展校办产业，增强学校自我发展的能力，逐步做到以厂（场）养校"。这一阶段，职业教育管理体制改革，从总体上来说在沿着建立市地统筹的方向发展，但是进展相当缓慢。

1998 年前，在普通中等专业学校中，约占学校总数 20% 的中等师范学校由教育部门举办与管理，其余 80% 的中等专业学校由国务院业务部门、省地政府业务部门和大型企业举办，教育部门管理；技工学校由企业和县以上劳动部门举办，劳动部门管理，由企业举办的学校约占学校总数的 90%；在职业高级中学中，约占学校总数 70% 的学校由市地和县区教育部门举办和管理，约 20% 的学校由政府业务部门、行业、企业举办，其他由社会力量举办，教育部门管理；在成人中等专业学校中，约占学校总数 40% 的教师进修学校由教育部门举办和管理，其余 60% 的职工中等专业学校、农民中等专业学校等主要由政府业务部门、企业举办，教育部门管理。[①]

（二）加快探索阶段（1998 年至今）

1998 年以来，受到农村产业结构调整、农村劳动力大量转移以及高校连连扩招的影响，我国农村职业教育出现了农业类专业招生滑坡的现象，在校学生数量大幅度减少。一部分专业设置单一、办学条件不好的学校，招生数量急剧减少，甚至遭到市场淘汰。面对这样的农村职业教育的境况，也随着我国各项体制改革的深入进行，与职业教育发展紧密相连的管理体制改革逐渐提上了议事日程。为此，从 20 世纪 80 年代

---

① 职业技术教育编辑部：《我国职业教育的办学和管理体制基本情况》，《职业技术教育》2001 年第 30 期。

开始，中央与各地纷纷进行多种管理体制的改革探索，到90年代末加快进程，初步成形。

　　我国现行职业教育管理体制，其主要特点包括：职业教育管理的宏观决策权高度集中在中央，实施性的工作方针、政策、法规、制度、规划、计划等决策权集中于国家教育部门、劳动部门、计划部门、财政部门等。同时以国家政府部门的行政隶属关系为主线，从中央到地方的各级教育部门、劳动部门、业务部门以及大中型企业都设有不同级别的职业教育专门管理机构，各级各类职业学校也全部按行政隶属关系置于办学部门的直接管理之下，每个管理层次又以不同类型的职业学校为管理对象，设立两个并列的间接管理机构来制约办学部门和学校。理论上，各类职业学校就是在这种纵横交织的庞大机构的控制下运行的。①

　　对于农村职业教育来说，其管理体制现状可以从纵向和横向两个维度进行分析。从纵向看，我国的农村职业教育管理体制可分为三个层次：一是高级管理层次，包括中央、省（直辖市、自治区）和市（地、州）；二是县（市、区）一级；三是基层管理层次，为乡镇一级。从横向看，涉及我国农村职业教育管理的行政部门主要是国家教育部统一领导下的三大部门：一是教育部门，二是劳动部门，三是经济（业务）部门。这三个部门分别对所属学校和培训机构的开办、投入等各项工作

---

　　①　具体情况如下：（1）教育部。教育部代表国家行使对教育的宏观管理与协调的职能。教育部高教司的高职高专处代表国家对高等职业院校进行管理；教育部的职成教司代表国家对中等职业学校（技工学校除外）进行宏观管理。（2）劳动保障部和其他部委。劳动保障部对职业教育的管理职能主要归属于劳动保障部培训就业司，管理主要包括对技工学校、高级技工学校等学校职业教育的宏观管理，对劳动预备培训、企业职工的岗位培训和再就业培训等职业培训的管理，对各种职业技能鉴定的管理。（3）省级职业教育管理职能部门。省级的职业教育管理机构，包括省教育厅的高教处、职成教处，省劳动保障厅的职业技能培训处以及其他业务厅局的人事教育处。这一层次的职业教育管理有两种职能：一是对直属的职业学校进行实体性管理，其中教育厅的高教处负责高职院校，教育厅的职成教处负责中等职业学校以及五年制高职学校，劳动保障厅职业技能培训处负责技工学校和职业培训机构；二是对市地及以下的职业学校或技工学校、职业培训机构进行统筹与指导。（4）市地职业教育管理职能部门。主要由市地一级教育局的职成教处和劳动保障局的职业技能培训处承担。这一层次的职业教育管理也有两种职能：一是对直属的职业学校进行实体性管理，教育部门负责初、中等职业学校和少数由市属中专升格的高职院校。劳动部门负责技工学校和职业培训机构；二是对县区办职业学校或技工学校、职业培训机构进行统筹与指导。

承担直接责任，负责制定事业发展规划，以及决定学校和培训机构领导者的任免和人事调动等重大问题。

总的来说，现行（农村）职业管理体制存在着条块分割、部门分割、人才培养与就业分割等诸多障碍，劳动保障部门、政府业务部门、行业协会等与教育部门缺乏很好的沟通衔接，教育、就业与培训之间互相分离，呈现出明显的多头管理、职能交叉的现象。并且由于现行体制的运行机制较多采用指令性和直接性管理的方式，在使学校自主权受到限制而缺乏活力的同时，也导致政府自身对职业教育管理的精力和财力严重不足。所有这些，形成了我国职业教育管理职能上的分裂格局，影响了我国职业教育法规政策的统一性、整体性，妨碍了职业教育管理功能的有效发挥，制约了职业教育事业的健康发展。难怪有人指出，"必须以极大的勇气和智慧，来创新我国职业教育的管理体制，必要时甚至要动点'外科手术'"①。

三　农村成人教育管理体制

长期以来，我国成人教育的管理体制基本上沿袭着我国整体教育的管理模式，实行的是高度集中的中央集权制。

1978 年，国务院要求全国各地、市、县、公社都要恢复健全工农教育委员会。1980 年，中央建立了全国职工教育管理委员会。1981 年，中共中央、国务院《关于加强职工教育的决定》明确提出了"加强领导、统一管理、分工负责、通力协作"的原则，还强调了工会、妇联等群众团体的作用和任务。在该决定的指导下，短短几年时间建立起了数以万计的各级各类成人学校和培训中心，形成了庞大的办学系统。

1987 年，《国家教育委员会关于改革和发展成人教育的决定》指出：

> 成人教育是涉及全社会的事业，范围广大，门类繁多，形式多样，必须充分发挥各地区、各部门和社会各方面力量的积极性，实行多渠道办学……要把发展成人教育的责任和权力交给地方和基层

----

① 俞仲文：《职业教育管理体制须动大手术》，《西北职教》2009 年第 1 期。

单位，给予充分的自主权。要让地方和基层单位能够从各自的实际情况出发，实事求是地制定规划，确定目标任务和实施步骤。中央各部门要加强宏观指导和必要的监督检查，克服政出多门行政干预过多的弊端，积极扎实地为基层服务。

该决定中确定了我国现行的成人教育管理体制：

在国务院领导下，由国家教育委员会负责并会同有关部门制定成人教育工作的方针政策和法规，协调国务院各部委有关成人教育的工作，掌管国家认定的各类学历规格标准，审批成人高等学校的设置。国务院各部委负责管理各自职能范围内的成人教育工作，制定培训要求，搞好编写教材、培训师资、交流经验、提供信息等各项服务。

省、自治区、直辖市人民政府对本地区成人教育要加强领导，健全和充实成人教育的管理机构，协调各有关方面的工作，做好宏观管理。要健全和充实省以下各级成人教育管理机构，切实加强对成人教育的具体指导和管理。县人民政府应当对本县的基础教育、职业技术教育和成人教育统筹兼顾，充分发挥各方面的积极作用。教育部门的农村成人教育机构和专职人员要相应地健全和充实。

工会组织要积极参与职工教育的有关管理工作，维护职工的学习权利和相应的待遇，办好工会系统的职工学校。共青团、妇联和科协等学术团体，都要在自己的职能范围内，继续积极做好成人教育工作。

到1991年，我国成人教育实行高度集中的中央集权管理体制，建立由中央到地方上下衔接的成人教育管理机构，实行中央统一部署、各级政府及各部委贯彻执行的管理模式，为国家成人教育方针的贯彻、政策的执行、计划的落实、任务的完成提供了保证。但是，随着我国经济、社会的快速发展，劳动者学习需求的明显增长，要求成人教育的管理体制把发展成人教育的责任和权力交给地方和基层单位，给予充分的自主权。1992 年 8 月，国家教委在北京召开了全国成人高等教育工作会议，做出了《关于进一步改革和发展成人高等教育的意见》，该意见首次明确提出要"建立分级管理、分级负责的管理体制，形成科学的管理、调控制度"。国家把成人非学历教育办学权力和责任全部交给地方和部门，地方和部门要保证学校有充分的办学自主权；对成人学历教育，国家教委要健全法规，加强总体规划、宏观指导、协调、监督和检查，重点掌管好学历教育的规格、质量，而将调整学校布局，制定培养规格和确定专业设置、办学形式、招生计划、招生对象等权限逐步下放给地方和部委，这样就形成了中央和省级人民政府两级管理、以省级人民政府管理为主的新体制。

目前，虽然国家教育委员会已改为国家教育部，但我国对成人教育的管理体制却基本未变，一直延续着这一模式。这一管理模式受传统计划经济模式影响，存在诸多弊端，严重影响着全国成人教育的发展。这些弊端归结起来大致有：

（一）统得死、管得严，不利于调动地方办学的积极性

我国实行全国统一的成人教育方针、政策。这种高度集权式的管理体制，保障了我国成人教育管理的统筹兼顾；也保障了国家统一规划成人教育事业，使各级各类成人教育有计划、按比例地协调发展；有利于中央成人教育行政管理部门较好地集中有限的人力、物力、财力，重点促进成人教育事业的发展；也有利于行政干预，督促基层企事业单位搞好成人教育工作。但是这一体制会因为管得过严、统得太死而不利于调动地方办学的积极性，正如中共中央发布的《关于教育体制改革的决定》所指出的，"在教育事业管理权限的划分上，政府有关部门对学校主要是对高等学校统得过死，使学校缺乏应有的活力；而政府应该加以管理的事情，又没有很好地管理起来"。因此，必须"改革管理体制，在加强宏观管理的同时，坚决实行简政放权，扩大学校的办学自主权"。因此，1993 年颁布的《中国教育改革和发展纲要》明确提出了改革办学体制问题，强调要"改变政府包揽办学的格局，逐步建立以政府办学为主体、社会各界共同办学的体制"，现阶段"职业技术教育和成人教育主要依靠行业、企业、事业单位办学和社会各个方面联合办学"，国家采取积极鼓励、大力支持、正确引导、加强管理的方针激励

社会团体和公民个人依法办学。这表明，我国在对成人教育实行"统一管理"的同时，也正积极探索和实践权力适当下放、充分调动地方办学积极性的管理措施。

（二）权力下放，管理失控，难以保证成人教育的质量

在我国成人教育管理过程中，存在着"一统就死，一死就放，一放就乱，一乱就收"的怪圈。出现这种现象的原因主要有：一是我国教育管理权限分配的变动受我国的经济体制和政治体制的影响较大；二是我国成人教育管理体制的集权和分权很大程度上是表层的变动，各项教育改革也大都是在中央集权制下适当扩大地方的办学自主权；三是责任和权力分配的问题，我国成人教育管理的分权问题比较复杂，既有中央与地方各级教育行政部门的纵向分权和担责问题，又有中央教育行政部门与中央其他部委成人教育管理机构的横向分权与担责问题，同时还有普通行政部门与教育行政部门之间的权力、责任的分配与协调问题。这些问题没有得到很好的解决，只能造成我国目前的成人教育管理现状呈现一种条块分割、多头管理、相互扯皮的局面。

我们看到，一方面，农村基础教育、职业教育和成人教育是三类不同的教育，它们各有其自身的规律和特点；另一方面，三种教育从属于各自的管理体制，农村"三教"统筹，就要突破三种教育各自的"条条"和"块块"；第三，如上文所述，三种教育已有的管理体制都存在不同程度和性质的问题；第四，我国的（农村）教育管理体制具有层级多、牵涉部门多的特征，并且这种特征具有条块分割、管理多头、政出多门、责权不对称的弊端。

正因如此，农村"三教统筹"政策的运行必然遭遇到来自教育管理体制的诸多阻碍与限制。

第二节 农村"三教统筹"政策的运行机制

在我国行政管理体制和教育管理体制的背景下，要使农村"三教统筹"政策顺利运行，必须建立起有效、协调的运行机制，来处理好"条条"与"块块"的关系。由于农村"三教统筹"政策的运行具有

历经多个层级、牵涉多个部门的特征，所以就形成了农村"三教统筹"政策运行机制的复杂性，其必然包括以下方面。

一 农村"三教统筹"政策的纵向运行机制

从农村"三教统筹"政策的纵向运行来看，其历经多个层级，从中央到地方依次为：中央—省（直辖市、自治区）—市（地、州）—县（市、区）—乡（镇）、村，所以必须建立起有效的领导协调、激励考核和沟通反馈机制，使得政令畅通、政策执行有力和反馈调整及时。具体来看：

（一）领导协调机制

上级对下级的领导协调主要是教育行政上的宏观领导管理，主要包括教育方向上的指导、政策配套资源的供给、教育教学的考核、教育工作队伍的管理等方面。因农村"三教统筹"政策牵涉多个部门，所以必须建立起强有力的领导机制。原国家教委成立了农村教育综合改革实验领导小组，下设办公室处理日常工作，各省（直辖市、自治区）、市（地、州）、县（市、区）也应设立相应的领导、办事机构。① 机构必须对各部门有宏观指挥权威，并由各级党政一把手挂帅，吸收各有关部门的主要负责同志参加，形成一把手亲自抓，一级抓一级，"一把手"抓"一把手"，主管领导具体抓，部门领导配合抓的农村"三教统筹"领导体制。机构负责统筹计划的制订、人员组织、工作安排、师资培训、经费筹措、物资供应等事项，并将其列为党委、政府工作的重要工作，采取有力措施加强领导，使各部门拧成一股绳，形成一个坚强的领导保证体系。

（二）政策激励考核机制

即通过制定和运用相关的配套政策、法规政令、各种必要的规章制度等形式，最大限度地调动广大干部群众的积极性。比如：制定生产经营、科技开发和办学的自主权政策，招生、就业和人才流动政策；制定劳动人事和工资制度改革政策，以及各项优惠政策、税收政策、价格政

---

① 遗憾的是，原国家教委成立的农村教育综合改革实验领导小组于 1992 年被撤销，相应地，各省（直辖市、自治区）、市（地、州）、县（市、区）的该类机构也被撤销。

策；制定有关条例、决定、地方法规等，并使这些政策贯穿于统筹结合的整个过程和各个环节，形成赖以激发的动力，克服在协调发展过程中易于产生的主观随意性，坚持以"法"治理，统筹结合。所谓考核机制，是根据各级领导和各职能部门的职责、任务、实绩，建立完善的考核指标体系和奖优罚劣的制度与措施，并使之发挥激励、鞭策和督促作用。利用考核机制把"三教统筹"纳入各级主要负责人、分管负责人、部门负责人的任期目标、述职和考核的内容。

(三) 沟通反馈机制

要建立上级对下级的监督、检查机制和下级对上级的反馈机制，使得农村"三教统筹"政策得到有效执行和及时调整。有效的监督、检查应该既能客观公正地发现问题，又能及时地促成问题的解决；既能使教育政策的权威性得到维护，又能对执行中所产生的不良后果进行及时的补救；既能防止政策在执行中的消极变异，又能获取反馈信息，以利于政策的执行和调整。另外，还要建立下级对上级的反馈机制，使得信息畅通，这对新政策的制定具有举足轻重的作用。

值得特别强调的是，在农村"三教统筹"政策的多个纵向层级中，县（市、区）级政府是重点。我国教育管理实行的是在中央统一领导下地方负责分级管理的体制。在"地方"范畴内的县是一级基层指挥单位，尤其是在实行"以县为主"的教育管理体制后，县级的重要性更加得到了强化。对上，大政方针由县转化为具体的政策、措施和办法加以贯彻执行；对下，县是决策性的综合领导层级。县级政府是宏观决策与微观执行的结合部，既要实施地方性决策，又不像中央、省、市（地）在决策上那样宏观，也不像乡（镇）、村那样具体；既了解县域内各类教育的实际情况，也熟知国家的大政方针。所以，农村"三教统筹"政策应以县为重点进行具体政策制定和执行运作。

至此，从纵向上看，农村"三教统筹"政策的运行机制应该是如图2所示。

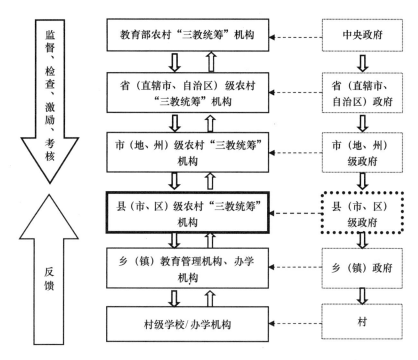

图2　理论中的农村"三教统筹"纵向运行示意图

二　农村"三教统筹"政策的横向协调机制

（一）协调多个行政管理部门之间关系的机制

农村"三教统筹"政策的运行主要由教育部门负责，但不能只靠教育部门，劳动人事部门、计划财政部门、农业部门、科技部门及其他部门也要参与进来，各职能部门都要明确各自的职责，承担责任。具体来说：教育部门负责行业统筹规划，规划三教发展的规模和速度，规划师资，办学条件，进行政策指导，组织协调，监督检查，提高服务，组织各种培训，管理三教；农业部门论证产业结构调整，农村资源的开发项目，产供销的系列服务；科技部门提出科技推广的项目，确立推广方案，考核推广的效益；劳动人事部门规划人才的需求、人才的规格和质量，制定人才管理、使用、晋升、交流等政策和规定；计划财政部门拟定事业发展计划，筹措教育经费，调查教育投入的效益。

所以，农村"三教统筹"机构要建立协调多个部门之间关系的协调机制，各级农村"三教统筹"机构要由党政一把手挂帅，以教育部门主要领导为核心，各牵涉部门主要领导为成员，建立起农村"三教统筹"委员会，形成协调会议制度，实行岗位管理和目标责任制（见图3）。这样，既保证了机构的权威性，又能使各部门相互沟通协作。

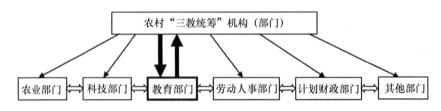

图3 农村"三教统筹"政策的横向部门协调机制示意图

（二）协调三类教育的关系的机制

农村"三教统筹"是由政府对农村三类教育进行统筹协调，使其满足利益主体需求和适合社会经济发展要求。农村"三教统筹"政策的主体是政府，具体应由各级政府的农村"三教统筹"机构负责对三类教育从以下几方面进行统筹：

（1）各类教育的发展需求。主要包括两大方面：一是农民及其子女对各类教育的期望与需求；二是社会经济发展对各类教育的要求。所以，农村"三教统筹"政策首先应协调这两方面的关系，使二者得到权衡。

（2）协调三类教育的结构层次、规模比例、发展速度等方面，做好预测规划，制定教育发展战略。

（3）具体措施统筹。具体内容包括：统筹教育结构；统筹校点布局；统筹专业设置；统筹使用人才；统筹教育经费；统筹生产、实习基地的建设和使用；统筹调配师资；统筹教学设备的配备和使用；统筹教育评估考核。①

以上三方面是按从宏观到中观再到微观的顺序排列的，其之间是决

---

① 参见张爱国《地方化：农村教育改革的目标与过程》，《教育研究》（农村教育增刊）1993年第2期。

定与被决定的关系。所以，协调三类教育之间关系的农村"三教统筹"机制如图 4 所示。

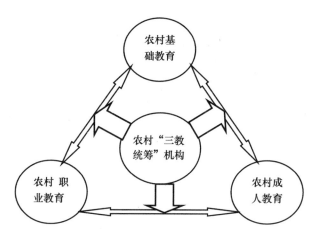

图 4 农村"三教统筹"机构协调三类教育关系机制示意图

三 农村"三教统筹"机构自身机制

如前所述，农村"三教统筹"机构由各级党政一把手挂帅，教育部门主要领导为核心，吸收各有关部门的主要负责同志参加。一方面，机构自身既要对三教统筹，也要分工负责，实行统分结合机制；另一方面，要建立自我协调约束与内部激励考核机制，应将统筹结合的任务指标作为干部政绩考核的主要内容，与其他方面一起定期进行检查，应建立对统筹结合的评估制度，完善评估标准体系，实行目标管理，通过评估不断总结经验、发现问题，推动统筹结合在协调的基础上深入发展。此外，还可以通过经费划拨、物资供应、人员培训、颁发证书、经济奖惩、政策倾斜等手段奖优罚劣，达到对统筹结合各方面的协调、控制和制约的目的。

以上农村"三教统筹"政策的运行机制应是相互交融、共同协作的关系，它们之间要形成一个发挥合力的有机体系。以县级政府为例，其关系如图 5 所示。

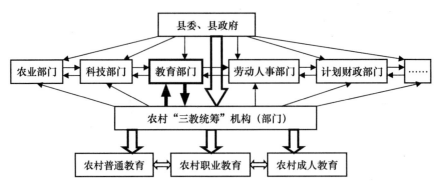

图5 县级农村"三教统筹"的管理结构示意图

第三节 委托—代理视角的农村"三教统筹"政策运行问题

一 委托—代理理论视角

从教育行政管理的角度来看,由于教育行政管理的对象(受教育群体)的数量极其庞大,他们不可能直接履行教育行政权。因此,中央政府(教育部)和各级地方教育行政部门实际上分别担当着初始委托人(agent,亦是第一层代理人)和中间代理人(principal,亦是中间委托人)的角色。在这个基本命题的前提下,我们来分析农村"三教统筹"政策运行中的张力问题。

委托—代理理论兴起于20世纪60年代末70年代初,是西方企业契约理论最重要的发展成果。委托—代理理论具有三个前提假设,分别是:①经济人假设。这也是西方公共选择理论的重要假设之一,经济人假设认为人人都有追求自身利益最大化的倾向,这也是委托—代理关系产生的必要条件。②信息不对称假设。该假设认为委托人和代理人在信息占有关系中地位是不对等的,代理人掌握信息多(或具有相对信息优势),而委托人掌握信息少(或处于信息劣势)。③利益不一致假设。委托人与代理人都追求既定条件下的自身利益最大化,结果导致委托—代理关系中两者之间不可避免地存在利益不一致问题。

西方经济学中的委托—代理模型描述了一种信息不对称条件下的交易关系,委托人(股东和作为其代表的董事会)购买的是代理人(经理）的服务与管理才能，但由于代理人具体管理着企业，掌握着比委托人更多的信息，从而有条件凭借这个优势来获得更多的私人利益，由此造成委托人的损失。因此，委托—代理关系的理想设计与实际结果之间总是存在着某种差距，此即所谓的"代理成本"。为了更好地追求和维护自身利益，委托人一方面必须对经营者进行有效的激励，使之更好地为企业服务，充分发挥其作用，以产生高额利润；另一方面进行必要的监控，来监督和制约代理人，尽量降低因经营者行为扭曲而给企业造成的浪费性支出和效率损失。这就是委托—代理关系的本质。①

在经济学上，委托—代理关系被视为一种契约关系。委托人和代理人之间的经济契约关系包括显性契约②和隐性契约③。委托人先确定一种报酬机制，激励代理人努力实现委托人利润最大化目标。代理人据此选择自己的努力行为，以求得自身效用最大化。尽管委托人和代理人的目标不一致，但他们都是利益最大化的追求者。委托—代理契约是不完备的。④ 自然，契约越完备越好。然而，事物发展的不可能完全预测性、订立完备契约的成本太高和当事人双方信息不对称等决定了契约不可能是完备的。

为了防止代理人问题的发生，委托人需要通过严密的契约关系和对代理人的密切监督来限制代理人的行为，使代理人有必要约束自己，保证其行为的合理性。为此，解决代理人问题的关键就在于在存在不确定性和信息不对称性的情况下，委托人应如何设计出一个既能激励代理人努力工作又能限制其偷懒和机会主义行为的激励约束契约。这样，委托人与代理人之间的利益协调问题就转化为激励约束机制的设计问题。现代委托—代理理论对非对称信息条件下激励约束机制的设计思路是：委托人设计出一套激励约束机制，促使代理人在决策时不仅需要参考原有

---

① 张劲松：《论农村义务教育投入缺欠及其改善——一个委托—代理理论的模型分析》，《湖北社会科学》2008年第8期。

② 显性契约，是指有书面协议或法律协议的合约，它严格规定了委托人与代理人之间的协作关系和利益关系。

③ 隐性契约，是指约定俗成的一些规则，包括成文或不成文的种种惯例。

④ 完备契约，是指合约面面俱到地规定当事人之间的权利义务以及未来可能出现的情况。

的信息，而且还需要参考由激励约束机制发出的新信息，这种新信息能够使代理人不会因隐瞒私人信息或披露虚假信息甚至错误信息而获利，从而使代理人觉得没有必要隐瞒私人信息和采取欺骗行为。如此，代理人在其决策和执行行为中既保证了个人在委托—代理契约中利益的最大化，又保证了委托人利益的实现。

二 我国教育行政的委托—代理结构及其问题

（一）教育行政的委托—代理结构

从理论上说，人民群众是国家的主人，但单个群众几乎毫无对行政权的委托与使用的控制决策权，他们就将自己的教育行政管理权力委托给政府，由政府代理。我国的行政权能结构包括两个体系：一是自下而上的体系，即指由全体民众→各级人民代表→各级政府→中央政府的委托—代理关系体系；二是自上而下的体系，即指中央政府→各地方政府、行政部门的委托—代理关系体系。两个体系相辅相成，前者是表明权力来源及其获得的合法性的行政权力生成系统；后者是表明权力掌握及其使用的效率性的行政权力运行系统。本书只分析自上而下的教育行政管理中的委托—代理关系之问题。

在我国的教育行政管理系统中，自上而下的教育行政管理中的委托—代理关系依次为中央政府→教育部→地方教育行政部门→学校以及人民群众，在这个多层次构成链条中（除人民群众外），每一层次相对于其上一层次都是代理人，而相对于下一层次又是委托人。于是，我们可将一定位置代理人之前和之后的代理人分别称作"上游代理人"和"下游代理人"。

从教育行政管理的角度来看，只有中央政府是最高层（初始）委托人，其目标价值取向是整个国家和全体人民的教育利益极大化，其他层次都需要通过激励整合，使其行为与国家和人民教育利益相一致。然而，由于中央政府不可能直接管理每个群众，只是通过教育部和地方教育行政部门来达成教育行政权能系统的运转。因此，中央政府的目标要在单个的群众和其他各层代理人的自身利益最大化的功利要求挤压下不发生异化和偏向，必须要设计一套合理的委托—代理结构制度，以及一套切实可行的激励机制和监督机制。

（二）教育行政中的委托—代理问题

从我国教育行政部门的代理结构可以看出，农村教育管理体制中存在复杂的链条关系。每一层都向下一层级"委托"，每一层都向上一层级负责。在教育管理体制的运行中，由于链条长，就必然存在信息不对称的问题，并且如果监督和激励不足，会很容易造成"道德风险"和"逆向选择"这两种主要的委托—代理问题。下面，笔者从理论上阐述它们在各个层级中可能的表现。

在由农民及其子女与政府构成的第一层委托—代理关系中，农民及其子女有接受教育的权利，他们期望获得适合自己发展的教育类型，将自己的教育权力和教育资源委托给政府经营。但是，新制度主义中的公共选择理论认为，国家和政府都是一个抽象实体，政府职能由具体的个人行使，这些人也是追求自身利益（包括薪金、权力、名誉、社会地位和休闲等）最大化的经济人，他们也一样受市场经济中普遍认同的经济理性的支配来制定和执行各种政策。从教育政策制定来看，权力高度集中，这为权力拥有者进行"政策创租"和"抽租"提供了便利条件。他们在制定各项教育政策的过程中，会经常出现无视农民及其子女利益的情况，但由于农民及其子女不能掌握很多的信息，缺乏权利意识，也不善于利用各种渠道维护自己的权益，不能对政府政策制定的合法性进行有效监督。所以，农民及其子女这一委托人处于事实上的"虚位"状态。并且，从委托—代理关系看，由于只有一个政府，它垄断了绝大多数教育服务的供给，缺少竞争对手，自身没有生存危机感，这使得代理人的决策往往不是最优的。另外，教育政府官员实行的是常任制，但求无过是很多人的工作目标，这使得符合农民及其子女利益的教育政策产生的动力不足。

在由中央政府与地方政府构成的第二层委托—代理关系中，由于教育政策主要是由教育部直接制定，而地方教育行政部门作为执行机关没有或很少参与到政策制定过程中，当利益的调整不利于执行机关，或引起政策对象不满甚至抵制时，执行机关缺乏有效执行政策的积极性，他们利用信息优势，根据自身利益需要对政策进行各种变通。这使得上级的政策或者是长期得不到执行，或者是象征性地执行①，或者是"变样"执行，出现"上有政策，下有对策"的局面。

在由地方教育行政部门与农村学校（教育机构）构成的第三层委托—代理关系中，由于在教育管理体制由"三级办学、两级管理"向"以县为主"的管理体制转换的过程中，乡镇可能不再管理农村学校，县级部门也可能没有及时有效接管，进而形成"制度供给陷阱"。②

其实，在第二、第三层委托—代理关系中，最主要的还是教育政策的执行问题。袁振国认为，教育政策执行是指"政策的执行者依据政策指示和要求，为实现政策目标、取得预期效果，不断采取积极措施的行动过程"。③从这个定义可以得出，教育政策执行过程本身给地方教育执行组织留有很大的自由裁量权的空间。英国学者米切尔·黑尧（Michael Hill）认为，"政策执行过程实际上与政策制定过程一样，是一个充满着连续不断的交易、谈判和政治互动的复杂过程"。④从这个角度来说，从"国家教育政策推行"到地方"街道官僚"的"教育政策调适"的现象是不可避免的。另外，在国家教育体制改革过程中，将很多权力让渡给地方政府，尤其是县级教育行政部门。这就赋予了地方政府更多实质性的权力，使其成为了具有明确利益的相对独立的利益主体，在执行中央政策的过程中，它会比过去更多考虑本地区和本部门的各种利益诉求，通过种种制度性的"寻租"与中央政府展开博弈，以确保自身利益的有效实现。法国行政学家夏尔·德巴什（Charles Debbasch）认为，对于行政机构来说，"如果决策与他们期望的东西不相符或在他看来是无法实施时，他将反对这种毫无活力的东西或者试图

---

① 象征性执行，即在教育政策执行过程中，执行主体只做表面文章，或只做宣传而不见诸具体的操作性行动，也就是说教育政策并未落到实处，其结果是使政策成为一纸空文，成为空架子。

② "制度供给陷阱"，即指新的制度还未有效实行，而旧的制度已经失效的制度真空状态。

③ 袁振国：《教育政策学》，江苏教育出版社2001年版，第287页。

④ ［英］米切尔·黑尧：《现代国家的政策过程》，赵成根译，中国青年出版社2004年版，第129页。

改变措施的内容。"①

三　"理性经济人"假设下的农村"三教统筹"政策运行中的问题

（一）农村"三教统筹"部门的理性经济人假设

1. "理性经济人"假设的提出及其内涵

"理性经济人"假设最早可以追溯到亚当·斯密（Adam Smith）《国富论》中的"经济人"概念。斯密用这一概念所表达的思想是：自利的动机是人类与生俱来的本性。这种以追求个人利益为导向的基本心理动机，是一切经济活动得以有效展开的内在动力，也是社会分工产生的根本原因。② 斯密抽象出了以自利心为行为动机和一般人性特征的"经济人"假设，并以此为核心构建出了古典自由主义经济学体系。

如果说在斯密那里，经济理性表现为人们在市场活动中，出于自身利益的考虑，对得失和盈亏的精密计算，那么到了马歇尔新古典经济学那里，经济理性被视为与自身利益最大化等同，理性经济人是效用最大化的追求者。经济人假设自从被当作经济学分析的前提之后，一直受到不同学派的批评。但是，争论并没有导致这一假设的瓦解。相反，这一假设却被新古典经济学、制度经济学等西方主流经济学派加以继承和发展，并成为古典经济学最重要的遗产。"经济人"的解释模型也从经济领域扩展到公共政治领域以及其他许多社会领域，经济分析的方法因此成为一种广泛应用的社会科学的研究方法。③

比如公共选择学派。公共选择学派将经济分析的方法引入政治领域。布坎南（James M. Buchanan）认为："公共选择是政治上的观点，

---

① ［法］夏尔·德巴什：《行政科学》，葛智强、施雪华译，上海译文出版社2000年版，第113页。

② 斯密说："人类几乎随时随地都需要同胞的协助，要想仅仅依赖他人的恩惠，那是一定不行的。他如果能够刺激他们的利己心，使有利于他，并告诉他们，给他做事，是对他们自己有利的，他要达到目的就容易得多了。不论是谁，如果要与旁人做买卖，他首先要这样提议。请给我所要的东西吧，同时你也可以得到你所要的东西，这句话是交易的通义……我们每天所需要的食料和饮料，不是出自屠夫、酿酒家或烙面师的恩惠，而是出自于他们自利的打算。我们不说唤起他们利他心，而说唤起他们利己心的话。我们不说自己有需要，而说对他们有利。"这就是斯密对于"经济人"的直接描述。参见［英］亚当·斯密《国民财富的性质与原因的研究（上卷）》，郭大力、王亚南译，商务印书馆1972年版，第13—14页。

③ 许华安、李建伟：《"理性经济人"：一个批判性考察》，《哲学动态》2007年第6期。

它将经济学家的工具和方法大量应用于集体或非市场决策而产生。"①
布坎南对经济人假设做出很高的评价，并主张，经济人假设不仅可以分
析个人在经济市场中进行不同的行为，也可以用于分析政治市场上亦即
公共选择任务和位置上的行为，并进而分析市场制度本身和法律制度对
经济人的行为的作用。以布坎南等人为代表的公共选择学派采用了古典
经济人理论，以此为基础来分析各种制度对人的经济行为的影响，确立
了以自利心来刻画公共选择领域的参与者的分析原则。布坎南认为，即
使假定了资源稀缺条件，个体选择所表现出来的客观利他行为或利己行
为，就是外部制约条件下个体选择的一种反应，就是严格利己心的表
现。布坎南等人将"经济人假设"应用于政治人的公共选择行为的分
析，提出了许多值得进一步研究的思想。

与公共选择学派相同的是，制度经济学派也把"经济人假设"应
用于经济学以外的领域，发展并确立了一种新的分析方法。加里·贝克
尔（Gary S. Becker）对经济人的假设进行了扩展，用经济人理论分析
和解释人的一切选择行为，提出了一种"新经济人"理论。他认为，
人所要满足的"效用"不仅包括物质财富、货币收入等经济利益，还
包括个人对社会地位、名誉、声望、尊重等非经济利益的追求，并且指
出，"经济分析是一种统一的方法，适用于解释全部人类行为"②。这一
范式的核心原则是：当人们面临若干可能的选择时，人们总是更愿意选
择能为自己带来最大效用或满足的可能性。

"理性经济人不是一个实证命题，而是隐含制度规范意义的行为
假设。"③

"经济人"假设在经济学里发展得最精致、最富魅力的模型就是
"博弈论"。随后，"经济人"假设大举入侵其他社会科学领域，在政治
学、社会学领域中各自开拓出一片坚实地盘，其中政治学里叫"公共

---

① ［美］布坎南：《自由、市场和国家》，吴良健译，北京经济学院出版社1988年版，
第18页。

② ［美］加里·贝克尔：《人类行为的经济分析》，王业宇、陈琪译，上海三联书店
1993年版，第11页。

③ 李文溥：《理性经济人假定的制度规范性分析》，《厦门大学学报》（哲学社会科学
版）1999年第1期。

选择理论"，而在社会学里一般被称作"理性选择理论"。三个理论由于各自研究对象的不同而名称各异，但是三种理论的核心基础是一致的，即都是以理性经济人为理论预设所发展出来的理论解释模式。

我们这里所要探讨的"理性选择理论"中的"理性"主要是指社会科学意义上的。因此，要谈这个"理性"，必定绕不开马克斯·韦伯（Max Weber）。韦伯把社会学的研究对象集中到人的行动上面。韦伯区分了四种社会行动的理想类型：①目的合理性行动（也称工具合理性行动）；②价值合理性行动；③情感的行动；④传统的行动。从合理性角度看来，韦伯认为，只有前两种类型的行动，即目的合理性行动（工具合理性）与价值合理性行动才属于合理的社会行动。而"理性选择理论"所考察的个体行为其实主要对应于韦伯的"工具合理性行动"，尽管后来理性选择范式经过修正与扩充后也将"价值合理性行动"包含在内。同时，理性选择范式继承了古典经济学家亚当·斯密著作中的一个基本假设——"经济人"假设。

综上所述，"理性选择理论"所讲的"理性"就是解释个人有目的的行动与其所可能达到的结果之间的联系的工具性理性。一般认为，理性选择范式的基本理论假设包括：①个人是自身最大利益的追求者；②在特定情境中有不同的行为策略可供选择；③人在理智上相信不同的选择会导致不同的结果；④人在主观上对不同的选择结果有不同的偏好排列。可简单概括为理性人目标最优化或效用最大化，即理性行动者趋向于采取最优策略，以最小代价取得最大收益。[①]

只要人们的行动合乎理性，他们就是理性的人。正如奥尔森（M. Olson）指出的那样，当一个人应用他认为"既有效率又有效果的手段追求其目标"时，他的行为就是理性的。[②] 罗伯特·达尔（Robert Alan Dahl）和查尔斯·林德布洛姆（Charles Lindblom）对理性行为也做了表述："假定目标与真实世界既定不变，一种理性的行动就是得到正确设计，并能最大限度地实现目标的行动。因此，如果某个人在追求其目

① 陈彬：《关于理性选择理论的思考》，《东南学术》2006 年第 1 期。
② ［美］格林、沙皮罗：《理性选择理论的病变——政治学应用批判》，徐湘林、袁瑞军译，广西师范大学出版社 2004 年版，第 18 页。

标时尽可能地追求高效率，那么他就是个理性的人。"①

理性选择制度主义的基本假设主要涉及三个方面：①个体是政治过程的核心行动者，个体展开理性行动的目标是个人效用最大化；②制度是形塑个体行为的规则集合体，"组织或制度的历史很少或几乎不会有什么影响，新设计出的制度能够轻易带来行为的改变"；③个体对于制度（约束或激励）能够做出理性的反应，并且大多数个体都会以同样的方式对制度做出反应。②

2. 政府和行政部门的"理性经济人假设"的适切性

在政治伦理体系中，政府充当着人民的公仆，其唯一目标是追求公众利益的最大化，甚至不惜牺牲自身利益。政府存在的合法性即来源于此。就理论而言，各级政府和行政部门代理普通大众的权力和利益，所提供的服务和产品，大多带有公共选择的性质，是为公共需求服务的。

但是，政府作为一个整体也存在着生存、发展、政绩等根本问题以及财政状况、处理复杂事务等具体问题，也就是说政府也有自身的需要。公共选择学派认为，政府也是经济人，也会追求自身利益最大化，政府本身所具有的自利性使得政府一旦形成，不仅政府机构自身，而且其内部的官僚集团都会有自己的利益。也就是说，政府作为一个利益主体，具有维护自身利益的性质，不可避免地存在着对自利性的集团利益和部门利益的追求。随着社会分工的发展，政府管理工作从社会工作中分离出来，政治日渐成为一种特殊的专业化、专门化工作；政府组织的特殊利益也越来越突出，其自利性越来越明显。这个问题突出表现在政府由于自我扩张导致机构臃肿、寻租泛滥等问题。所谓寻租活动，就是人们在某种制度环境下，凭借政府保护而进行的财富转移的活动，这种努力的结果不是创造社会剩余而是导致社会浪费。③ 对于各级政府而言，现实中广为存在的地方保护主义、上有政策下有对策、小集团利益、部门利益以及人才的部门所有等，就是政府部门自利性的明证。作

---

① ［美］艾伦·C. 艾萨克：《政治学：范围与方法》，郑永年等译，浙江人民出版社1987年版，第180页。

② ［美］盖伊·彼得斯：《理性选择理论与制度理论》，何俊志、任军锋、朱德米译，天津人民出版社2007年版，第79页。

③ 倪星：《论寻租腐败》，《政治学研究》1997年第4期。

为中央政府的代理人，地方政府和行政部门的行为未必与中央政府意愿相一致。中间代理人与最终代理人的"串谋"行为因而时有发生。

另外，在经济学的视野里，政府只是一个抽象的概念，现实中的政府是由政治家与公务人员组成的。人们在政治生活中就如在经济生活中一样，常常为稀有的资源而竞争。布坎南和塔洛克认为，"议员或任何个人在参与市场和参与政治时的行动都是基于同样的、普遍适用的价值尺度"。① 所以说，政治家与公务人员都是经济人，都有自己的私利，以自身利益最大化作为行动的直接准则之一，也正如丹尼斯·缪勒（James Mill）所指出的，"毫无疑问，假若把权力授予一群称之为代表的人，如果可能的话，他们也会像任何其他人一样，运用他们手中的权力谋求自身利益，而不是谋求社会利益"②。由于各级政府及其部门由主要领导负责，在我国很大程度上存在着"一把手"说了算的问题。"由于作为最初委托人的全体公民是没有行为能力的，由于上游代理人缺乏对中游和下游代理人的监督积极性，由于行政—代理关系中严重的信息不对称、不确定性以及责权利关系的扭曲，使得行政产品即公共服务无论在数量还是在质量上，都难以达到预期的代理效果，偏离社会福利最大化的目标。"③ 政府官员在公共权力机构中行使国家权力，但是他们同时是作为普通的"经济人"而存在着的，也有追求自身利益最大化的趋势。

作为理性经济人的地方政府及其决策者进行管理创新的基本动力仍然来自对自身的合法性地位和切身利益的关注。在中央政府和教育部对地方政府及其官员缺乏监督约束和奖惩机制的情况下，在对上级负责的中国行政管理体制下，地方政府及其官员对农村"三教统筹"的"软政策"就会"软执行"，寻找有利于自身的合适手段来实现上级政府的政绩目标。尤其是随着改革的进一步深入和市场经济的发展，地方政府在微观领域内获得了较大的资源配置权，地方政府已逐渐成为相对独立

① 参见 ［美］格林、沙皮罗《理性选择理论的病变——政治学应用批判》，徐湘林、袁瑞军译，广西师范大学出版社 2004 年版，第 1 页。

② ［美］丹尼斯·缪勒：《公共选择理论》，杨春学等译，中国社会科学出版社 1999 年版，第 303 页。

③ 孔祥国：《委托—代理关系中的中国行政管理》，《求索》1996 年第 3 期。

的行为主体和利益主体。这样，在一定程度和范围内，形成了中央与地方利益，整体与局部利益的矛盾。在这种利益博弈的格局中，一方面，当中央与地方利益、整体与局部利益一致时，地方政府的行为是一种双赢的结果（非零和博弈）；另一方面，由于中央政府与地方政府效用函数并不总是一致的，地方政府有实现独立利益最大化的冲动，或者利用中央政府的授权，在满足自身利益最大化的限度内，理解和贯彻上级要求实施的制度规则，如层层截留、曲解规则、补充文件等。在这种地方利益多元化的情况下，地方政府必然会出现自利倾向，为了自己本地的利益经常会对中央政策贯彻不力或是对其执行大打折扣。地方政府这种追求局部利益而忽视主体利益的自利行为，从另一个方面来说，是中央对地方政府的行为缺乏有效约束与监督机制的逻辑结果。

（二）农村"三教统筹"政策运行中的问题分析

一方面，前文已经提到，农村"三教统筹"政策在国家层面没有任何经费、师资、场地、设施设备的配套支持；另一方面，通览农村"三教统筹"相关政策文本，我们也没有发现任何关于农村"三教统筹"政策执行的监督、检查、评估、奖惩的规定或说明，所以我们说农村"三教统筹"实质上是一项"软政策"。在这样的前提下：

1. 农村"三教统筹"政策遭遇来自纵向的委托—代理问题的困扰

农村"三教统筹"政策在自上而下的行政执行过程中，受到各层级政府及其官员的张力。我国现行教育行政机构系统是多层次、多环节的、大的金字塔式结构。其顶层是教育部，继之依次是 31 个教育厅、333 个市教育局、2861 个县教育局，并且每一级教育行政机构内部设有 4—7 个科层级别。在这种大小金字塔式的教育行政体系中，顶层的教育部或领导人出台农村"三教统筹"政策，号召在农村大力推行农村"三教统筹"，并将政策意图或信息传递给地方教育厅，教育厅再将其接纳吸收变成自己的政策，进而再传递到市教育局，市教育局再以同样的形式传递到县教育局，在以县为主的管理体制下，由县教育局主要负责落实农村"三教统筹"。

可以看出，农村"三教统筹"政策自上而下要历经多科层的组织机构，进而得以落实，而"多科层组织机构中的中层管理者就像组织海绵，保持和压缩从等级制顶部或底部传来的信息。这种由中层管理层造成的海绵效应是组织的一大弊病。因为在这里信息被歪曲、延误或扣留"①。这说明，一个多科层组织机构中的中间层次可能为了自身利益而将上级的命令或下级的信息"扣留"、"删减"、"延误"，影响它们的下行或上传，最后导致政策执行出现阻滞现象，或者出现失去有效执行期限的问题。

前文已经指出各级政府及教育行政部门在整个委托—代理链条中具有相对独立性，是一个个利益主体，具备"理性经济人"的特性。在实行"以县为主"的教育管理体制之后，县级政府对农村教育的发展起直接统筹协调作用，农村"三教统筹"政策主要由县级政府和教育行政部门具体制定与负责落实。而县级政府和教育行政部门的教育行政管理的显著特征之一就是其较底层性。因为其位于我国五级政府体系中的第四级，处于整个国家与社会关系的交叉结合部位，一方面代表着国家自上而下的教育行政权力，另一方面必须对社会大众的教育需求和社会关切予以回应。也正是由于这种较底层特征，决定了县级政府及教育行政部门在委托—代理链条中，在农村"三教统筹"政策的执行与制定中要考虑对上与对下两个不同方向的功能侧重与责任落定。具体地讲：

一方面，县级政府及教育行政部门作为整个政府科层体系内较为底层与基础的一级，其功能发挥主要定位于对来自上级政府的农村"三教统筹"政策的执行。科层制自上而下的层级控制特征决定了，上至中央政府和教育部，经过省级，下至市级政府及教育行政部门，都有权力对县级政府及教育行政部门下达农村"三教统筹"政策执行的指令，而县级政府及教育行政部门没有权力针对上级作出指令性决策行为。与之相对应的是，在其责任落定方面，县级政府及教育行政部门必须对上级负责。在这样的运行体制下，县级政府及教育行政部门的各种"眼睛向上看"、"唯上"的价值取向也就不难理解了。但由于农村"三教统筹"政策的"软政策"性质，就决定了县级政府及教育行政部门在执行来自上级的农村"三教统筹"政策指令时，也是看上级的"脸色"行事，很容易出现有名无实或避重就轻的农村"三教统筹"政策执行

---

① 　[美]尼古拉斯·亨利：《公共行政学》，项龙译，华夏出版社 2002 年版，第 155 页。

及"寻租"行为。

另一方面，同样是由于县级政府及教育行政部门的较底层特征，县级政府及教育行政部门还必须对社会大众的教育需求和社会关切予以回应。近年来，行政回应性成为全球政府治理变革浪潮的重要主题之一，公平、责任与回应已经成为评价政府治理公共性的主要价值标准。"服务于公民，而不是服务于顾客，公务员……不是仅仅关注'顾客'的要求，而是着重关注于公民并且在公民之间建立信任和合作关系。"①在此背景之下，由于县级政府及教育行政部门作为整个国家教育行政的较前沿阵地，带有强烈的社会面向色彩，其应十分重视行政回应性的功能发挥，也即在政府治理的各种决策过程中应更加注重听取民间社会的声音，及时并恰当地做出政府回应。实际上，县级政府及教育行政部门在农村"三教统筹"政策的制定与执行实践中，必然要面对来自社会大众对教育的需求和关切，听取他们的各种利益诉求与建议表达。而现实中，一方面，社会大众（农民及其子女）并没有农村"三教统筹"的需求，他们只是需求符合自身发展的教育机会和资源，他们对三种教育统筹不统筹根本不关心②；另一方面，前文已论述了，他们对正规教育的最大需求是升学。面对这种来自社会大众对教育的需求和关切，一定程度上，县级政府及教育行政部门在农村"三教统筹"政策的制定和执行中，会遭遇社会大众的不合作甚至反对的阻力。在此情况下，县级政府及教育行政部门的回应必然是要迎合大众需求③，不会去做"费

---

① ［美］珍妮特·V. 丹哈特、罗伯特·B. 丹哈特：《新公共服务：服务而不是掌舵》，丁煌译，中国人民大学出版社 2004 年版，第 45 页。

② 笔者调研了解到，几乎所有的人都希望自己的子女能够接受良好的教育，几乎没有人知道农村"三教统筹"为何物。

③ 曾经出现过教育局为高考升学而向民众道歉的事件，因为 2005 年高考成绩大面积滑坡，以及由此暴露的教育问题，山西省榆社县委常委会通过电视公开向全县人民道歉，同时宣布对榆社中学领导班子实行全员停职待岗。参见 http：//news. qq. com/a/20050720/001170. htm）。无独有偶，最近，陕西省华县人大召开常委会，专题审议华县政府教育工作。委员们被告知：今年高考华县考生一本上线率在渭南 11 个县、市（县级市）、区中排名倒数第一。华县教育局局长提出辞职报告，很快得到批准（参见 http：//news. sina. com. cn/c/2005 - 08 - 11/16006668044s. shtml）。再就是每年高考结束后各地学校、教育局要打出如"热烈祝贺我校/县×××同学被×××大学录取"的横幅标语等。这些现象都是教育行政部门对社会大众对教育需求与期望的一种正面回应。

力不讨好"的农村"三教统筹"。

至此，我们看到，县级政府及教育行政部门在农村"三教统筹"政策上对上与对下的功能之间存在着紧张、背离，甚至冲突。抑或说，二者之间有着不可避免的内在张力。而很可能的是，县级政府及教育行政部门处理这种张力的方式是在农村"三教统筹"政策的制定与执行上走过场、重形式，使得农村"三教统筹"政策制定成为文件堆积的"工程"，使得农村"三教统筹"政策的执行落实成为低效的、象征性的"作秀"，本书绪论中提到的笔者在前元庄调研时，"现在之所以保留'前元庄实验学校'的牌子，'是为了应付上面检查'等耐人寻味的话语"就能对此作出深刻的诠释。

2. 农村"三教统筹"政策受到横向部门之间的过度张力

从涉及农村"三教统筹"的教育行政机构之横断面上看，农村"三教统筹"政策受到多部门本位利益的张力。农村"三教统筹"涉及多个职能部门（在上文已提及），各个职能部门都有相对独立的职能职责，形成了自上而下管理体制中的众多相对独立完成任务的职能部门，这些职能部门事实上都在独立运行或者相对独立运行。如此，各个部门也会在农村"三教统筹"政策的名义下，去追寻自身利益的最大化，追求自身的政绩。即使是农村"三教统筹"机构内部，由于主要领导来自于不同部门，也难以形成真正的合力。这在甘肃Q县的个案中得到了明显的体现（见本书第三章）。

再以北京市为例，北京市教育委员会于2007年出台了《北京市教育委员会关于加强农村"三教统筹"推进郊区农村成人教育服务社会主义新农村建设工作的意见》（京教职成〔2007〕4号），但根据笔者在2009年5月至11月在北京市丰台区教委挂职主任助理锻炼期间的观察和访谈，丰台区教委没有设专门的农村"三教统筹"机构，却设有庞大的基础教育科室（有幼教科、小教科、中教科）及工作群体，而只有一个职成科（一间办公室）及三四名工作人员。在笔者挂职锻炼的半年内，没有发现基教科和职成科之间有过任何业务交流沟通，它们是各自为政，各管一段。

本章小结

农村"三教统筹"政策的运行具有历经多个层级，牵涉多个部门的特征，这决定了其一方面遭遇来自政府纵向层级的委托—代理问题的困扰，另一方面受到横向政府部门之间的过度张力，而这又与农村"三教统筹"政策的"软性"直接相关。导致理论上的农村"三教统筹"政策的运行机制在实践中无法落实，进而致使农村"三教统筹"政策在现实中的运行表现出统筹领导机构形同虚设、统筹制度和配套性政策不完善、相关部门的统筹协调名存实亡等种种问题。这是农村"三教统筹"政策成效不足的又一诱因。

第七章 农村"三教统筹"的历史价值

农村教育综合改革中涌现出的农村"三教统筹"和"农科教结合"的思想和政策，对今天而言，仍然具有启迪价值。尽管如前文所述，农村教育综合改革中的农村"三教统筹"政策成效不足，价值取向与对象主体对教育的现实需求有落差，在具体运行过程中遭遇多方面问题，但是其对教育事业和社会的改革与发展的历史价值不容忽视。

第一节 提出了教育"统筹"的政策方法论

一 历史的继承与发展

晏阳初在发现农村主要存在"愚、贫、弱、私"四大病症后，发动成立了"乡村教育实验区"，以"农民化"和"化农民"作为指导思想，将农民作为平民教育的主要对象，通过学校式、社会式和家庭式的途径实施文艺、生计、卫生和公民"四大教育"。以文艺教育培养农民的知识力，以生计教育培养农民的生产力，以卫生教育培养农民的强健力，以公民教育培养农民的团结力，以此来攻克农村社会的四大病症。陶行知从国家命运的角度，认为乡村教育是"立国之根本大计"，普及教育重点应在农村，并提出"改造农村的根本问题是对农村教育进行根本改造"，建设适合乡村实际生活的活教育。[①] 陶行知主张"教育与农业携手"、与科学机关等社会上一切"伟大势力"实行"大规模的联合"。[②]

---

① 黄友珍：《论陶行知的乡村教育思想及现实意义》，《教师教育研究》2006 年第 4 期。

② 陶行知：《中国乡村教育之根本改造》，《陶行知全集》卷二，四川教育出版社 1991 年版，第 18 页。

为此，陶行知在南京郊区创办了晓庄乡村师范学校，后又办有试验民众学校、晓庄医院等。梁漱溟同样认识到乡村建设与乡村教育是一个问题的两个方面，乡村建设应以乡村教育为方法，而乡村教育需以乡村建设为目标。为此，梁漱溟创办了乡农学校，实行"政教养卫合一"，"以教统政"，并将学校式的教育和社会式教育"融合归一"。① 这些先贤的重要论断与行动包含了农村教育综合改革发展的方向和目标，为我们奠定了重要的思想基础。

我国农村教育综合改革的主要举措是"三教统筹"与"农科教结合"协调发展，这在一定程度上是对始于 20 世纪二三十年代的乡村教育改革运动思想的继承与发展。

二 政策层面首次提出教育"统筹"

在国家政策层面，首次提出教育"统筹"的政策方法论的还是改革开放以来的农村教育综合改革，其中"三教统筹"的政策表述就是直接体现。

20 世纪 80 年代中期以来，邓小平同志提出"科教兴农"战略，党和国家积极推进农村教育综合改革，一方面"三教统筹"成为农村教育改革的重点方向，另一方面注重农科教结合，共同促进农村经济发展。例如，1992 年，《国务院关于实行农科教结合，推动农村经济发展的通知》明确指出，"培养一大批扎根于农村的科技力量，提高广大农民的素质，是科教兴农的重要环节"，开启探索农科教结合的新模式；1994 年，《中国教育改革和发展纲要》明确提出，"县、乡两级政府把教育纳入当地经济社会发展的整体规划，分级统筹管理基础教育、职业技术教育和成人教育，落实科教兴农战略"。其后的很多国家政策都不断地强调教育"统筹"的方略。

农村教育综合改革抓住了教育是社会大系统的一个子系统。它具有培养人的本体功能，也同时与社会的政治、经济、文化等相互作用，具有社会功能。在教育系统内部，包含各级教育和各类教育，每个层级与

---

① 王海棠：《农村教育改革的重新审视：三教统筹与农科教结合协调发展》，《教学与管理》2014 年第 6 期。

每类教育之间有着内在的复杂关系。因此,进行教育改革,既要综合考虑教育自身,又要从社会大系统出发,综合考虑教育与其他社会因素。通盘考虑教育的改革发展与政治、经济和文化的发展,基础教育、职业教育、成人教育的改革发展;从教育方针、教育目的、教育结构、教学内容、教育方法和教育资源等方面通盘考虑。

农村教育综合改革有别于零打碎敲、缝缝补补的其他教育改革的最大特点在于"综合"。一是它不单单是教育自身的改革,而是把教育与经济社会发展联系起来的改革,统筹制定农村经济社会和教育发展规划。统筹社会对人才数量、规格的需求与现实可能提供的条件,确定教育发展的规模、速度以及层级结构,努力形成适应农村社会经济发展的教育、培训、技术推广的网络体系。二是教育与科技、农业、农村、农民相结合,实行"农科教结合",这也是我国教育方针中的"坚持教育为社会主义现代化建设服务,为人民服务,与生产劳动和社会实践相结合"的具体体现。其中:农业和农村是阵地,发展农业和农村是目标;科技是关键,是手段;教育是基础,是保证。三是就教育系统本身而言,要对农村基础教育、职业教育和成人教育进行通盘考虑,实行"三教"统筹。其思路是:巩固和加强农村基础教育,完善提高职业教育,积极稳步发展成人教育。四是就教育改革本身而言,需要从教育指导思想、教育目的(培养目标)、教育结构、教学内容、教育方法、教育资源、教育管理体制、师资队伍建设等方面进行整体改革,以推动农村教育全面、深入的改革发展。

上升为国家政策层面的教育"统筹",为国家教育事业改革与发展提供了新的方法论,当今国家政策强调的城乡教育统筹,依然应从历史中汲取"营养"。

第二节 积累了教育"统筹"的经验

如前文所述,农村"三教统筹"由地方实践上升为国家政策,作为农村教育综合改革的主要政策工具,必然有一定的经验基础,这些经验对教育改革和发展具有借鉴意义。

一　确立"协调发展"为教育改革的方向和目标

农村教育综合改革确立的"协调发展"的方向和目标是农村教育和社会改革的重要前提。教育在社会中,教育为社会发展服务。农村社会改革中,农村教育综合改革是其重要组成部分。而且教育具有先导性和基础性,农村教育综合改革能够为农村社会改革提供经验借鉴,提供动力和智力支持。农村教育综合改革是系统的综合性工程,需要打通农村教育系统和农村社会系统之间的沟通合作通道。所以,其涉及学校和教育内部,也需要从经济和社会发展全局出发,落实教育优先发展的战略地位,从社会发展的角度来考虑教育的改革与发展,这就需要政府和社会各方面共同积极参与,促进教育与社会的协调发展。

农村教育综合改革的总体目标是教育与社会的协调发展。对教育系统来讲,就是要不断提高办学效益和教育质量。农村教育综合改革指导思想就是以"促进农村经济、社会发展"为目的,为"农村经济、社会发展培养人才"。农村教育综合改革的措施是融人才培养、科技推广和经济发展为一体,通过统筹协调,使农业、科技、教育等部门的人力、物力得到综合利用,合理配置、发挥各自优势,形成合力,取得最佳的整体效益。同时,转变教育部门单独办教育的观念,树立全社会办教育的观念;转变只抓基础教育的观念,树立"三教"统筹协调发展的观念;转变单纯升学的观念,树立主要为当地建设培养人才的观念。

长期以来,农业、农村和农民问题是我国经济发展和现代化建设的根本问题。农村教育是农村经济发展的基础,当前和今后要树立"依靠大教育、运用大科技、发展大农业"的新观念,努力推进农村教育综合改革。

"协调发展"作为教育改革的方向和目标,这是我们应该一直坚持的。

二　建立管理体制,为教育改革保驾护航

"三教统筹"、协调发展,核心是"统筹",而"统筹"的关键,是各级领导的重视及有效的管理体制。所以,各级领导对农村"三教统筹"的重视和设立专门负责机构是地方农村"三教统筹"的通行

做法。

我们看到,无论是平度县的职业教育和成人教育管理委员会,临猗县三教统筹协调委员会,还是清水县的综合教育中心,这些实体管理机构都由县党政一把手挂帅,吸收各方面主要领导组成,统一领导、指挥、协调、管理,充分显示出领导对农村"三教统筹"工作的重视和管理的权威性。

从纵向来看,县委县政府直接领导农村"三教统筹"机构(部门),农村"三教统筹"机构(部门)具体负责统筹、协调普通教育、职业教育和成人教育工作;同时,农村"三教统筹"机构(部门)要在横向上协调农业部门、科技部门、教育部门、劳动人事部门、计划财政部门等其他部门的关系,为农村"三教统筹"服务;另外,教育部门对农村"三教统筹"机构(部门)负主要责任,因为在一定程度上,农村"三教统筹"被认为是教育系统的事情。

在我国具体国情背景下,教育改革的顺利有效推进,离不开以政府为主导的强有力的管理体制的建立。

三 关照"短板",重视资源统筹

对于农村教育内部而言,农村教育综合改革就是调整三种教育的结构,打破教育内部各种教育各自为政、相互脱节的旧格局,实行农村"三教统筹",使得三种教育互相沟通、互相渗透,协调发展,培养规格与办学形式多样化的农村教育新格局。从三类教育的发展状况来看,职业教育和成人教育明显滞后于普通教育,所以在一定程度上,就要更加重视发展职业教育和成人教育。从以上各县的具体操作来看,它们都将职业教育和成人教育放在特别"关照"的地位,很多具体措施都是针对发展职成教育的。如平度县委、县政府成立职业教育和成人教育管理委员会就是明证。

我们看到,就三类教育之间,平度、临猗和清水县的农村"三教统筹"的途径和方法可以归纳为两方面:一方面是教育资源的统筹。统筹解决"三教"所需的师资、经费、校舍和其他办学设施,由政府(主要是县级政府)对教育资源进行统一调度、协调、配置和管理,使得三种教育的资源相互补充。另一方面是在办学形式上相互交叉,办学内容上相互渗透，办学方法上相互补充，形成三类教育你中有我、我中有你的有机结合。

关照"短板"，重视资源统筹的途径和方法是今天农村教育改革和全国教育改革所应该借鉴的。

第八章　城乡教育统筹：更高层次的政府教育统筹治理

在新的形势下，在新的历史阶段，我们必须跳出农村，站在视野更开阔的高度来看待农村教育及其改革。就是要克服传统的发展农村教育只在农村内部进行农村"三教统筹"的思维，将农村教育置于整个国家的视野中，运用新的理论（理念）和思维方法作为指导，从城乡关系统筹的高度来思考农村教育的改革与发展；另外，仅仅考虑农村"三教统筹"还不够，应综合考虑城乡的多教统筹问题。

第一节　政府教育统筹治理的理论

借鉴和应用"治理"和"政府治理"理论，本书提出"政府教育统筹治理"的概念，并将其作为以政府为主导的教育事业宏观改革的理论依据和思维方法。

一　政府治理理论

（一）"治理"引介

自 1989 年世界银行首次使用"治理危机"（crisis in governance）来概括当时非洲面临的可持续危机的情形以来，"治理"（governance）这个新术语开始在西方学术界流行开来，并且在英美等国以及世界学术论坛中逐渐取代公共行政中的"管理"与"统治"，成为公共事务研究领域的通用术语。① 当今社会科学界对"治理"宠爱有加，如提出的公共治理、政府治理、社会治理等，再如地方治理、大学治理、公司治理、国家治理、全球治理等。逐渐地，"治理"发展成为一种很有解释力的理论和分析框架。

关于"治理"的含义，见仁见智，没有形成一致的认识。

20世纪90年代以来，西方学者，主要是政治学家和政治社会学家，对治理作出了很多界定。治理理论的主要创始人之一罗西瑙（J. N. Rosenau）将治理定义为一系列活动领域里的管理机制，它们虽未得到正式授权，却能有效发挥作用。与统治不同，治理指的是一种由共同的目标支持的活动，这些管理获得主体未必是政府，也无须依靠国家的强制力量来实现。②

罗茨（R. Rhodes）详细列举了六种关于治理的不同用法，分别是：①作为最小国家的治理；②作为公司治理的治理；③作为新公共管理的治理；④作为"善治"的管理；⑤作为社会—控制论系统的治理；⑥作为自组织网络的治理。罗茨还概括出了治理的几个基本特征：①组织专家的相互依存。治理比政府管理范围更广，包括了非国家的行为者。改变国家的边界意味着公共的、私人的以及自愿部门之间的界限变得灵活了、模糊了；②相互交换资源以及协商共同目的的

① 关于"治理"与"管理"的区别，可以从词源学角度考察。两者都来源于拉丁语，"管理"的英文为"management"，它来源于拉丁语"manus"，意为"亲自控制"。"治理"的英文为"governance"，源于古拉丁语和希腊语的"操舵"一词，意为"引导"、"服务"、"操纵"。两者的差异在于，前者侧重在控制，后者侧重在"引导"和"服务"。对两者词源的考察，基本能够反映这两个词在今天用法上的差异。在公共事业研究领域，"管理"指取得某些结果，或取得这些结果的管理者的个人责任，而"治理"则是指有效达成目标的过程与结果。而关于"治理"（governance）和"统治"（government）的区别：从词面上看似乎差别并不大，但其实际含义有很大不同，俞可平教授认为，二者至少有两个基本的区别，"首先，治理与统治的最基本的，甚至可以说是本质性的区别就是，治理虽然需要权威，但这个权威并非一定是政府机关；而统治的权威则必定是政府。""其次，管理过程中的权力运行的向度不一样。政府统治的权力运行方向总是自上而下的，它运用政府的政治权威，通过发号施令、制定政策和实施政策，对社会公共事务实行单一向度的管理。与此不同，治理则是一个上下互动的管理过程，它主要通过合作、协商、伙伴关系、确立认同和共同的目标等方式实施对公共事务的管理。"参见俞可平《治理与善治》，社会科学文献出版社2000年版，第5—6页。

② 参见俞可平《治理与善治》，社会科学文献出版社2000年版，第2页。

需要导致的网络成员之间的持续互动；③游戏式的互动以信任为基础，由网络参与者协商和同意的游戏规则来调节；④保持相当程度的相对于国家的自主性。网络不对国家负责，它们是自组织的。尽管国家没有专门的最高权力，但是它能够间接地并且在一定程度上调控网络。①

研究治理理论的另一位权威格里·斯托克（Gerry Stoker）对当下流行的各种治理概念作了梳理，并指出，到目前为止各国学者们对作为一种理论的治理已经提出了五种主要的观点，分别是：①治理指出自政府，但又不限于政府的一套社会公共机构和行为者；②治理明确指出在为社会和经济问题寻求解答的过程中存在的界限和责任方面的模糊之点；③治理明确肯定涉及集体行为的各个社会公共机构之间存在的权力依赖；④治理指行为者网络的自主自治；⑤治理认定，办好事情的能力并不在于政府的权力，不在于政府下命令或运用其权威。政府可以动用新的工具和技术来控制和指引；而政府的能力和责任均在于此。②

另外，一些著名的国际组织对"治理"的概念从不同的角度作出了界定。③ 其中，全球治理委员会的界定具有很大的代表性和权威性：治理是各种公共的或私人的个人和机构管理其共同事务的诸多方式的总和。它是使相互冲突的或不同的利益得以调和并且采取联合行动的持续的过程。这既包括有权迫使人们服从的正式制度和

---

① ［美］罗伯特·罗茨：《新的治理》，木易编译，载俞可平《治理与善治》，社会科学文献出版社2000年版，第87—106页。

② ［美］格里·斯托克：《作为理论的治理：五个论点》，华夏风译，载俞可平《治理与善治》，社会科学文献出版社2000年版，第31—49页。

③ 例如，世界银行将"治理"界定为，"治理是通过建立一套被接受为合法权威的规则而对公共事务公正而透明的管理"，是"为发展而在管理一个国家的经济和社会资源方面的权力"。欧洲联盟在《欧洲治理白皮书》中认为，治理是"影响到欧洲的权力的行使，特别是从开放、参与、责任、效率与和谐的观点出发的规则、程序和行为"。法国人类进步基金会则认为，"治理是公民利益间关系以及地方、国家和全球等各不同层次间关系在公共空间中的组织艺术；是具有意义、兼顾各种社会复杂性并有利于对话和集体行动的游戏规则的创造艺术"。参见王晓辉《关于教育治理的理论构思》，《北京师范大学学报》（社会科学版）2007年第4期。

规则，也包括各种人们同意或以为符合其利益的非正式的制度安排。它有四个特征：①治理不是一整套规则，也不是一种活动，而是一个过程；②治理过程的基础不是控制，而是协调；③治理既涉及公共部门，也包括私人部门；④治理不是一种正式的制度，而是持续的互动。①

我国学界大概是在 20 世纪 90 年代中后期才开始关注"治理"理念的。最有影响力的是俞可平教授，他认为，"治理的基本含义是指在一个既定的范围内运用权威维持秩序，满足公众的需要。治理的目的是在各种不同的制度关系中运用权力去引导、控制和规范公民的各种活动，以最大限度地增进公共利益。进一步从政治学的角度看，治理则是指政治管理的过程，它包括政治权威的规范基础、处理政治事务的方式和对公共资源的管理。它特别地关注在一个限定的领域内维持社会秩序所需要的政治权威的作用和对行政权力的运用"②。俞可平侧重于从公民社会的视角关注治理问题。再有毛寿龙教授，其研究主要从政府管理的角度关注治理理论，关注政府自身的运作机制问题。还有陈振明教授，从"网络管理"角度关注治理理论。另外，徐勇教授运用该理论作为研究乡村社会及村民自治的分析框架，提出"村治"、"乡村治理"等概念来研究乡村治理结构问题。③

通过对治理概念的考察，可以将治理理论的核心理念总结如下：

（1）主张为公共利益而建立体现法治和责任的公共服务体系，政府、市场与公民社会对公共生活进行平等协商、合作管理，达成公共利益最大化的社会管理过程——善治（good governance）。作为治理追求目标的"善治"至少应该具备六个基本要素："合法性、透明性、责任性、法治、回应、有效"④。针对国家至上、政府统治的传统理念，治理理论倡导国家权力向社会转移，这就需要一个健全和发达的

① 参见俞可平《治理与善治》，社会科学文献出版社 2000 年版，第 4—5 页。
② 俞可平：《治理与善治》，社会科学文献出版社 2000 年版，第 5 页。
③ 徐勇：《Governance：治理的阐释》，《政治学研究》1997 年第 1 期。
④ 详见俞可平《治理与善治》，社会科学文献出版社 2000 年版，第 8 页。

公民社会。①

（2）要求社会系统要素之间的平等协调、对话和互动，追求广泛的共识和参与。在治理中，权力取代武器和暴力，表现为激励或说服，治理、拒绝等级观念，允许不同身份的个人或团体平等地参与政治决策。与统治的权威主要源于政府的法规命令不同，治理的权威主要源于公民的认同和共识，所以，公民不仅是公共服务的接受者，还是公共服务的合伙人、参与者、监督者甚至设计者、提供者。

（3）强调社会管理过程中权力运行向度的变化。治理是一个上下互动的管理过程，它主要通过合作、协商、确立认同的目标等方式实施对公共事务的管理。治理的实质在于建立在市场原则、公共利益和认同之上的合作。政府不再是国家唯一的权力中心，各种公共的和私人的机构只要其行使的权力得到了公众的认可，就都可能在各个层面上成为权力的中心。治理理论所倡导的分权不仅仅是对权力过分集中的改变，而且是试图在国家发展上促进有效的大众参与，以改进政府的服务质量和扩大基层民主。

（二）政府治理理论

通过许多国家在政治、行政和社会公共管理等方面改革的实践，治理理论不仅拥有较为完善的理论框架和逻辑体系，还形成了一套评估社会发展和管理优劣的价值标准。"更少的统治，更多的治理"（less government，more governance）已成为当前一些国家政府管理改革和发展的口号。

从治理含义来看，政府都是治理的最重要的主体。因为政府治理

---

① 公民社会是国家或政府之外的所有民间组织或民间关系的总和，其组成要素是各种非国家或非政府所属的公民组织，包括非政府组织（NGO）、公民的志愿性社团、协会、社区组织、利益团体等。公民社会组织（Civil Society Organizations，CSOs）具有三个显著的特点：非官方性、独立性、自愿性。哈贝马斯（J. Habermas）用"公共领域、经济、国家"，柯亨（J. L. Cohen）和阿雷托（A. Arato）用"公民社会、经济、国家"，塞拉蒙（L. Salamon）用"非营利部门—营利部门—政府部门"来描述西方社会基本结构的变迁。其中，"非营利部门"（nonprofit sector）又被称为与政府和企业相区别的"第三部门"（third sector）或公民社会。哈贝马斯曾指出，"公共领域"具有独特的运作逻辑，在公共领域中，人们进行"社会整合"，人们在自发的社会关系中进行民主的社会结合，"社会整合"依靠人们在社会交往中的相互理解——"交往理性"来维持。［德］哈贝马斯：《公共领域的结构转型》，曹卫东译，学林出版社1999年版，第21页。

"意味着对人们行使属于社会的权力。政府代表社会施政，从社会获取权力或力量以促使全体参加社会联盟的成员履行自己的社会义务并使他们服从法律，因为法律是公民意志的表现。同样，政府治理也意味着治理者（政府及其公职人员）切实履行社会契约规定的条件。从实质意义上讲，一个政府只有其在能够保障社会利益，促进实现社会意志所提出的目的，即真正履行其责任时才是合乎理性、道理的，才是合法的"①。所以说，政府治理的基本目标就是为全体公民谋求最大限度的福利，使整个社会的运作成本最小化，运作机制最优化。

政府治理涉及两个问题：一是决策，即治理什么；二是保证决策被执行。

政府治理模式是政府在治理过程中所表现出来的基本行为特征，它是政府治理理念、治理制度和具体的治理方式的总称。它们都处于动态的发展过程中。自近代工业革命时期民族国家产生以来，从宏观上划分，政府治理模式变迁可分为两大类型，即传统的政府治理模式和新的政府治理模式。传统的政府治理模式变迁的过程也就是新的政府治理模式生长的过程，简言之，也就是当今政府改革和探索的过程。② 新的政府治理模式③认为，首先，政府并不是国家唯一的权力中心，各种机构（包括社会的和私人的）只要得到公众的认可，就可以成为社会的权力中心。其次，在强调国家与社会、政府与市场的合作过程中，新的政府治理模式模糊了公私机构之间的界限和责任，不再坚持政府职能的专属性和排他性，而是强调国家与社会组织间的相互信赖关系。最后，强调管理对象的参与性，希望在管理系统内形成一个自组织网络，加强系统

---

① 张成福：《责任政府论》，《公共行政》2000年第4期。
② 唐娟：《政府治理模式变迁：理论范式和实践绩效》，《行政与法》2004年第10期。
③ 相对于传统的政府统治模式，传统的政府治理模式包括统治型政府治理模式和管理型政府治理模式。一般认为，新的政府治理模式是针对传统治理模式的弊端而提出来的。"在传统政府治理模式中，政府是公共权力的唯一中心，是公共物品的唯一提供者，在对公共事务的管理和处理方面，政府拥有决策权，同时承担最终的责任。虽然政府可以采用不同的行为方式，但这些行为的实质性效力取决于政府强制力的存在。政府的活动过程就是权力的运用过程。"陆道平：《当代政府治理：模式与过程》，《西北大学学报》（哲学社会科学版）2006年第6期。

内部的组织性和自主性。①

可见，政府治理的特征主要包括：政府角色由控制转变为综合协调；治理以多元主体的共治为核心；强调上下互动。在新的政府治理模式下，不是削弱了政府的职能，而是其职能更加灵活，对政府提出了更高的要求，政府自身需不断改革，提升治理能力。

（三）本书对政府治理理论的借鉴与使用

1. 本土化的问题

治理是一个"舶来品"，对于中国而言，要将其"中国化"后加以借鉴利用。就已有研究来看，国内外学者对治理概念的理解与使用具有很大的不同。国外学者在政府是与市场、社会并行的主体的语境下，仅使用治理一词，政府治理只是指很狭义的政府内部的治理；而国内学者通常强调的是政府治理，这是一个与我国"大政府—小社会"的国情相适应的概念，自然对应政府治理这一主体便有了相应的客体（如社会公共事务）。② 另外，从研究层次来看，国外学者依托于国外的民主政治体制，在宏观层面上研究政府、市场、社会的横向关系以及政治层面的公共选择问题，在微观层面研究政府本身，横向结构、纵向结构，并以此为切入点研究治理的模式、结构。国内学者普遍认为，政府治理要以政府为主导，通过"治理"来配置公共资源、协调公共组织，最终达到治理或善治（而不是统治或管理）的目的。这些不同是由相异的社会环境和相异的社会制度变迁过程所决定的。

不过可以肯定的是，虽然治理是西方学者应对其自身问题提出的理论框架，但对于我们依然具有借鉴意义。只是需要注意的是，在借鉴的过程中要充分观照我国的具体情况，做好本土化的工作。"对待现阶段的中国问题，以政府为主要力量来治理社会的政治社会学视角是更为实际和更加富有解释力的。"③ 本书在对西方"治理"理论借鉴吸收的同

---

① 胡仙芝：《治理理论与行政改革》，《中国行政管理》2001 年第 1 期。

② 详见杨冠琼《政府治理体系创新》，经济管理出版社 2000 年版，第 1—7 页；张国庆：《行政管理学概论》，北京大学出版社 2000 年版，第 3—26 页；张立荣：《当代中国政府治理范式的变迁机理与革新进路》，《华中师范大学学报》（人文社会科学版）2007 年第 2 期。

③ 包国宪、郎玫：《治理、政府治理概念的演变与发展》，《兰州大学学报》（社会科学版）2009 年第 2 期。

时，更加注重对其"中国化"的改造变通运用。

国内不少学者认为，鉴于我国国情、政体的现实，我国要经历一个逐步实现政府主导型治理的长期历史过程。国内学者普遍认同处于全球化、信息化、市场化、城市化以及工业化环境中的中国政府治理模式应转向公共服务型的政府治理模式，当前，建设行为规范、运转协调、公正透明、廉洁高效的行政管理体制，是当代中国政府体制改革的目标。要实现这一目标，就必须在理念、体制与机制三个方面对政府体制改革的内容进行全面的规划，构建公开透明的公共服务型政府治理模式就成为必然选择。①

治理理论为教育治理提供了一个有力的理论依据，将治理理论引入政府教育治理领域，将其作为我国教育改革的理论支撑不仅具有适切性，更具有重大理论和现实意义。遗憾的是，目前这方面的学术研究还相当薄弱，而在仅有的研究中，对高等教育治理的探讨占了绝大多数。正因如此，于笔者而言，将政府治理理论作为本研究的理论依据（基础），没有现成样板可供效仿，只能鼓足勇气"摸着石头过河"。

2. 政府治理理论的适切性

首先，从经验上来看，政府是最重要的、基础性的治理主体。人类处理公共事务的主体结构至少包括以下三类实体性元素：作为国家权力载体的政府；追求私人利益的个体；由个体联合而成的民间组织。而在这些元素之中，政府是最重要的、基础性的，其他元素的治理行为往往是政府治理的延伸或补充。而且，政府以"垄断合法暴力"为后盾，其基本地位、角色和作用都是其他元素不能够也不可能代替的。所以，政府是迄今人类所创造的最重要、最有力的制度安排。从理论上来看，按照契约论的观点，政府存在的理由就是致力于服务公众，解决公共问题、实现社会公共利益的最大化，此乃政府存在的合法性的基础。故此，本书将政府作为密切关注的对象。

其次，从现实层面来看，我国的公民社会发育不足，政府必然成为公共事务的最重要的治理主体。"公民社会是善治的现实基础，没有一

---

① 程毅：《从单一垄断到多元互动：政府治理模式嬗变的多维视角》，《浙江学刊》2009年第3期。

个健全和发达的公民社会，就不可能有真正的善治。"① 我国目前基本仍处于传统的政府管理模式之中，"全能政府"的痕迹依然明显，计划体制的强大惯性还会以各种形式公开或隐蔽地发挥作用。另外，目前我国公民社会的发育等还需要强势政府提供良好的制度环境和现实土壤，这需要政府更高的治理能力和智慧。鉴于当前的实际，我国未来政府治理范式应表现出"政府主导—官民协同"的多中心治理的特质。

再次，教育属于准公共物品，政府是其主要供给主体和责任承担主体。公共事务主要体现在公共物品或公共服务的供给上，近年来全球性的政府改革的核心是变革公共物品或公共服务的供给结构和方式。在现代尤其是当代国家—社会关系形态下，政府的作用是最为重要的，不但体现为政府是公共物品和公共服务供给的最主要的主体，而且体现为政府是公共物品和公共服务在历经一系列过程最终到达公民手中的全程保障、监管的最主要的责任主体，另外也体现在其他社会主体进入公共事务领域时，政府必须对其进行资格审查、授权、监管。

最后，现有的城乡教育差距、不均衡和不公平，主要囿于政府城乡二元制度安排和政策设计，"解铃还须系铃人"，政府必须成为城乡教育统筹治理的最主要责任主体。②

3. 本书的政府教育治理

借鉴治理理论和政府治理的已有研究，本书中的政府教育治理是指政府为了实现一定的教育事业发展目标，通过各种正式和非正式的制度安排，营造行使教育权力、制定和执行公共教育政策所依赖的良好制度环境和运行机制，以实现对教育事业的有效管理、整合和协调的持续的互动过程。

政府教育治理强调政府主导、教育系统内外部的充分平等有效参与协商、良性互动的过程，强调尊重教育主体的多元化，保证所有儿童和公民受教育的权利，促进教育的健康、协调、可持续发展，达到教育善治的目标。其中，学习者和其家长作为教育服务的消费者，因而有权选择和获得满意的教育服务。这样，学习者或其家长有权根据自己的需要

---

① 俞可平：《治理与善治》，社会科学文献出版社 2000 年版，第 11 页。
② 周晔：《城乡教育统筹治理：概念与理论架构》，《教育研究》2014 年第 8 期。

和满意度来选择某类学校、某类教育内容，甚至选择某位教师。在这种新型的关系之中，学习者或其家长成为真正的教育治理主体。反之，政府、学校和教师作为教育服务贸易的提供者，有义务按照国家的教育标准和自己对学习者的承诺，来提供合格的教育服务。① 因此，学习者或其家长有权利对购买的服务的质量进行质询和监督，在公共教育治理过程中发挥主人翁的精神而积极参与教育的公共治理。

对于政府自身来说，在治理理念的指导下，要转变职能，成为教育服务型政府，必须从大包大揽的单向度教育管理转向政府、社会与公众等多元主体对教育的共同治理，从教育管理走向教育治理。同时，政府在教育治理中要确立以人为本和更加关注教育公平的价值理念。这就意味着，要克服（或减轻）教育政策在运行中的过度张力，减少内耗。

二　政府教育统筹治理

在以上讨论的基础上，针对中国教育治理未来的态势及治理分类细化的趋势，笔者在此提出"政府教育统筹治理"的概念②，用来描述和预测中国政府教育治理的形态，这一概念的提出有助于弥补政府教育治理中战略理念的不足。

从表层意思来看，"统筹"（plan as a whole），即统一筹划，但"从深层含义来看，它包括了五个步骤的过程：统一筹测（预测）、统一筹划（计划）、统筹安排（实施）、统一运筹（指挥）、统筹兼顾（掌控）。'统筹'的重点在于'统'，即整体性、全局观"③；而"治理"则是指多个主体参与的协商互动的过程④。由于统筹与治理存在概念内涵特质上的一致性，且相互间存在内在的逻辑需求，所以"统筹治理"概念是成立的。本书的教育统筹治理，是指为了实现一定的教

---

① 劳凯声：《面临挑战的教育公益性》，《教育研究》2003 年第 2 期。

② 当然，这一概念的提出也受到了李瑞昌提出的"统筹治理"的概念的启发（参见李瑞昌《统筹治理：国家战略和政府治理形态的契合》，《学术月刊》2009 年第 6 期，第 16—22 页），也可以说，"政府教育统筹治理"是在教育领域的政府统筹治理。

③ 李瑞昌：《统筹治理：国家战略和政府治理形态的契合》，《学术月刊》2009 年第 6 期。

④ ［法］皮埃尔·卡蓝默：《破碎的民主：试论治理的革命》，高凌瀚译，生活·读书·新知三联书店 2005 年版，第 5 页。

育事业发展目标，以政府为主要主体，通过各种正式和非正式的制度安排，营造行使教育权力、制定和执行公共教育政策所依赖的良好制度环境和运行机制，以实现对教育事业的有效管理、整合和协调的持续的互动过程。① 因此，可以将"政府教育统筹治理"界定为以政府为最主要教育治理主体，通过统一的谋划促使各相关行动者共同完成教育和谐发展任务的运作过程。

其中，"统筹"的功能在于整合。随着国家与社会发展总体战略部署引领功能逐渐明晰，如何优化手段配合使用、实现教育事业的总体目标是教育统筹的根本任务，统筹的目标是教育的协调、和谐发展。于是，"统筹"不再是战略部署，而是作为一种实现总体战略部署的工作思维和方法。统筹作为实现总体战略目标的根本方法，并不在于统筹内容的数量变化，而在于统筹意旨发生根本性变化。统筹思想已经不仅表现为将"教育发展的分目标"有机整合在一起，而是要恰当、协调地使用"市场、行政、法律"等手段完成教育事业发展的总体目标。但是，"统筹"解决不了各主体（包括政府、市场、公民社会组织、个体）的动力问题。要解决统筹中的动力问题，就需要引入"治理"理念，借助于治理过程中多元主体的力量，并激励治理活动中各参与者贡献自己的智慧，从而推动大家共同行动，解决教育事业发展中的复杂问题。"治理"概念和理念的引入，不仅可以解决参与者多样性和行动的一致性问题，而且也创新了实现治理的机制。

政府教育统筹治理是以政府为主，通过教育战略规划和管理将教育治理参与者、治理的目标和手段有机联结起来，从而寻求与国家教育发展战略任务相适应的政府教育治理形态。任何政府治理形态都是对社会现实和未来要求的回应，因此统筹治理作为一种政府治理形态，是适应于中国现存多种社会形态、多样文明并存的现实以及国家未来发展战略的可行方式。政府教育统筹治理不是彻底消除现存的以专业化和功能分化为特征的政府教育组织设计的科层制模式，也并不是要消灭市场机制在教育部门中的运用，而是运用信息技术和现代知识，在跨部门管理领域不断弱化分化功能，更娴熟地运用包括市场、科层、网络等在内的各

① 周晔：《城乡教育统筹治理：概念与理论架构》，《教育研究》2014 年第 8 期。

类协调机制，实行跨域教育治理。

在本质上，"政府教育统筹治理"是一种以政府为主的对待教育事业管理的思维和工作方法。它强调以下方面：

（1）政府教育统筹治理以问题为中心作为思考起点。在局部管理时期，政府对教育事业的管理是以部门功能作为管理的逻辑起点。而事实上，教育事业的问题是跨部门、跨领域的，难以有效结构化，只有各部门通力协作、相互配合，各主体价值取向一致，形成"合力"，才能得到有效解决。因此，就需要统筹治理。教育是"事关群众利益的突出问题"，即公民关心却又无法在单个部门结构中解决的问题，所以，对于教育事业的问题，既要通过全局统筹规划、形成整体性解决方案，又要着力推进、重点突破。

（2）政府教育统筹治理机制主要有协调和整合。政府教育统筹治理的核心机制是协调和整合。"协调"是一种常见的教育行政手段，即通过激励和诱导多个任务组织、部门、单位、专业机构等朝向一个共同方向行动或至少不要侵蚀彼此的工作基层；"整合"包括组织整合和政策整合，即借助激励、文化和权威机构将各类教育组织和教育政策结合起来，跨越组织间的界限，以应对教育非结构化的重大问题。从教育协同管理走向教育统筹管理是政府组织文化的一次变迁，要让政府中涉及教育的每个部门、每个成员逐步从"我们能在一起做什么"转向"我能为组织做什么"，以及"我们如何用最优方法让公民满意"的服务性理念，这也标志着建设教育服务型政府将成为未来政府最重要的取向。

（3）政府教育统筹治理贯穿着整体主义思维。整体主义思维方式就是总揽全局、解决牵动全局的主要问题，善于运用矛盾分析方法，始终抓住主要矛盾和矛盾主要方面；同时，又不忽视其他矛盾和问题以及环境的制约，用一种系统思维化解矛盾、解决问题。而对于教育事业的问题则必须借助于整体主义方法，从主体间关系角度思考消除教育发展困境的突破口、长效机制与方法。

第二节 农村教育的重新定位

目前，我国的农村正处在由农业文明向工业文明转型的过程中。转型的最突出表现就是工业化和城镇化。转型不仅带来农村经济体制、经营方式的变革，也深刻影响着农村社会的文化、习俗、制度、思想等各个方面，这在客观上对农村教育的发展提出了新的要求，也要求政府改革农村教育的理念发生革新，对农村教育进行重新认识与定位。

一 传统农村教育定位的问题

如前文所述，改革开放以来，在我国传统教育方针的指导下，国家层面反复强调"要把农村教育的办学方向由主要为升学服务转到主要为当地经济和社会发展服务上来"，其实质是，将农村教育定位为为农村发展服务，为农村培养人才的教育。进而要求农村教育采取乡土化发展模式，教育目标为为本土社会经济服务，课程也按本土经济和发展的需要来设置，采用乡土教材，教授农村需要的实用技术和技能。这种对农村教育的定位，在新的社会急剧变革的历史时期暴露出了诸多弊端，除了前文已经提到的，还表现在以下方面。

（一）不适应城镇化社会转型的需要

城镇化是不可逆转的人类历史发展的必然趋势，当前，实施城镇化是我国的国家发展战略，是我国从传统农业社会向现代工业社会发展的必然路径选择，也是最终解决我国"三农"问题和实现城乡一体化发展的关键。教育作为社会的一个子系统，农村教育又是整个国家教育主要组成部分，农村教育在城镇化背景下不得不重新定位。查阅改革开放以来我国的政策文献，不难发现，对于农村教育，国家政策反复强调"要把农村教育的办学方向由主要为升学服务转到主要为当地经济和社会发展服务上来"，将农村教育定位为为农村发展服务，为农村经济、社会培养人才。国家政策对农村教育的定位必然要求农村教育采取有别于城镇化发展模式的乡土化发展模式；农村学校课程要按农村经济和社会发展的需要来设置；采用乡土教材；给农村学生教授适应农村经济和社会需要的实用技能，即使在基础教育阶段，也要渗透农村职业教育内容；农村学校教学要联系农村实际，师资走专兼职结合的道路，吸收当地行家里手参与教学；很多农村学校有试验田和校办工厂，学生可以边学习边劳作，学以致用。

在教育学界，关于农村教育的定位，则主要表现为附和和解释国家政策的现象。典型的如"农村教育应该针对农村学生建立以农为本的现代农民教育体系"、"农村教育应立足于农村，服务于农村经济和当地社会发展"等观点，甚至针对农村义务教育，有学者指出，"在农村义务教育阶段，进行不同职业技术与技能渗透供学生选择，使之学以致用，能为日后就业、从事农业打基础"。为农村服务，为农村经济、社会培养人才，成为教育学界对农村教育定位的强势话语，占据了主流地位。国家政策和教育学界对农村教育定位"强强联合"的态势挤压了人们对农村教育定位进行理性思考的氛围。①

我国城镇化社会转型既意味着广大农村地区民众的生产和生活方式向城市型转化，也意味着大量乡村人口向城市人口的转化，更意味着整个国民素质的普遍提高。在当前的特殊历史转型期中，如果农村教育目标还仅仅定位为"为当地经济服务"、"为农村培养人才"，显然是不合时宜的，是短视的。对此，正如有的学者所提出的："改革开放使任何'当地经济'都与区域经济、全面经济乃至国际市场相连；8000 万农村剩余劳动力异地打工，何处是'当地'？"② 另外，农村教育为什么就不能为城市培养人才？为什么非得强调农村教育的"为农"性？这是城乡二元割裂思维在教育上最典型的反映，在这种思维的"指导下"，我国的教育在国家方针政策层面就出现了"一国两制"，即两种模式：城市化教育模式和乡土化教育模式。

当然，应该明确，在一定程度上农村教育应该培养安于农村、安于农业的人才，然而，"由于农村本身处于现代化变革过程中，这决定着农村教育又不能将培养目标只是如此简单确定，尤其是不能仅仅确定为培养安于传统农村与传统农业的人才上"③。应该说，在"建设社会主义新农村"的国家大政方针精神的指引下，在大力提倡扶持农村教育的同时，我们不能再把农民子弟局限于农村，必须避免两种不同的教育

---

① 周晔：《城镇化背景下的农村教育新探》，《河北师范大学学报》（教育科学版）2013年第7期。

② 陈敬朴：《中国农村教育观的变革》，《东北师大学报》（哲学社会科学版）2001年第4期。

③ 张乐天：《重新解读农村教育》，《教育发展研究》2003年第11期。

模式。① "为农村培养人才"，强调农村教育 "为当地经济建设服务" 只是农村教育的培养目标之一。鉴于此，更有学者明确提出要加强对农村居民的 "离农教育"，"对农村居民进行'离农教育'，曾是某些教育领导者禁用的词语。随着城镇化的发展，大量农民脱离农业生产，从农村走向城镇或城市，由农民变为市民或城镇居民，这不是'离农'又是什么呢！"② "倘若硬要农村陷入自我封闭和自我循环的体系中，那么农村的崩溃和断裂是不可避免的……在全球化进程中农村日趋边缘化的困境中，我们不能苦守乡土教育而漠视农村城市化的大趋势。"③

（二）可能导致低社会地位的再生产

我国教育政策多年来一直笼而统之地强调农村教育 "为农"，尽管近年来在政策文本中将农村教育的培养目标从 "农民" 变为 "新型农民" 是一种进步。但是一方面，从现实来看，农村教育的主角仍然是基础教育，基础教育是基本的国民素质教育，在这一点上，农村与城市不应有任何区别。另一方面，"新型农民" 仍没有突破农民身份阶层意识，在一定意义上它又一次强制性地定格了农民的身份。其实，教育政策对农村教育培养目标的规定和强调预设的前提是 "农村教育培养的人才应该留在农村而不是流向城市"（尽管我们不愿意公开这么讲），这一前提就是城乡二元割裂思维的反映，这一前提有违教育的本真使命，即给人提供公平竞争、向上流动的机会，帮助弱势者摆脱他出身的那个群体的局限，显著地改善人的生存状态，减少社会性的不公平。这一前提的结果是可能导致农村孩子低社会地位的再生产。

城市文化无疑是现代中国社会的强势主流文化，如果农村教育只追求本土化，只追求 "守土性"，而不主动涉及城市生活和城市文化，那么农村孩子就进入不了主流社会，其结果可能是低社会地位的再生产。关于这一点，农村学校和农民及其子女似乎有着清醒的认识，他们是站在 "同一条战线上" 的，即农村学校实际努力追求的就是 "升学率"，

---

① 张晓霞：《农村基础教育改革质疑》，《云南师范大学学报》2007 年第 2 期。

② 李少元：《城镇化的挑战与农村教育决策的应对》，《东北师大学报》（哲学社会科学版）2003 年第 1 期。

③ 张济洲、孙天华：《论农村教育目标定位的困境与出路》，《天津市教科院学报》2006 年第 1 期。

即使是农村职业学校。当某教育课题组本着"面向农村，为农村经济、社会发展服务"的宗旨，去某地农村"为'三农'服务"时，却遭到了拒绝，当地学校领导对于课题组如何使农村学生发家致富不感兴趣，他们反反复复地强调："在我们这里，农民的孩子也要上大学，学校就是要想方设法保证和提高升学率。"① 这与笔者多次在农村学校的调研和感触是毫无二致的。

这一点也被国外一些很著名的研究所证实。例如，美国学者戴尔皮特（Delpit）对美国黑人教育所做的研究发现，白人中产阶级教师一般认为教育应该照顾到黑人自己的文化，但黑人的父母则说："我的孩子知道怎样做一个黑人——你要教他们如何在白人世界中变得成功。"故此，Delpit 说："我认为必须教学生那些充分参与美国主流社会生活所必需的符号，不要被强迫参加虚假的、无意义的、脱离文化背景的次要技能，而要位于有意义的交流的努力之中；他们必须被允许拥有教师所教的专门知识，同时也要帮助他们承认自己的专门才能；当帮助学生学习权力文化时，也必须告知他们这些符号的武断性及其所代表的权力关系。"② 再如，威利斯（Willis）以英国工人阶级小青年为对象，对工人阶级集中的学校的反学校文化现象进行了研究，得出了值得重视的结论：工人阶级子女对资产阶级主流文化的抵制、对车间文化的追求、对脑力劳动的鄙视、对所谓自由的追求，仅仅有助于证实其较低的社会阶层地位。③

（三）教育的本体功能价值式微

教育，除了具有促进社会政治经济发展的工具功能价值以外，还有促进人自身和谐发展的本体功能价值。而回顾我国农村教育的变革历程，综观农村教育已有的政策，可以发现，"在过去一个相当长的时期

---

① 张晓霞：《农村基础教育改革质疑》，《云南师范大学学报》2007 年第 2 期。

② Delpit, Lisa D, The Silenced Dialogue: *Power and Pedagogy in Educating Other People's Children*, in Halsey, A. H. Hugh Lauder, Phillip Brown, and Amy Stuart Wells（ed.）. *Education: Culture, Economy and Society.* Oxford and New York: Oxford University Press, 1997, p. 593.

③ ［英］戴维·布莱克莱吉：《当代教育社会学流》，王波译，春秋出版社1989年版，第201—205 页。

里，农村教育仅仅是经济与社会发展的因变量而非自变量。"① 农村教育的"工具性"与"功利性"一直是政府强调的重点，而其本体功能的实现却被无情地有意或无意地置于次要地位，甚至被忽略。正如有学者指出的，当农村"教育和学校在履行越来越多的社会责任的同时，教育和学校最为基本的职能——促进人作为独立个体的成长和发展——却被遗忘了或消失了"②。教育的工具性、功利性价值在农村教育中彰显张扬的同时，个人发展的价值功能则体现得微乎其微，农民及其子女自身对教育的需求与期许被所谓的"公共"意志所取代。

二　城镇化③要求克服城乡教育的二元割裂思维

新世纪伊始，党的十五届五中全会通过了《中共中央关于制订国民经济和社会发展第十个五年计划的建议》。该建议指出："随着农业生产力水平的提高和工业化进程的加快，我国推进城镇化条件已逐渐成熟，要不失时机地实施城镇化战略。"城镇化是人类生产和生活的方式由乡村型向城市型转化的历史过程，表现为乡村人口向城市人口转化及城市不断发展完善的过程。城镇化不仅构筑了农村工业化的基石，而且铺就了农村现代化的道路。农村工业化、城镇化是不可逆转的时代潮流和发展趋势，是我国从传统农业社会向现代工业社会发展的必然过程，也是最终解决"三农"问题，实现城乡一体化的关键。

农村教育改革必须为农村城镇化、农业现代化和农民转移城市服务，农村教育应着眼于培养全面建设小康社会的现代化公民，而不应是"农民"。④ "为农"教育倡导者指责现行教育培养出来的农村学生"种

---

① 陈敬朴：《彻底的农村教育改革将是农村的二次革命》，《国家教育行政学院学报》2004 年第 3 期。

② 张斌贤：《教育历史：本性迷失的过程》，《清华大学教育研究》2003 年第 4 期。

③ 所谓城镇化，在我国"城市规划基本术语标准"中与城市化、都市化是同一概念，是指"人类生产和生活方式由乡村型向城市型转化的历史过程，表现为乡村人口向城市人口转化及城市不断发展完善的过程"。但是，笔者认为，在我国现阶段，这一过程主要表现为乡村人口向小城镇和中心城镇的转移，其次才是向城市的转移和城市自身的发展完善，故此称之为"城镇化"在语意上更为贴切。

④ 笔者在这里要强调的是：一是"农民"是从事农业生产的人；二是在中国，"农民"是处于社会底层地位的身份的代名词。

田不如老子、喂猪不如嫂子"。这里应该反问一句：难道他们注定只能"种田"、"喂猪"吗？如果说20世纪二三十年代陶行知先生开出的拯救乡村教育凋敝的"药方""就是建设适合乡村实际生活的活教育"，具有特定政治背景和时代意义，那么在21世纪，我们仍要农村学生像"老子"、"嫂子"一样种田、喂鸡，实际是忽视乡村工业化、城市化发展趋势的不识时务的表现。

在对待城乡教育关系上，在城乡教育设计上，我们现在必须破除城乡二元割裂的思维模式，坚持城乡统筹发展，缩小城乡教育差距。城市教育与农村教育这种称呼本身就是不合理的经济社会二元体制的反映，其暗含了或强化了"城市——文明、进步；农村——传统、落后"的二元结构。其实，许多国家并没有像我们国家这样的"农民"和"市民"的称呼及相应的户籍制度，而是统一的国民或公民（citizen）称呼。我国现代化建设的重要目标之一就是要打破不合理的城乡二元的经济、社会结构。相应地，农村教育也必须纳入到统一的国民教育之中，着眼于整个国民素质的提高。

如果将城乡教育分开，从制度上安排两种不同的标准、质量和功能的教育，那么农村教育面向农村、培养农村所需要的人才；城市教育面向城市、服务城市。实际上，这种教育上的"双轨制"只会钳制农村孩子进入城市主流文化，是一种不公正的制度安排，加剧了城乡的分割与对立，不利于建设社会主义和谐社会。[①] 在我国城乡二元结构依然存在并仍发挥着重要作用的现实面前，把农村教育的目标定位于服务农村，只会继续加剧城乡二元对立，不利于社会稳定，也只会使农民处于更加不利的社会地位。

从某种程度上讲，农村教育改革在相当长一段历史时期内仅仅是修修补补，并没有实质性的突破，进入了社会学家所言的一种"内卷化"情境中，改革的法规、文件出台的数量不少，但成效不尽如人意，教育决策的"内卷化"作为农村教育发展的机理始终存在。农村"三教统筹"政策就是城乡二元割裂思维的产物，就农村论农村，把农村教育

---

① 张济洲：《农村教育不能永远姓"农"——论城乡教育关系的现实定位》，《教育学术月刊》2008年第11期。

封闭起来，与城市教育割裂开来，是农村教育"内卷化"的措施性政策。克服教育上的城乡二元割裂的思维，无疑是一场思想认识上的革命。

三　农村教育的重新理解与定位

在席卷全球的城市化浪潮下，农村向何处去，农村如何定位，是关系到人类社会可持续发展的重大问题。无疑，我们不能消灭农村，只能考虑农村的转型，而这种转型不仅是物的转型，更重要的是人的发展。农村是一个历史动态的概念，对 21 世纪的发展中国家来说，不能用几十年前的农村概念来解释当下的农村状态，需要对"农村"概念进行新的社会构建，而这种新的"农村"概念建构将为我们理解农村教育及其定位提供新的视角。

2010 年"新兴经济体农村转型的新德里宣言"对农村概念做了如下阐释：农村不再是农业或粮食生产的同义语。农村包括许多小城镇、中等城市，农村人口也不再仅指农民。必须立即以反映国家和国际层面相互间联系的以地理位置为基础的地域概念替代反映过去需求的农业化的农村概念。农村发展不能够被笼罩在城市发展的阴影下面，相反农村发展呼吁深思熟虑地投资于促进农村经济增长的农村社会和经济的基础设施上。可以看出，这是一种在历史动态视角下的对农村概念的阐释，相对于传统农村而言，是扩大了的农村；这是一种在城乡一体化视野中的对农村概念的阐释，其强调农村样态的多样性、农村人口构成的多样化以及农村发展需求的多样化。

与农村教育的传统概念及其定位相比，当今的农村教育及其定位应作出相应转向，至少包括：（1）农村教育的对象是生活在农村地区的所有人群，至少包括农民子女、直接务农群体、从事非农商业活动的人群、全体服务人员（农村行政官员、规划人员和技术专家）；（2）农村教育的使命是满足多样化的学习需求。与多样化的农村人口构成相对应，总体来说，农村教育要满足这些基本的学习需求：幼儿的保育与教育、有质量的义务教育、对青少年和成人的第二次基础教育机会或素养教育、职业技能的发展、提高生活质量的技能、知识和信息，以及服务于农村的第三级教育等。

另外，当前还需要从以下角度来对农村教育进行理解与定位。

（一）回归教育的本体价值，关注农村人的发展

如前文所述，我国许久以来的教育方针、政策对教育的工具性功能价值过于张扬，而湮没了教育对促进人自身发展的本体性功能价值。现代社会要求把人的发展作为社会发展的主导性尺度，以人的价值、人的需要、人的潜力的发挥作为社会发展的中心，联合国教科文组织早在1977—1982年的社会发展计划中就正式提出"以人为中心的内源发展"方案。中共十六届三中全会《关于完善社会主义经济体制若干问题的决定》提出，"坚持以人为本，树立全面、协调、可持续的发展观，促进经济社会和人的全面发展"。温家宝在2009年9月4日的讲话中提到的教育发展的四个符合①中就将"以人为本"作为其中之一。

对于农村教育而言，要体现"以人为本"，最主要的是要强调回归教育的本体性功能价值，就是要求农村教育更多地关注农民及其子女自身发展，满足他们的期望和需求。农村教育发展的首要目标，不再仅仅是数量和规模的增长扩张，而是人本身的发展，其发展的关键在于提高人的素质与能力，而这些素质与能力的获得依赖于各种形式的合适的持续不断的教育。对于农村教育政策而言，要体现教育的"以人为本"的价值，必须将满足农村利益主体的需求和期望作为政策的首要目标，在政策制定与执行中，要有足够的农村利益主体的参与，对政策的评价主要听农村利益主体的"声音"。这正是政府治理理论给我们的启示。

（二）用大教育观理解农村教育

在政府教育统筹治理的理念指导下，我们要对传统农村教育的理解做出批判和革新。传统意义上对农村教育的理解和定位过于狭窄，一定程度上导致了农村教育的"内卷化"，也加重了城乡教育的二元割裂。在城镇化进程的社会大背景下，我们要用大教育观来看待农村教育，超越和革新传统意义上对农村教育的认识。

---

① 2009年教师节前夕，时任总理温家宝到北京市第三十五中学看望师生。上午听了5节课，下午同北京市部分中小学教师座谈。在他对听课的点评和在听了教师代表发言后的讲话中提到了"四个符合"，即教育发展要符合自身发展规律的要求、应符合时代发展的要求、应符合建设中国特色社会主义对人才的要求、应符合以人为本的要求。参见温家宝《教育大计，教师为本》，《人民教育》2009年第22期。

首先，由于农村现代化发展对教育更广泛、更深刻的需求，要求农村教育超越传统的范围与模式。农村教育既包含着农村、农业中的教育，又不囿于农村、农业的教育；既有正规的学校教育，又包括非正规的成人教育、职业技术教育；既要面向新农村建设，也要面向城镇化发展；既包括政府主导的教育供给，又包括民间的、市场化的教育供给。其实，目前我国农村存在的教育种类很多，扫盲教育、学前教育、义务教育、高中阶段教育、职业技术教育、高等教育、成人教育及社区教育等多种教育同时存在，显然，不是"三教"所能完全囊括的。每种教育的性质和任务有所区别，任何一种教育都不能被另一种教育越俎代庖。"国家宏观指导思想应该是'多教结合'，给地方留有选择的余地，鼓励地方创造出各具特色的经验。"①

其次，从农村教育的功能来说，作为为农村现代化发展服务的教育，不仅要强调发挥基础教育的服务功能，而且要求拓展与增强中等教育、高等教育为农村发展服务的功能。着眼和着力于全面提高农村人口素质和开发农村人力资源的需求，调整与改善传统的较为单一的结构与低层次模式。既服务于农村生产、生活，又服务于农民向工业化城市化的转移和拓展。使农村教育向着多层次、多形式、综合化、整体化教育迈进。农村城市化建设，首先要解决农业劳动力的转移问题，要解决这一问题，离不开农民的转岗培训、职业教育和继续教育。农村城市化也不是简单的工业化，农村环境保护、居民生活、文化、教育建设同样被人们关注和重视。因此，农村教育又涉及农村社区教育和社会化教育，以及终身教育。农村教育的诸多内涵归结到农村人力资源开发。做好农村城市化建设中的人力资源开发，关键是正确把握农村城市化建设的发展趋势、特点，以及农业和农村经济发展的新特点，并选择与之相适应的社区职业教育和继续教育。发展农村基础教育、职业教育、继续教育和社区教育成为转移农村劳动力、调整农村产业结构、提高农民收入、实现农村城市化的有效途径。

最后，农村教育中要纳入"城市文明"教育。面对农村城镇化迅猛发展的挑战，农村各类型区都应把克服"小农意识"和倡导"城市

① 袁桂林：《我国农村学校教育诸政策评析》，《中国教育学刊》2009 年第 2 期。

文明"的教育提上日程。① 从乡村农民转变为城镇市民，不仅是劳动者工作对象从传统农业向第二、第三产业的转变，而且非农产业工作给他们提出了全方位的更高的要求，甚至在价值观念上，如自我意识、环境意识、开放意识和求知意识等，也都应该有明显的转变。

（三）用文化多元的视界看待农村教育

当代社会的一个重要特征是主张理论和文化的多元化，强调流动、变化和差异，反对静止、固定和单一。在这种多元文化理论的语境中，农村教育也应是一种多元、差异的教育，而不应该采取二元对立或非此即彼的模式。也就是说，既不能完全不顾农村的实际情况，也不能把农村孩子固定在"种田"、"养猪"上，堵截其升大学进城的路径。② 具体来说：

首先，教育目标是多样的，既有为就业服务的，也有为进一步升学服务的；而为就业服务的教育中，既有直接为当地的"三农"服务的，也有为向第二、第三产业转移和向城市人口转移服务的，还有为未来的现代化农业生产服务的。对于农村职业教育而言，笔者曾提出，应根据不同目标群体对它的培养目标分出"青红"和"皂白"，应确立高一级学校新生、未来"新型村民"、"市民"、"新型村民"四类教育目标。③

其次，学校的层次和类型、学制及课程的设置等，都应该是多种多样的，人们可以根据自己的需要来进行选择。受教育权是公民的一项基本权利，对教育的选择权同样是公民的基本权利。总之，这种多元化的农村教育的实质，就是考虑广大民众的多元需要和利益，力求为人们提供足够多的选择机会，是一种民主的、开放的教育。

第三节　城乡教育统筹的政策基础

近年来，城乡教育统筹在我国（政府）的一些方针、政策的影响

---

① 李少元：《城镇化对农村教育发展的挑战》，《中国教育学刊》2003 年第 1 期。

② 余秀兰：《乡土化？城市化？——我国农村教育发展的困境与出路》，《江苏教育研究》（理论版）2008 年第 4 期。

③ 周晔：《城乡一体化视角下的农村职业教育的培养目标》，《教育与职业》2009 年第 23 期。

下初露端倪，这表明我国（政府）开始关注城乡教育差距问题。其中，城乡统筹战略思想的确立为城乡教育统筹政策的觉醒和明确奠定了宏观基础，而城乡教育统筹政策的觉醒和明确，为我国政府教育统筹治理提供了一个宏观背景和政策基础。

一 城乡统筹战略思想的确立

进入 21 世纪，我国经济社会发展进入加速转型阶段，城乡差距扩大，城乡之间及其内部的矛盾与冲突开始凸显，"三农"问题成为必解之难题。党的十六大提出了统筹城乡经济社会发展的重要战略思想。党的十六届三中全会又提出了"五个统筹"的科学发展观，并将"统筹城乡发展"置于"五个统筹"中的首位。党的十八大提出推动城乡发展一体化的战略任务，随后十八届三中全会再一次对健全城乡发展一体化体制机制作出总体部署，与此同时，习近平总书记也多次强调，要健全城乡发展一体化体制机制，努力在统筹城乡关系上取得重大突破。

随着城乡统筹发展思想的确立，支持城乡统筹发展和深化农村改革的一系列惠农政策陆续得以实施。党强调把城乡统筹发展与新农村建设一体化考虑，通过城乡统筹发展促进新农村建设，通过新农村建设加快城乡统筹发展。导致我国"三农"问题的根本原因就是长期以来的城乡分割的国家制度，因此欲从根本上解决"三农"问题，必须统筹城乡发展，突破城乡二元结构，使国民经济全面、持续、协调发展。

"统筹城乡发展"思想的提出，是一个理论创新，是对城乡一体化理论的发展。统筹城乡发展与城乡一体化既有联系，又有区别。城乡一体化和统筹城乡发展，都把城市与农村的发展作为一个整体，而不是割裂地加以考虑。但两者是有差别的，城乡一体化强调的是城乡融合的结果，是一种长远奋斗的目标；而城乡统筹强调的是过程，是用统筹的思想来指导发展的实践，主要是一种工作思路、工作方法。

统筹城乡发展的战略思想和发展思路跳出了传统的就农业论农业、就农村论农村的框框，要求站在国民经济和社会发展全局的高度研究和解决"三农"问题，改变了传统的重城市、轻农村的"城乡分治"的观念和做法，把城市和农村经济社会发展作为整体进行统一规划，把城市和农村存在的问题及其相互因果关系综合起来统一解决。这也正和政府统筹治理的核心理念相吻合。

关于城乡统筹的内涵，陈希玉将城乡统筹定义为：改变和摒弃过去的重城市、轻农村的"城乡分治"的传统观念和做法，通过体制改革和政策调整，清除城乡之间的樊篱，破除城乡"二元结构"，把城乡作为一个整体，对国民经济发展计划、国民收入分配格局、重大经济政策等，实行城乡统一筹划，把解决"三农"问题放在优先位置，更多地关注农村、关心农民、支持农业，实现城乡协调发展。① 田美荣和高吉喜认为："城乡统筹就是要实现城乡之间生产要素的合理流动和优化组合，在一定经济发展水平下，逐步缩小基础设施、公共服务水平等方面差距，并使城乡之间各具特色，优势互补。"② 胡进祥也指出，统筹城乡发展是指党和国家及各级政府在谋划城乡关系与经济发展和社会进步时，要紧紧把握城乡一元化发展观，消除城乡二元结构及其赖以存在的政策和制度安排，构建城市和乡村相互兼顾、协调发展的平台，全面建设包括广大农村在内的小康社会。③

看来，城乡统筹发展的实质是要彻底打破城乡二元经济社会结构，给城乡居民以平等的身份、地位和发展机会，并通过相应的制度建设和国民收入分配、方针政策调整等手段，促进城乡各种资源要素的双向流动和优化配置，不断密切城乡关系，实现城乡良性互动。

城乡统筹发展的外延是极其广泛的，其主要内容包括统筹城乡政治发展、统筹城乡经济发展、统筹城乡文化发展和统筹城乡社会事业发展几个方面。其中，统筹城乡文化发展主要包括：①统筹城乡科教政策、资金投入与管理；②统筹城乡劳动力培训与人才培养；③统筹城乡公共文化设施建设（如图书馆、博物馆、展览馆等）；④统筹城乡公共卫生体系建设；等等。其就是要给广大群众特别是农民群众提供学习科技、接受教育、娱悦身心的条件和机会，使他们能够不断地提高自身素质，增强市场经济竞争能力，从而更好地推动农村经济社会发展与进步，缩小城乡差距。

---

① 陈希玉：《论城乡统筹》，《发展论坛》2003 年第 10 期。

② 田美荣、高吉喜：《城乡统筹发展内涵及评价指标体系建立研究》，《中国发展》2009 年第 4 期。

③ 胡进祥：《统筹城乡发展的科学内涵》，《学术交流》2004 年第 2 期。

二 城乡教育统筹政策的觉醒

在城乡统筹战略思想和大政方针的指引下，我国的教育政策也开始在城乡教育统筹方面有所觉醒了。从根本上讲，实现城乡一体化目标的关键在于农村人口整体科学文化素质的提升。在城乡经济社会统筹发展全局中，要突出城乡教育全面协调发展，积极实施城乡教育均衡互动的发展战略，实现以城带乡、城乡互动、互利双赢、协调发展，为推动经济持续、快速、协调、健康发展和社会全面进步提供智力和人才支撑。

21世纪以来，我国的一些教育政策开始注意提倡"统筹城乡教育"。例如：

陈至立在2003年全国农村教育会议上的讲话中指出："当前，加快我国农村教育的发展，必须突出重点，服务'三农'，城乡统筹，勇于创新。"并对教育领域中的城乡统筹做出了解释，"城乡统筹，就是在教育领域努力改变城乡分割的二元结构，充分发挥城市教育优势为农村和农民服务，促进城乡教育协调发展"。

2004年7月，《教育部关于贯彻落实全国职业教育工作会议精神进一步扩大中等职业学校招生规模的意见》提出了统筹城乡职业教育的一些具体措施性建议，"要充分发挥东部地区和城市中等职业教育资源和就业的优势，加强城乡统筹、东西合作，千方百计扩大中等职业学校面向农村和西部地区招生规模。允许大中城市各类中等职业学校打破区域界限，试行跨地区和跨省（自治区、直辖市）招生，或采取多种形式与农村和西部地区中等职业学校进行联合招生合作办学"。

周济在教育部2005年度工作会议上的讲话中提出了教育工作的"四个统筹"、"坚持教育工作的'四个统筹'，促进教育事业全面协调可持续发展。第一，统筹教育规模、质量、结构、效益的协调发展。第二，统筹各级各类教育的协调发展。第三，统筹城乡教育和区域教育的协调发展。第四，统筹教育事业的改革、发展和稳定。"

2005年2月，《教育部关于加快发展中等职业教育的意见》也提出，"为实现快速发展中等职业教育的目标，各级教育行政部门要加大东部地区和西部地区、城市和农村职业教育的统筹力度，把工作重点放在推进中西部地区和农村中等职业教育的发展上，努力把每年未能接受高中阶段教育的 500 万至 600 万农村初中毕业生中的相当一部分，吸收到中等职业学校接受职业教育和培训。"同年 10 月，温家宝在全国职业教育工作会议上的讲话再次强调，"解决'三农'问题，必须实行城乡统筹，一方面要引导农村富余劳动力向非农产业和城镇转移就业，推进工业化和城镇化；另一方面要大力发展现代农业，推进社会主义新农村建设……必须在农村普及九年义务教育的同时，大力发展职业教育和技能培训，使广大农民适应工业化、城镇化和农业现代化的要求，这也是我国现代化建设的一项重大战略性任务。"同年出台的《国务院关于大力发展职业教育的决定》也指出了统筹发展职业教育的一些具体措施，"积极开展城市对农村、东部对西部职业教育对口支援工作。要把发展职业教育作为城市与农村、东部与西部对口支援工作的重要内容。各地区要加强统筹协调……"该决定还提出了政府部门的工作职责和联席会议制度，"各级人民政府要加强对职业教育发展规划、资源配置、条件保障、政策措施的统筹管理……要充分发挥职业教育工作部际联席会议的作用，统筹协调全国职业教育工作，研究解决重大问题。国务院教育行政部门负责职业教育工作的统筹规划、综合协调、宏观管理，劳动保障部门和其他有关部门在各自职责范围内，负责职业教育的有关工作。县级以上地方政府也要建立职业教育工作部门联席会议制度"。

2006 年 2 月，《教育部关于大力推进城镇教师支援农村教育工作的意见》指出了城镇教师支援农村教育工作的重大意义，"推进城镇教师支援农村教育工作，是贯彻落实'城市支持农村、工业反哺农业'重要方针的具体行动，是统筹城乡教育协调发展、优化教师资源配置、解决农村师资力量薄弱问题的重大举措，也是适应农村城镇化进程加快、农村学龄人口和教师供求关系变化的必然要求，对于提高农村教育质量、促进义务教育均衡发展、加快社会主义新农村建设具有重要的战略意义和现实意义"。该意见也对支教工作的组织领导提出了原则性的要求，"各级教育行政部门要在当地党委政府统一领导下，努力争取有关部门的支持，按照统筹规划、政策引导、因地制宜、城乡互动的原则，大力推进城镇教师支援农村教育工作"。

2007 年，《国务院批转教育部国家教育事业发展"十一五"规划纲要的通知》再次提出："坚持教育优先发展、促进教育公平，全面贯彻党的教育方针，坚持教育为社会主义现代化建设服务、为人民服务，全面实施素质教育，深化教育改革，提高教育质量，统筹城乡、区域教育，统筹各级各类教育，统筹教育发展的规模、结构、质量、效益，构建现代国民教育体系和终身教育体系，保障人民享有接受良好教育的机会，办好让人民群众满意的教育。"

2009 年 1 月，《教育部关于印发〈教育部 2009 年工作要点〉和周济部长在教育部 2009 年度工作会议上的讲话的通知》提出，"统筹城乡教育发展，继续将新增教育经费主要用于农村，扶持贫困地区、民族地区和边远地区教育事业发展"。并再次强调，"必须落实全面协调可持续发展这个基本要求，推进各级各类教育、城乡教育和区域教育协调发展；必须按照统筹兼顾的根本方法，统筹教育的规模、结构、质量和效益，统筹人才培养、科技创新和社会服务，统筹教育发展、改革和稳定"。"统筹城乡教育发展，着力办好农村义务教育。"同年 3 月，《关于落实〈国务院办公厅转发中央编办、教育部、财政部关于制定中小学教职工编制标准意见的通知〉有关问题的通知》强调，"切实加强中小学教职工编制的总量调控与统筹使用。针对城镇学校大量接收进城务工人员子女和不同学段学生规模变化等情况，省级机构编制部门要结合本地实际，加强统筹协调，按照总量控制、城乡统筹、结构调整、有增有减的原则，调整和使用本地区中小学教职工编制。合理配置教师资源，同一县域内中小学教职工编制可以互补余缺，要注意保证基层特别是农村中小学教师力量的配备"。

随着政策的推行，在全国各地，已创生出多样化的并富有鲜明特色的城乡义务教育统筹发展和均衡发展的典型经验与模式，比如：2008年，教育部和重庆市共建"国家统筹城乡教育综合改革试验区"；2009年，教育部分别与成都市、湖南省共建"国家统筹城乡教育综合改革试验区"和"长株潭城市群教育综合改革国家试验区"；2009 年，苏、浙、沪三地共建"长三角教育联动发展机制"。①

可以看出，国家（政府）政策层面已开始关注城乡教育统筹的问

---

① 周晔：《城乡教育统筹治理：概念与理论架构》，《教育研究》2014 年第 8 期。

题，但是从政策文献来看，目前还存在一些问题，例如：

（1）套用国家经济、社会的统筹模式的痕迹比较明显，对城乡教育问题的针对性不足。

（2）一些政策文本的"口号式"现象严重，并无具体政策操作措施，更没有监督检查措施。

（3）政策对城乡教育统筹中教育资源的首次配置关注不够，而关注了二次配置的"修补"，如城镇教师支援农村教育的提法。

所以说，目前国家关注城乡教育统筹处于初步阶段，只是认识到了城乡教育统筹的必要性，国家政策层面还没有做出全方位的具体设计，故此我们将其称为"城乡教育统筹政策的觉醒"。

三 城乡教育统筹政策的明确

21 世纪以来，推进城乡教育统筹发展已成为我国教育发展重要的政策行动。在全国范围内，无论是东部、中部还是西部，都把统筹城乡教育发展列为各级政府教育改革和发展的规划。我国城乡教育统筹发展政策之实施，已显现出鲜明特色和突出成效。我国持续颁布的一系列教育政策，进一步明确了"城乡教育统筹"，例如：

2010 年 7 月，根据党的十七大关于"优先发展教育，建设人力资源强国"的战略部署，为促进教育事业科学发展，全面提高国民素质，加快社会主义现代化进程，制定了《国家中长期教育改革和发展规划纲要（2010—2020 年）》。无论是"总体战略"和"发展任务"的确定，还是"体制改革"和"保障措施"的要求，都非常清晰地贯穿着统筹城乡教育发展这条主线，该纲要提到要"建成覆盖城乡的基本公共教育服务体系，逐步实现基本公共教育服务均等化，缩小区域差距"，在义务教育方面，"建立健全义务教育均衡发展保障机制，均衡配置各项资源"。"各级政府要优化财政支出结构，统筹各项收入，把教育作为财政支出重点领域予以优先保障。"因此，加大对教育统筹发展的投入，实质是整体上加大对教育的投入。该纲要把办好人民满意的教育和建设人力资源强国作为教育发展的指导思想，把促进公平作为国家基本教育政策，把重点发展农村学前教育、推进义务教育均衡发展和建立城乡一体化义务教育发展机制、加快发展面向农村的职业教育等作为重要的发展任务，把省级政府教育统筹综合改革作为重大试点，这都充分体现出对统筹城乡教育发展的全面规划与部署。①

国家重视学前教育的统筹发展。2010年11月，国务院印发了《关于当前发展学前教育的若干意见》。该意见提出了十项意见，着力解决"入园难"问题，满足适龄儿童入园需求，促进学前教育事业科学发展。例如，通过多种形式扩大学前教育资源，"大力发展公办幼儿园，提供'广覆盖、保基本'的学前教育公共服务。加大政府投入，新建、改建、扩建一批安全、适用的幼儿园"，"鼓励社会力量以多种形式举办幼儿园。通过保证合理用地、减免税费等方式，支持社会力量办园"等。同时还规定，"各省（区、市）要建立督促检查、考核奖惩和问责机制，确保大力发展学前教育的各项举措落到实处，取得实效。各级教育督导部门要把学前教育作为督导重点，加强对政府责任落实、教师队伍建设、经费投入、安全管理等方面的督导检查，并将结果向社会公示"。

义务教育是教育工作的重中之重，现阶段我国大力推进的城乡义务教育均衡发展，与城乡义务教育统筹发展具有内在的一致性与关联性。2015年11月，国务院印发了《关于进一步完善城乡义务教育经费保障机制的通知》，全面部署统筹城乡义务教育资源均衡配置，推动义务教育事业持续健康发展，自2016年起进一步完善城乡义务教育经费保障机制。该通知要求，各地区、各有关部门要按照"完善机制、城乡一体；加大投入、突出重点；创新管理、推进改革；分步实施、有序推进"的原则，整合农村义务教育经费保障机制和城市义务教育奖补政策，建立城乡统一、重在农村的义务教育经费保障机制。

2016年7月，国务院发布的《关于统筹推进县域内城乡义务教育一体化改革发展的若干意见》指出，"坚持以新发展理念为引领，落实立德树人根本任务，加强学校党的建设，深化综合改革，推进依法治教，提高教育质量，统筹推进县域内城乡义务教育一体化改革发展。适应全面建成小康社会需要，合理规划城乡义务教育学校布局建设，完善

———————————

① 张乐天：《新世纪以来我国城乡教育统筹发展政策之审思》，《南京师大学报》2014年第3期。

城乡义务教育经费保障机制，统筹城乡教育资源配置，向乡村和城乡接合部倾斜，大力提高乡村教育质量，适度稳定乡村生源，增加城镇义务教育学位和乡镇学校寄宿床位，推进城镇义务教育公共服务常住人口全覆盖，着力解决'乡村弱'和'城镇挤'问题，巩固和均衡发展九年义务教育，加快缩小县域内城乡教育差距，为到 2020 年教育现代化取得重要进展和全面建成小康社会奠定坚实基础"。

国家和地方教育统筹改革的行动的持续展开。2012 年，国家教育发展研究中心与四川省蒲江县人民政府共建"农村基础教育改革试验区"。目前，试验区已经取得了一些城乡教育统筹的政策、制度经验。在地方层面，出现了如江浙"倾斜型"教育统筹模式，京沪"大城市带小农村"的都市教育统筹模式，以武汉城市圈和"长株潭"城市群为特征的城市群教育统筹模式，重庆"点—链—网—面—群—体"的教育统筹模式，等等。①

可以看出，国家（政府）政策层面继续加大对城乡教育统筹问题的关注，并有了一些具体规划和措施：①强调政府的责任，《纲要》中提出要"明确政府责任"，找准责任主体；②城乡一体化，多项政策中提到要推进城乡一体化改革发展，实现城乡教育一体化的目标；③建立保障机制，一系列政策要求建立起城乡一体化的义务教育发展机制，尤其是经费保障机制。

同时，也可以看出，城乡教育统筹在政策层面还存在以下问题：

（1）重视义务教育，但对其他各级各类教育没有通盘考虑。现阶段我国城乡教育的统筹发展，重心在义务教育。"各地创生和形成的种种城乡教育统筹发展的政策经验与模式，大都聚焦于如何通过体制变革与机制创新以促进城乡义务教育的统筹发展和均衡发展。而非义务教育的统筹发展，如学前教育和职业教育的城乡统筹发展，虽然也有新的进展与成效，但相对于城乡义务教育均衡发展的大力推进，则显得缺乏同样的气势与力度。"② 城乡教育统筹治理是综合性的，它表现为城乡教

---

① 周晔：《城乡教育统筹治理：概念与理论架构》，《教育研究》2014 年第 8 期。
② 张乐天：《新世纪以来我国城乡教育统筹发展政策之审思》，《南京师大学报》2014 年第 3 期。

育统筹治理要素杂多，"从主体、客体到方式、结构、指标、目标、方案等都要全面统筹兼顾和沟通协调，要防止将城乡教育统筹治理当成不涉及整体性教育改革与社会改革的教育专项要素来抓"①。

（2）城乡教育统筹政策的实施在国家和地方层面都缺乏相关的负责机构，责任不明确。城乡教育统筹政策的有效执行与实施，需要建立更为良好的组织保障。根据《纲要》和《中共中央关于全面深化改革的若干重大问题的决定》的精神与要求，现阶段我国城乡教育的统筹发展，重要的是加强省级政府教育统筹，进一步强化省级政府对省域内各类教育统筹发展的主要责任。"在省级管理机构的领导与组织下，更好地形成省域内各级政府牵头、社会有关方面参与、分工协作、齐抓共管的统筹城乡教育发展的领导管理体制和服务运行机制。"②

（3）城乡教育统筹缺乏有效的政策监督与评估。城乡教育统筹的政策实施，需要有效的政策监督与评估。从总体上看，我国城乡教育统筹发展政策实施的监督与评估，还存在着形式主义与"走过场"的现象，存在着重政策制定与政策宣传、轻政策监督与评估的倾向③。

第四节　城乡教育统筹的战略选择

农村教育到底该如何突破困境？如何实现新的跨越？我们要跳出就农村看农村、就教育看教育的视角，站在更高的高度，用更宏大的视野来观照农村教育的发展，来规划整个教育事业。教育改革的时代主题是教育公平问题，而教育公平的核心则是城乡教育的统筹问题。总体而言，当前统筹城乡教育发展研究在学术界和实务界都还处于初步探索阶段，存在诸多理论与实践的盲区，改革研究的深度和广度尚显单薄。城乡教育统筹，就是在政府教育统筹治理的思维和方法下，以政府为主导，将城乡教育作为一个整体，调动各主体积极性，促使城乡教育协调发展的过程。

---

① 周晔：《城乡教育统筹治理：概念与理论架构》，《教育研究》2014 年第 8 期。

② 张乐天：《新世纪以来我国城乡教育统筹发展政策之审思》，《南京师大学报》2014 年第 3 期。

③ 同上。

一 如何理解城乡教育统筹

基于上文已讨论的"统筹"的含义，城乡教育统筹指的是政府对城乡教育的治理应将城乡的多种教育作为整体，进行全局的统一筹划的过程。城乡教育统筹是一种新型的教育发展观，是一种对全国教育事业的工作思路，也是一项涉及诸多社会要素的系统改革。具体而言，它有几个层面的含义：

从内涵本质上讲，是坚持和落实教育事业的科学发展观，促进教育资源的均衡配置，促进城乡教育协调发展，办好城乡每一所学校，为人民提供优质的教育资源。

从目标任务上讲，就是要让在同一片蓝天下的受教育者普遍享有接受良好教育的机会和条件。就是要实行城乡教育资源的合理配置，建立城乡居民接受教育的合理分享机制，打破城乡教育"二元"分割的格局，缩小城乡差距，促进教育公平，为城乡居民提供均衡化的教育服务。

从策略手段上讲，既要从教育内部要素进行改革，更要从社会大系统来统筹兼顾，整体安排。既要做到对教育事业总揽全局、全面规划、整合资源、兼顾各方、协调发展，最关键的是政策创新、制度创新和体制创新，又要在实践中探索城乡教育统筹发展的有效途径，有效规避新一轮的城乡教育发展可能带来的问题。城乡教育统筹发展过程中要把城市教育、农村教育二者兼顾，在教育政策向农村倾斜的同时要保证城市教育稳步发展。既要重视制度政策上的指导，把握城乡教育统筹发展的大核心，又要具体问题具体分析，根据地区的不同，积极探索本地区城乡教育统筹发展的有效途径。

需要强调的是，城乡教育统筹与城乡教育均衡、城乡教育公平是三个不同的概念。① 首先，三者内涵不同。城乡教育统筹是城乡统筹战略在教育领域的具体化，城乡教育统筹是基于我国 21 世纪以来城乡统筹发展提出的一种教育发展观，是基于我国当前国情制定的教育发展方

---

① 欧岚：《城乡教育统筹的问题与突破——关于重庆建设国家统筹城乡教育综合改革试验区的几点思考》，《重庆三峡学院学报》2009 年第 5 期。

向，是一种政策性表达。城乡教育改革是从理论、政策、综合改革的角度出发，以教育治理论的思维使城乡之间合理有效、科学持续地聚纳、配置和培育教育资源、要素，是实现城乡教育效率与公平的一种政策性手段；城乡教育均衡是城乡教育资源的配置模式，新中国成立以来，由于我国具体国情的需要，导致我国城乡二元严重割裂，国家忽视了农村教育发展，城乡教育资源分配严重不均，城乡教育均衡以期实现城乡教育资源的均衡配置，重视农村教育，农村教育与城镇教育同步开展，缩小并弥补城乡教育差距，二者的缘起和归宿是城乡教育公平。城乡教育公平是指城乡公民能够各自公正平等地享有应得的教育机会和教育资源。但教育公平不是统筹城乡教育改革内涵的全部，教育效率同样也是统筹城乡教育的重要内涵之一。其次，教育资源城乡均衡配置不等于"统筹"，也不等于教育公平。城乡教育资源统筹配置，目的是通过"统筹"，使城乡教育资源配置更加优化、资源利用更加高效，且在结果上更能实现教育公平。最后，实现城乡教育资源均衡配置或向农村进行适度资源倾斜，是改进（或改良）而不是改革。城乡教育统筹强调的是改革①，其核心是体制、机制的创新。

另外，需要说明的是，城乡教育统筹要求尊重城乡教育的各自特点、任务、客观情况和历史传统，做到城乡教育"和而不同"地发展。一方面，它不应是"统一化"、"同一化"，不是"削峰填谷"，而应当是一种"整合"与"融合"，既要"造峰"，又要"扬谷"。另一方面，它不应是"简单地拉平"、"城乡的混合"，不是追求"均等化"，而是致力于城乡教育的"良性互动"、"双赢共进"，实现"城乡教育均衡化"，促进城乡教育公平。

其实，城乡教育统筹是一项涉及诸多社会要素的系统改革，需要把教育置于社会总系统中来思考，突破就教育论教育的思维模式，要根据经济、政治、社会、文化的发展需要，从教育治理论的角度出发，总揽全局、全面规划、整合资源、兼顾各方、协调发展我国的教育事业。简而言之，城乡教育统筹从宏观上规定了我国当前教育实施以及发展的大方向。对教育系统内部而言，就是要统筹城乡的各级、各类、各种形式

---

① 从思想认识层面上来讲，甚至是一场革命。

的教育，关注城乡教育的方方面面，对城乡各级各类教育的特点、任务、客观情况等方面进行把握与引导，更有效地配置城乡教育资源，使其协调发展。所以，就大的方面来讲，城乡教育统筹也是"两个系统"的统筹。具体如下：

（1）社会系统的统筹。即在社会城镇化建设和社会主义新农村建设的背景下，国家从宏观层面对教育与社会发展的统筹，协调处理好教育与社会各要素之间的关系，这是更高层次的统筹。至少包括三个方面的含义：首先，确保教育优先发展的战略地位。针对目前存在的问题，主要是国家要保证对国民教育事业发展需要的投入，从教育经费上保障国家战略和教育政策的有效实施，真正体现对教育的重视。[①] 其次，教育要与社会发展需求相适应，但由于"今日的教育是明日的生产力"，这就要求国家对未来若干年内社会各方面发展对人才需求的种类、规格和数量做出科学预测，明确各级各类教育发展目标，以使教育事业发展有的放矢。[②] 最后，城乡教育统筹也是城乡社会统筹的一部分，教育是民族振兴、社会进步的基石，城乡教育统筹发展的核心是优化配置教育资源，促进教育公平，城乡教育统筹的良好发展是提高我国教育质量、提升人口素质的重要一步，并且做好城乡教育统筹对促进城乡社会统筹进而达到城乡一体化具有重要意义。

（2）教育系统的统筹。从教育系统本身来看，城乡教育统筹就是要把城乡教育作为一个整体来看待，对城乡各级、各类、各种形式的教育进行统筹考虑。包括两大方面：一是各级、各类、各种形式教育之间的统筹，即根据受教育者和社会的需求，合理调控各级、各类、各种形式的教育之间的结构，使其协调发展。针对目前教育投入中存在的高等教育"一教独大"和普通学校教育几乎"独霸天下"的状况，国家的教育投入和资源配置要向基础教育和中等教育倾斜，要向各种职业教育和继续教育倾斜。针对职业教育和继续教育薄弱，难以满足民众需求和

---

① 当今的教育结构不合理，导致过度教育和求学无门的现象，在很大程度上就是由于之前没有做好社会对人才需求的预测。

② 教育事业得不到长足发展的主要原因是国家投入不足，不能满足教育发展的需要。从20世纪90年代开始国家就强调到20世纪末教育投入要占到GDP的4%，时至今日，这一目标仍然没有实现，这是国家口头上重视、行动上轻视教育的典型表现。

社会发展需要的问题，要大力发展多种形式的职业教育和继续教育，要继续关注农村偏远地区学生的义务教育，保证偏远地区义务教育的办学条件以及师资队伍，等等。二是各级、各类、各种形式教育内部的统筹。例如，就教育布局结构而言，要改变高等教育过度集中于几个少数城市的状况，要改变基础教育"重点校"、"名校"和"优质校"几乎全部集中于城市的状况。

总之，城乡教育统筹是政府教育统筹治理的一个重要方面，是政府处理城乡教育关系的根本思路和指导方法。

二　为什么要城乡教育统筹

在世界范围内，城乡分割发展是一种普遍存在的现象，从分割走向融合也是普遍的规律与趋势。在我国，取消农业税、建设新农村、"工业反哺农业、城市反哺农村"等一系列新政的出台和实施，标志着我国城乡经济社会开始进入统筹发展轨道。在城乡统筹发展过程中，城乡教育也必然要结束过去那种分割状态而逐步向城乡一体化转变。城乡教育统筹是我国实现教育公平的重要途径，同时也是新时期我国实现城乡统筹发展战略的重要组成部分。

2009 年，温家宝总理在国家科技领导小组会议上的讲话中明确指出，要在教育改革和发展中，实行城乡统筹，把农村教育放在重要地位。[①]《国家中长期教育改革和发展规划纲要》在提出的若干社会关注度高、影响教育改革发展全局的重大问题中，把如何实行城乡教育统筹，改善农村学校办学条件，提高办学水平也列为继续向社会公开征求意见的 20 个问题的第一个问题。可见，"统筹城乡教育发展，既是教育适应经济社会发展、促进社会公平的必然要求，也是当前教育自身改革发展面临的重大问题和目标，而实现这种要求和目标的根本手段和方法必须依靠科学统筹"。[②]

农村教育发展长期滞后，既是社会问题在教育领域的反映，也是一

---

① 温家宝：《百年大计　教育为本》，《人民日报》2009 年 1 月 5 日第 01 版。

② 黄龙威、邹立君：《城乡教育统筹发展：目标、责任与监测》，《教育研究》2009 年第 2 期。

个学术界常常讨论的问题。学术界对此问题的研究大多是从城乡二元结构的视角切入的，并对此形成了一定程度上的共识，即农村教育发展滞后的根本原因在于"城乡结构"的断裂。但是，这并非是唯一原因。就农村教育自身来说，"农村教育自身存在的'内卷化'问题，也许是中国农村改革与发展面临的一个更为复杂的难题，它也是造成和强化城乡二元结构愈演愈烈的一个更隐蔽的因素"①。

"内卷化"（involution）②，英文原意为内缠、错综复杂、纠缠不清的事物以及退化和复旧等。"内卷化"一词源于美国人类学家吉尔茨（Chifford Geertz）《农业内卷化》（Agricultural Involution）。根据吉尔茨的定义，"内卷化"是指一种社会或文化模式在某一发展阶段达到一种确定的形式后，便停滞不前或无法转化为另一种高级模式的现象。黄宗智在《长江三角洲小农家庭与乡村发展》中，把"内卷化"这一概念用于中国经济发展与社会变迁的研究，他把通过在有限的土地上投入大量的劳动力来获得总产量增长的方式，即边际效益递减的方式，称为没有发展的增长，即"内卷化"。

鉴于吉尔茨和黄宗智以及中国其他学者对"内卷化"的界定和应用，将"内卷化"概念引入教育领域研究，解析农村教育在发展变革过程中难以突破的困境，是一个很有解释力的分析框架和工具。本书中的"内卷化"与"革命"（revolution）、"演进"（evolution）相对，与"路径依赖"、"锁定"、"封闭"、"重复"等相关，意指在一定的社会背景下，不发达地区长期以来在某个（些）方面无突变式的发展，只进行自身内部细微调整，进而陷入路径依赖并被锁定的过程及结果。相

---

① 陈坚：《内卷化：农村教育研究的新视角》，《教育发展研究》2008 年第 17 期。

② 这一理论最早是由美国人类学家戈登威泽提出的，后经美国学者格尔茨在农业研究中的运用而被越来越多的人士知晓，之后又被广泛应用在不同领域的学术研究中。各个领域对"内卷化"概念的具体界定虽然不同，但与其词源学解释却基本一致，主要是用来强调变迁中所存在的过去和现在的密切关系，表达演化过程中复杂的退缩力量，阐释不发达国家或地区在经济、政治、文化等各方面表现出的特殊面貌。这一概念随着黄宗智研究 20 世纪中国农村社会变迁的著作《长江三角洲小农家庭与乡村发展》在国内的出版，引起了国内学者的注意，美国学者杜赞奇研究 20 世纪上半期华北农村社会变迁的著作《文化、权力与国家——1900—1949 年的华北》在国内出版后，吸引了更多的国内学者使用"内卷化"这一概念对中国社会进行研究。

应地，本书中的"农村教育内卷化"是指在城乡二元结构社会背景下，农村地区的教育事业长期以来无突变式的发展，无实质性改革，只对自身进行内部调整（或改良），进而使其陷入路径依赖并被锁定的过程及结果。正如有的学者所指出的："农村教育内卷化"意指"城乡差距不断扩大背后所隐藏的一种农村教育发展的实质，即由于外部人力、物力、财力等方面的支持不足或缺失，农村教育形成了一种相对稳固的内部发展模式和严格的约束机制，致使农村教育在发展和变迁的过程之中出现了一种'路径依赖'和自我'锁定'，发展缓慢、相对停滞。"①并且，从国家层面来讲，由城乡二元割裂思维决定的国家教育政策催生、加速和强化了农村教育的"内卷化"，农村"三教统筹"便是具体的措施性政策之一。而对农村教育自身来说，在国家教育政策的"关照"下，其只能通过"内卷化"而积极寻求所谓的"发展"，所以也可以说，农村"三教统筹"是农村教育迫不得已的现实性选择。

从某种程度上讲，在相当长的一段历史时期内，我国农村教育改革仅限于在农村对农村教育本身的修修补补，并没有实质性的突破，不能称之为真正意义上的改革，进入了社会学家所言的一种"内卷化"情境中而难以自拔。

农村教育改革脱离不了整个社会制度改革的大背景，它直接与中国城乡利益分割制度相联系。而社会政策制度一旦形成，各种群体的利益博弈关系制约着社会政策制度的变革，社会既得利益集团就会竭力去维护，使得社会政策制度具有强大的惯性及改革的惰性。对于农村教育而言，改革政策出台的数量不少，但实际实施执行的绩效却难以令人满意，正如学者们所指责的："为什么几代社会志士仁人的艰辛探索和新中国政府的不懈努力都没有根本改变农村教育的状况呢？"②"历史的车轮已经碾过了 80 多年的岁月，何以中国的农村教育却几乎依然故我？"③ 根本原因是教育决策的"内卷化"作为农村教育发展的机理始终存在，教育改革中的城乡二元化价值策略选择导致农村教育"内卷

① 陈坚：《内卷化：农村教育研究的新视角》，《教育发展研究》2008 年第 17 期。
② 丁钢：《中国教育研究与评论（第 5 卷）》，教育科学出版社 2003 年版，第 122 页。
③ 葛新斌：《农村教育：现代化的弃儿及其前景》，《教育理论与实践》2003 年第 12 期。

化"的强化。其结果必然是不但很难解决城乡教育非均衡发展问题，反而更深刻、更全面地复制和强化了二元结构。农村教育改革的历史已充分证明，一旦改革的内容和方式陷入"内卷化"，改革就很难带来农村教育的真正发展，更无法形成对城乡二元格局的挑战。

所以，要使农村教育真正得到发展，改革取得实质成效，当务之急就是要农村教育去"内卷化"，而首当其冲的是政策制度的去"内卷化"，就是要克服教育政策制度的"路径依赖"和思维定势，高屋建瓴，跳出农村看待农村教育，从国家层面来讲，就是要从城乡教育统筹的战略高度来重新认识农村教育的发展，来设计农村教育发展的政策制度。针对农村"三教统筹"这一农村教育自身"内卷化"的措施性政策，要去其"内卷化"，唯有在政府教育统筹治理的指导下实行"城乡教育统筹"。

本章小结

要解决农村"三教统筹"政策存在的问题，使农村教育摆脱"内卷化"的发展困境，必须动"大手术"，需要克服城乡二元割裂思维，对农村教育进行重新理解与定位，将政府教育统筹治理作为指导教育改革的思维和工作方法，即树立新的政府教育治理理念，在更高层次上考虑农村教育的改革与发展，确立城乡教育一体化的战略目标，对城乡教育进行统筹治理，做出新的政策设计与制度安排。

第九章 城乡教育统筹的架构与策略

第一节 城乡教育统筹的要素

一 城乡教育统筹的主体

城乡教育统筹的主体应该是结构性主体，至少应该包括：作为国家权力载体代表公众处理公共事务的政府、城乡教育利益相关者代表或组织、社会团体、城乡教育相关领域的专家学者等。

在该结构性主体中，政府是最重要的、基础性的主体。该观点在第八章第一节的"政府治理理论的适切性"部分已有论述。

在该结构性主体中，城乡教育利益相关者主要指城乡受教育者及其家长，他们是教育服务的消费者，最应该参与城乡教育统筹；社会团体是社会利益的代表，教育的外溢性功能就表现在对推进社会的进步与发展方面，所以社会团体也是教育事业的受益者；城乡教育相关领域的专家学者是城乡教育统筹的"智囊团"和"建言者"，其是"知本家"、最理性和最有良知的人。

在该结构性主体中，政府主导，各主体需要充分平等有效参与协商、良性互动，追求广泛共识，为城乡教育"善治"负起相应责任。

二 城乡教育统筹的价值追求与目标

（一）城乡教育统筹的价值追求：教育公正的发展

教育公正的发展，是一种教育发展的应然价值选择，一种教育政策导向的结果，也是教育事业本有的理想目标和应有的客观态势。尽管教育公正和教育发展是两个不同的概念，它们各有自己的含义，但本书的观点是：在主体的选择下，在教育政策导向的结果下，教育发展必须有利于实现教育公正，教育公正本身也就是教育发展的目的、过程和结果。换言之，尽管在概念上我们不否认教育公正和教育发展的含义之区分，但在实践中，我们把教育公正和教育发展指称为同一种教育的状态，指称为同一性教育的发展过程，指称为同一个教育的经验事实。[1]从理论上来讲，教育公正作为教育发展的内在规定性，决定着教育发展的性质和趋向，公正是教育发展的核心价值和根本动力，是教育发展的合理状态，教育公正与教育发展是辩证统一的，教育公正的发展是教育事业应然的价值选择；从实践上来讲，现实中城乡教育的差距和教育的不公，主要是公正问题，是教育事业价值选择的偏差所诱致。要回归教育事业价值选择的本原，要达到城乡教育公正发展，首先要从理念上克服城乡二元思维定势；其次教育政策（包括制度）也必须做出矫正，统筹城乡教育，对农村教育进行补偿。

（二）城乡教育统筹的目标：城乡教育的"善治"

城乡教育的"善治"，既是手段又是过程，既是目标又是理念，更是教育公平价值追求所期待的结果，是过程性手段与结果性目标的统一。现阶段，我国城乡教育善治的目标包括城乡教育均衡发展和城乡教育一体化，即用城乡教育均衡发展的手段实现城乡教育均衡发展的目标，"用城乡教育一体化的手段实现城乡教育一体化的目标"。[2] 其具体表现为使城乡教育在机会分配、资源配置及使用、发展过程中城乡交融、双向沟通、资源共享、优势互补、互动互助，进而缩小城乡教育差距，实现城乡教育公平。[3]

三 城乡教育统筹的任务

以"三教统筹"为旗帜的农村教育改革的实践表明，"教育改革合法性危机的深层矛盾源自于教育改革的总体意识和问题意识的薄弱，源自于改革设计者们网状体系性制度思维的缺乏、改革过程多元动态反馈

---

① 周晔、袁桂林：《教育的公正的发展与城乡教育差距问题——兼论教育政策的价值选择》，《教育科学研究》2009 年第 8 期。

② 褚宏启：《教育制度改革与城乡教育一体化——打破城乡教育二元结构的制度瓶颈》，《教育研究》2010 年第 11 期。

③ 周晔、王晓燕：《城乡教育统筹治理：概念与理论架构》，《教育研究》2014 年第 8 期。

性的缺乏、改革心态现实疏导性的缺乏、改革步骤自我协调性的缺乏，教育反思理论与实践的相对脱节，改革主体与改革客体的定位模糊，改革内涵、体系、运行、评督缺少外在预控性和内在契合性"。[①] 所以，在某种意义上，我们甚至可以说，几十年的农村教育改革是一场"虚假改革"。在新的形势下，我们的教育改革必须克服"路径依赖"，打破思维定势，重新谋划设计，这就需要新的教育改革模式，并且这种新的改革模式必须要有强有力的理论——政府治理理论来指导。

针对农村"三教统筹"政策之问题，依据政府治理理论，我们提出，国家（政府）在发展教育事业上要统筹处理好四大关系：

（1）国家（政府）意志与人民需求之间关系的平衡。本研究主要指：①国家对教育领域和其他领域关系的平衡，即上文中社会系统的统筹；②教育政策的价值取向与利益主体对教育需求的平衡。要做到国家（政府）意志与人民需求之间关系的平衡，就要求国家（政府）将"善治"作为教育治理的追求目标，要求各利益主体有效参与、监督甚至设计、提供教育政策，要求真正做到政府教育治理的上下沟通、互动、合作、协商。

（2）府际关系。包括纵向府际关系和横向府际关系。这是就政府自身而言的，需要克服府际间的委托—代理问题及过度张力。这也是政府教育统筹治理对政府自身的要求，也是政府治理能力和智慧的体现。

（3）公平和效率。当前，政府更应该关注教育公平的问题，使教育政策向弱势群体、欠发达地区倾斜。对公平和效率的关系的处理，是政府教育统筹治理的价值选择。

（4）城乡关系。将城乡教育事业作为一个整体通盘统筹考虑，构建城乡教育开放、互动、协调发展的新型关系。

四　城乡教育统筹的工具

（一）制度变革

造成城乡教育不均衡、不公平的因素除了历史传统文化和认识水

---

①　李涛：《公平的基点：中国城乡教育统筹改革的路径思考》，《辽宁师范大学学报》（社会科学版）2009 年第 3 期。

平、经济发展水平等客观因素外，更重要的是制度的问题。学界一致认为，政府在教育资源配置中的各种不公平现象大多与规则和制度的不公有关。城乡教育统筹的制度建设与改革是核心和关键。所以，当下需要从社会制度与教育制度方面进行变革，确立城乡一体化的社会制度与教育制度。社会制度方面主要包括户籍制度、医疗制度等，这是教育制度的社会制度环境和基础。教育制度主要包括教育投入制度、教育管理制度、教师管理制度等。要建立"服务型政府"的管理机制，加大对农村教育的财政投入力度，完善教育转移支付制度，提高农村教师待遇与地位，实行农村教师配置倾斜制度等，把以城乡弱势群体为重点的教育满意度作为评价政府教育服务水平的指标，建立群众教育满意度的公示制度，增加服务型政府的群众监督和信息透明度。要建立城乡教育双向一体化的制度体系，包括强化政府购买导向的城市教育反哺农村的类市场化新机制，完善行政化和道德化的城市教育反哺农村的制度安排。①要消除城乡在经费投入上的差距，向农村倾斜，建立规范的中央和省级政府承担更大财政责任的转移支付制度；教育管理体制，应提升管理主体的级别，建立城乡统一的教育质量基本标准和评价制度；教师管理制度，要在城乡编制公平的基础上，将教师管理提升到市级层面，加强教师的城乡双向流动，建立城乡一体化工资待遇制度，农村教师还应享有额外补助，城乡教师的招聘、培养、晋升、考核要在同一标准下进行。动用城乡教育统筹的制度变革工具，充分践行"治理"理念，克服已有制度造成的路径依赖。城乡教育统筹的关键在于政府，在于通过制定包括经济社会发展的总体规划以及与此相联系的教育制度，这需要政府极大的勇气、决心和智慧。

（二）教育政策革新

教育政策的本质是对教育利益和教育资源的分配，而教育政策的制定和实施则以政策价值为导向。重大教育政策为教育发展规划蓝图、指明方向、制定措施，一旦出现偏差，教育发展就会遭受重大失误。我国城乡二元对立的社会结构使得人们在思考教育问题时，亦将城乡进行二元割裂，严重偏向于城市。要建立城乡教育一体化的教育政策体系，一

---

① 邬志辉：《城乡教育一体化：问题形态与制度突破》，《教育研究》2012 年第 8 期。

方面，教育政策的制定必须体现城乡教育统筹的理念和方法论，将教育公正地发展作为教育政策的价值追求；另一方面，对已有不公正的教育政策必须做出实质的矫正。要落实政府全力推进农村教育的责任，着力促进城乡教育入学机会平等、教育财政平等、教育条件平等和成功机会平等；教育政策要向农村地区倾斜，对农村教育进行补偿；国家要在财政和人力等方面，优先考虑和满足农村教育发展的需要，提供各种专项扶助，在农村地区可以考虑实行"教育优先发展区"。[①]

第二节　城乡教育统筹的基本框架

在上述讨论的基础上，鉴于"以县为主"的管理体制不能解决县（区）域之间、地区之间的城乡教育不平衡的问题，所以政府要在更高层次上对城乡各级、各类、各种形式的教育进行统筹治理，将城乡教育作为一个整体进行通盘统筹考虑。故此，在政府教育统筹治理下的城乡教育统筹基本框架可大致包括以下几类。

一　城乡教育统筹的基本领导框架

城乡教育统筹的基本领导框架可以分为两类：

一是中央层面（教育部）对全国城乡教育统筹的领导框架（见图6），即中央政府层面，成立城乡教育统筹委员会，由中央（教育部）主要领导人负责，其他相关部门领导人参与，还应包括学术智囊人员和教育对象主体代表，委员会负责统筹协调全国城乡教育、地区间教育的宏观调控。

二是地方（以省/直辖市/自治区为主）（教育厅）层面对区域内城乡教育统筹的领导框架（见图7），即在地方政府层面，设立城乡教育统筹委员会，由省/直辖市/自治区政府主要领导人负责，其他相关部门领导人参与，包括学术智囊人员和教育对象主体代表，委员会负责统筹协调地方城乡教育、区域内地区间教育的中观调控。

---

① 周晔、王晓燕：《城乡教育统筹治理：概念与理论架构》，《教育研究》2014年第8期。

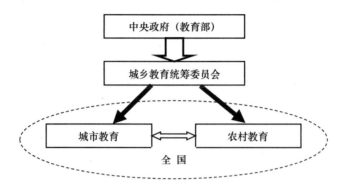

图 6　全国城乡教育统筹基本框架图

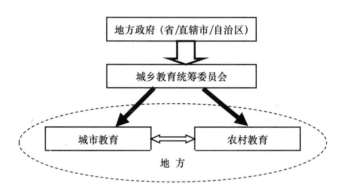

图 7　地方城乡教育统筹基本框架图

当然，地方（教育厅）城乡教育统筹委员会受中央（教育部）城乡教育统筹委员会的领导和监督，同时地方（教育厅）城乡教育统筹委员会也有对中央（教育部）城乡教育统筹委员会进行反馈、监督的权利和义务，即两者之间要形成上下沟通、协商、互动、监督的良性机制。

二　城乡教育统筹的基本运行框架

城乡教育统筹基本运行框架包括纵向和横向运行框架。

从纵向来看（见图8①），城乡教育统筹基本运行强调中央政府和

---

① 相对于图6，城乡教育统筹：一是更加强调中央（教育部）和省级层面的统筹，其次才是县级层面；二是各层级之间的上下沟通、协调、互动和监督。

省（直辖市、自治区）政府的统筹责任，以及在其领导下的教育部城乡教育统筹委员会和省（直辖市、自治区）级城乡教育统筹委员会的统筹责任。

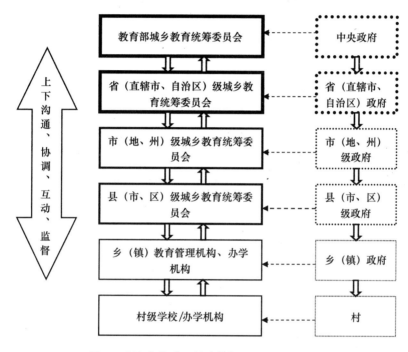

图 8　理论中的"三教统筹"纵向运行示意图

从横向来看（见图 9），城乡教育统筹委员会要协调教育部门、农业部门、劳动人事部门、计划财政部门以及其他相关部门的关系，使其形成合力，其中教育部门应负主要责任。也可将城乡教育统筹委员会设在教育部门。

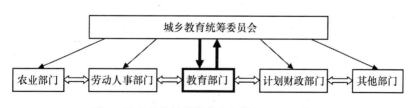

图 9　城乡教育统筹横向部门协调机制示意图

三 城乡教育统筹的基本内容框架

城乡教育统筹委员会要对城乡各级、各类、各种形式的教育从教育管理、教育经费、教育布局、教育师资、教育办学以及其他方面进行统筹（见图10）。

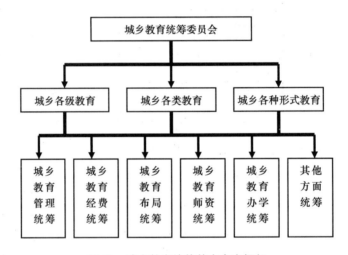

图 10 城乡教育统筹基本内容框架

在对城乡教育统筹框架分析及建构的基础上，笔者还对重庆市统筹城乡教育发展的成功经验作了详尽的梳理，以期对进一步促进城乡教育统筹发展的建议的提出提供一定的事实依据。

第三节 城乡教育统筹的实践案例与建议

一 重庆市城乡教育统筹的做法与经验[①]

2007 年 6 月，国务院批准在重庆市和成都市设立"全国统筹城乡综合配套改革试验区"，要求全面推进各个领域的体制改革，并在重点领域和关键环节率先突破。教育在现代化建设中具有基础性、先导性、

---

① 郝俊杰：《重庆推进城乡教育统筹发展的成效、问题与对策》，《西部论坛》2013 年第 5 期。

全局性的地位和作用，统筹城乡教育发展无疑是推进统筹城乡综合配套改革的重点领域和关键环节。为此，重庆市各级政府特别重视城乡教育统筹发展工作，并积极采取措施，加快了城乡教育统筹发展的步伐。具体措施包括：

（一）选准试验区，建立城乡教育统筹发展的改革试验领导机构

2007 年 7 月，重庆市教委决定选取九龙坡区、梁平县和垫江县等区县作为进行统筹城乡教育改革试验的试点，探索城乡教育改革的有效路径。健全有力的领导是改革得以实施的前提和基础。因此，2007 年 10 月，重庆市教育委员会及所辖各区、县教委（局）分别成立了统筹城乡教育综合改革领导小组及办公室，具体负责全市或各区县的组织领导和协调工作，标志着城乡教育统筹综合改革全面正式启动。

（二）积极采纳各方建议，制定改革纲要

2008 年 11 月，重庆市教委举办"统筹城乡教育改革试验问计求策活动"，面向社会广泛征集重庆建设全国统筹城乡教育改革试验区的总体方案、专项改革方案设计、重大政策措施建议等。为进一步推进城乡教育统筹，市教委制定并公布了《重庆市统筹城乡教育综合改革试验实施方案》，为重庆教育未来十年的统筹发展明确了路径、规范了步骤、清晰了任务、指明了方向。

（三）加大教育经费投入

教育投入是统筹城乡发展的物质保障。"十一五"期间，重庆市教育财政投入达到 GDP 的 4%，超过了西部平均水平，每年教育经费增量中的 70% 以上向农村倾斜。而且在西部率先建立城乡一体的义务教育经费保障机制。[①] 通过加大财政投入，重庆市为农村学校办学条件的改善采取了以下措施：一是偿清"两基"教育债务，使教育改革在摆脱债务压力的条件下进行，以此规避以往改革中做"面子工程"、拆东墙补西墙的做法。2007 年全市投入 19.6 亿元，偿清 1000 多所学校的 11051 笔"两基"欠债。[②] 二是实施城乡学校标准化建设。从 2007 年起，重

---

① 刘志强：《重庆：城乡统筹　教育先行》，《人民日报》2012 年 8 月 29 日第 05 版。
② 重庆市教委：《重庆市统筹城乡教育发展的主要做法及成效》，2008 年 6 月，http://www.cq.gov.cn。

庆市中小学标准化建设全面推进，加快城乡薄弱学校改造，加强城乡学校的基础设施建设。三是加强农村寄宿制学校的建设，改建农村中小学校的危房，解决学生有学上、上好学的问题。

（四）促进城乡教育管理一体化

首先，2007 年以来，重庆市建立起城乡教育良性互动机制。如实施了城镇带农村、"强校"带"弱校"战略，探索和推进了"百校牵手"、"结对帮扶"、"捆绑发展"等对接帮扶活动，城乡、区域教育发展渐趋协调。在这一方面，九龙坡区摸索出一套比较成功的经验。一是实施"1 + 1"对口支援一体化管理模式，在 16 所中小学实行了"两个法人单位、一个法人代表、独立核算、独立核编"的"管理体制一体化"模式。在 42 所中小学实行了"对口帮扶、优势互补、共同发展"的"对口支援一体化"模式。二是实施了"5 + 1"目标任务管理，支援学校从教育理念、学校管理、办学特色、教改师训、教育质量五个方面支援受援学校发展，并给予必要的物质及资金支援。三是强化了"1 + 2"组织保障，由 1 名校长负责两校管理，支援学校选派 1 名干部到受援学校担任副校长，受援学校安排 1 名校级干部到支援学校学习锻炼。四是健全了"2 + 1"考核体系，先对支援、受援两所学校办学水平进行分校考核，再进行一体化考核。其次，重庆形成了"一委三院"管理新格局，实现了"管、办、评"的相互分离。①

（五）统筹城乡教师待遇，提高农村师资水平

统筹城乡教育发展，教师待遇和师资水平无疑是首要的问题。为此，重庆市着手解决两个方面的问题：一是着力提高农村师资水平。组织以主城区为核心的"一小时经济圈"内的 100 所优质学校对口支援农村 100 所贫困学校，建立校际联动机制，实现"点对点"、"捆绑式"帮扶；每年选派 300 名优秀中青年教师到农村边远地区中小学任教，选派 30 名中小学特级教师到贫困地区讲学支教；每年选派 1000 名师范院校学生到农村学校实习支教。二是大力培训农村教师。坚持教师继续教育经常性经费不低于教职工工资总额的 1.5%。开展 19 万名农村中小

---

① 李涛、邬志辉：《统筹城乡教育改革的实践探索——以重庆市为例》，《教育发展研究》2012 年第 7 期。

学教师的全员通识培训，开展农村小学教师以及农村学校音乐、体育、美术、综合实践、信息技术、心理健康等市级专项培训，启动农村名师梯队建设工程，实施"国培计划中西部农村骨干教师培训项目"。[①] 三是着力提高教师待遇。从 2008 年起，全市安排专项资金 9.3 亿元，对 20 万农村中小学教师每人每月发放 300 元补贴。在农村代课教师中录用公办教师和招聘"特岗"教师共 1 万多名，结束了代课教师的历史。[②] 而且重庆率先在全国兑现义务教育学校教师绩效工资，在实施义务教育学校教师绩效工资改革中，全市 36 个区县根据学校条件艰苦程度，设立数量不等的农村学校教师特殊津贴，最高每月 450 元。兑现医疗保险、养老保险、住房公积金等福利待遇，落实边远贫困地区、高寒地区教师上浮一级工资的政策，启动实施非义务教育阶段教师绩效工资工作。

（六）完善教育资助体系

从 2008 年起，重庆市建立家庭经济困难学生资助体系，每年资助 400 多万学生，并将进城农民工子女、农村留守义务教育学生纳入教育保障范围。一是解决农民工子女、农村留守儿童的义务教育问题。2007 年 11 月，重庆市出台了《重庆市人民政府关于进一步推进义务教育均衡发展的意见》《关于进一步做好进城农民工子女、农村留守儿童接受义务教育工作的通知》等文件，建立起促进农民工子女、农村留守儿童接受平等教育的工作机制和经费保障机制、落实与市民同等待遇、明确各级政府和职能部门职责，基本形成了全社会关心、帮助、支持农民工子女和农村留守儿童接受教育的社会氛围。同时，进一步扩大进城农民工子女指定学校数，保证了农民工子女接受义务教育的所需条件。二是改革普通高中招生制度。坚持普通高中联合招生与高中招生指标分配到校相结合招生制度。市教委直属中学面向"两翼"各区县分配高中计划内招生指标。各区县所属重点高中计划内招生指标按不低于 70% 的比例合理分配到辖区内初中学校。

---

① 黄炳辉：《城乡教育统筹　重庆为农村学生"上好学"助力》，2012 年 9 月，中国新闻网。

② 重庆市教委：《重庆市统筹城乡教育发展的主要做法及成效》，2008 年 6 月，http://www.cq.gov.cn。

令人欣喜的是，2009 年国务院 3 号文件强调"支持重庆建设国家统筹城乡教育综合改革试验区"，把重庆统筹城乡教育综合改革试验上升为"国家级试验区"，推进统筹城乡教育综合改革试验。改革试验的战略方向重点在基础教育、职业教育、高等教育统筹发展，重中之重是农村教育，特别是农村义务教育。一是要把构建城乡一体化的公共教育服务体系作为战略着眼点，逐步消除城乡教育二元结构，实现城乡公共教育均等；二是把创新统筹城乡教育发展的体制机制作为关键突破点，通过改革试验，为统筹城乡教育发展提供制度与政策保障；三是把加快发展农村教育作为根本立足点，加大农村教育投入，深化农村教育改革，推动农村教育发展上一个新台阶；四是把改善农村办学条件作为基本着力点，加快农村学校硬件、软件建设，实现城乡学校办学条件的基本均衡；五是把提高农村教育质量作为主要支撑点，抓好农村教师素质的全面提高，创建一批农村特色学校，使农村学生也能受到高质量的教育。①

对城乡教育统筹而言，其应属于政府教育统筹治理的措施性政策。在以上对城乡教育统筹框架分析以及对重庆市推进城乡教育统筹的成功经验的梳理的基础上，根据政府治理理论和政府教育统筹治理概念，笔者从政府的角度提出城乡教育统筹的一些具体建议。

二 城乡教育统筹的具体建议

如果说地区间的教育差别需要国家宏观政策调控、削减，在短时期内很难改变，那么同一区域内的城乡教育差别却可以通过城乡教育一体化的整体设计、区域教育发展的整体规划而得以较快改变、削减。在国家做好城乡教育统筹战略部署的基础上，关键在于地方政府对地区教育的统筹规划，需要地方政府具有革新精神，制定出切实可行的具体政策措施，并加以有效执行。

（一）统筹城乡教育要素

针对我国现阶段城乡教育发展中出现的问题，政府要从以下方面进行统筹治理。

---

① http://www.moe.edu.cn/edoas/website18/89/info1240969223515489.htm.

1. 统筹城乡教育管理

"以县为主"的教育管理体制，明确了区县一级对于地区教育事业的责任，有利于县（区）域内统筹改革的实施和推进，但是不能解决县（区）域之间的城乡教育不平衡问题。所以，建议中央（教育部）和省级政府成立城乡教育统筹协调办公室，专项负责城乡教育统筹的规划设计、监督检查、奖惩考核。教育发达地区与教育欠发达地区之间的教育统筹协调工作，以中央财政为主，同时配套省级财政，确定地区之间双向交流中的资金分摊机制，建立地区间教育捆绑劳动评价制度；发达区县与教育弱势区县之间的教育协调工作，以省公共财政为主，同时配套区县财政，确定区县双向交流中的资金分摊机制，建立县（区）域间教育捆绑联动评价制度。

另外，建议建立政府部门联席会议制度，教育行政部门与公安部门齐抓共管，做好流动人口子女和留守儿童管理工作，与规划和建设部门做好标准化学校、寄宿制学校的建设工作，与编办和人事部门做好教师编制统筹工作等。

2. 统筹城乡教育经费

城乡教育经费主要从三个方面来统筹：

一是政府经费投入统筹。笔者建议从中央到地方建立监督、检查、问责制度，在确保教育经费国家和地方稳定投入的基础上，确保教育经费的"三个增长"[①]，将对落实教育经费"三个增长"的考核结果作为对相关人员的政绩考核和晋升的重要依据。

二是经费分配统筹。在城乡教育经费分配上向农村倾斜，加大对农村教育的投入，不断提高新增教育经费用于农村的比例。针对"以县为主"不能有效解决省区域内投入不平衡的问题，建议加大省（直辖市）财政对区县教育投入专项转移支付的力度，加快解决农村"普九"欠债的步伐，完善农村教师工资福利保障措施，各省（直辖市）在财力允许的前提下争取自主设置农村学校、边远学校教师岗位津贴，争取

---

① 1995 年颁布的《中华人民共和国教育法》第五十五条规定：各级政府教育财政拨款的增长应高于财政经常性收入的增长，并使在校学生人数平均的教育费逐步增长，保证教师工资和学生平均公用经费逐步增长。这项规定被通俗地称为教育经费的"三个增长"。

城乡教师同工同酬。鉴于城乡生均教育经费、生均预算内教育经费，特别是生均公用经费和生均预算内公用经费等方面差距较大的现状，建议实行城乡学校同一标准。

三是吸引社会资金。建议建立政府与社会企业、非政府组织机构和个人的合作机制，政府做好相关服务、监督工作，保证投资者的合法利益，吸引社会资金主要来发展农村教育，尤其是农村幼儿园教育、职业教育和非正规学校培训教育。

3. 统筹城乡教育布局

针对当前农村学校布局调整过程中存在的"一刀切"的问题[①]，建议要畅通教师、学生和家长三方治理主体对于布局改革的参与、反馈和检验渠道，制定并实施合理、民主的布局方案听证研讨程序，从政策层面上首先破除以前城乡教育布局设计基本是由教育行政部门一元主体决定的决策行为惯性，提升家长、教师和学生等其他教育主体对布局调整的参与性与合理性认同。

同时，坚持因地制宜原则。区县政府作为核心治理主体应在充分尊重人民群众聚居特征的前提下，根据当前基础教育阶段学龄人口逐步下降的总体趋势，进一步深化基础数据调研，做好人口数量和布局结构的科学预测，通盘考虑城乡教育各方面具体实际，按照"小学就近入学、初中相对集中"的原则，在布局调整中应灵活采用包括完全合并式（即两校或多校完全合而为一）、兼并式（即一所学校兼并另一所或另几所学校）、交叉式（即几个年级在甲村，另几个年级在乙村）、集中分散式（即一所中心学校带几个教学点）[②]在内的多种调整样式，适度有效地改扩建或撤并城乡义务教育学校。对于农村学生上学远的问题，建议采取建设寄宿制学校和发展校车"两条腿走路"的措施。

充分利用在调整中遗留的乡镇闲置校产，将其作为新农村建设的文化阵地，可以用来开办农村社区幼儿园、农村成人学校、农村社区教

---

① 目前，农村学校布局调整主要是撤点并校和寄宿制学校建设，在这个过程中出现了加重农民负担、学生缺少亲情教育、学生上学路途远等问题，据笔者所了解，有的地方还出现了学生安全问题。

② 吴宏超、赵丹：《农村学校合理布局标准探析——基于河南省的调查分析》，《教育发展研究》2008 年第 11 期。

育，也可以用来开办农村图书馆（室）。

职业教育布局应结合区域产业发展实际和市场需求尽量靠近产业基地，采取整合和重组的形式，建好区县职业教育中心。

4. 统筹城乡教育师资

教育大计，系于教师。师资统筹是城乡教育统筹发展的核心，是统筹城乡教育综合改革中治理层级最多、难度系数最大的因素。因为师资统筹相较于其他教育资源，是活生生的理性经济人。

对政府而言，统筹城乡教育师资应从师资配置、培训、交流、激励等方面进行"一条龙"统筹。

第一，师资配置。城乡师资配置应坚持一体化，特别是政府在一次分配中要坚持公正原则，城乡一视同仁，而不是依靠二次分配来微调。针对目前师资队伍超编与缺编并存、大学生难进与不合格教师难出[①]等诸多问题，应完善普通中小学编制配置和管理办法，实行城乡学校同一标准，在核定总编制内向农村地区倾斜；完善中职学校、高校教师聘用制度，中职学校实行专业教师特岗、特聘、特邀制度。目前，还应继续完善农村"特岗"教师制度。

第二，师资培训。针对目前师资培训中的重城市轻农村、重基础教育轻职业教育和成人教育、重中学轻小学的问题，以及农村师资培训过程中出现的培训次数少、级别低、方式单一、形式化倾向严重、实效性不强、教师满意度低、老教师和代课教师几乎没有培训的机会等问题[②]，笔者建议：①国家要尽快制定具有可操作性的教师继续教育法规，对继续教育的经费的来源、机构的设立、考核的办法、合格证的认定、不同的教师在什么情况下接受什么样的培训等都应有明确的规定。应尽快将我国教师的继续教育纳入法制化的轨道，使教师培训具有强制性、严肃性、稳定性和实效性。②可以考虑让教育主管部门和继续教育机构向教师公开继续教育的相关信息（包括继续教育的方式、内容、时间、地点等），适当将教师继续教育的选择权交给教师，由学校和教

---

①　于伟、张力跃、李伯玲：《我国欠发达地区农村教师队伍建设中的结构性困境和超越》，《教育研究》2007 年第 3 期。

②　周晔：《农村教师继续教育：问题与政策建议》，《继续教育研究》2009 年第 9 期。

师根据自己的需要，自主地加以选择（包括选择继续教育机构），由校长组织管理教师外出接受继续教育，由县教育局联系教师继续教育的机构，负责监督、协调教师继续教育事宜。对于教师继续教育的考核，要改变谁教育谁考核谁发证的惯例，建议成立由教育专家和一线优秀教师组成的权威考核机构。③国家教育部门可以以通知、要求等形式规定教师的继续教育向中西部地区倾斜，向基层倾斜；各地教育主管部门要规定每年接受继续教育的不同学段、不同学校所在地的教师的大致比例。④在现有规定的基础上，要进一步立法保证教师继续教育经费占财政性教育投入的5%，或者生均公用经费的3%；教师继续教育专项经费不得挪作他用，可以采用分配继续教育经费额度或者发放继续教育券的形式，将教师继续教育经费落实到教师个人身上，县教育局和学校领导监督教师使用继续教育经费。⑤给老教师和代课教师提供培训的机会和条件。

第三，师资交流。统筹、协调、均衡城乡、区域和学校之间的师资力量，建立健全教师流动机制。国家政策要有意识地、主动地促使城市和发达区域的一部分高质量的教师补充到农村和欠发达地区，让一部分农村和欠发达地区的教师到城市和发达地区任教，"城镇支援农村、近郊支援边远、强校支援弱校"，定期将城市和强校的骨干教师和中青年教师交流到农村和薄弱学校任教的做法值得在全国推行。在农村和欠发达地区，建立教师"进得来、出得去"的合理流动机制和"留得住、待得长"的保障机制。

第四，师资激励。应提高教师待遇，实行并不断完善绩效工资制度，城乡教师同工同酬，并动态设置农村、边远学校教师岗位津贴，使农村教师平均收入略高于城市教师，在职称评定上教师中高级职称比例设置向农村学校倾斜，设立农村教师安居工程专项资金，在城镇建设农村教师廉租公寓，努力提高教师生活水平。①

5. 统筹城乡教育办学

对城乡教育办学治理中的办学条件，一是统筹城乡中小学危房改

---

① 李涛：《公平的基点：中国城乡教育统筹改革的路径思考》，《辽宁师范大学学报》（社会科学版）2009年第3期。

造，科学制定校舍维修长效机制；二是统筹城乡中小学标准化学校建设，尽快制定标准化学校建设标准，同时附带开展饮水工程、厕所改造工程、图书室建设工程和卫生室建设工程等；三是统筹实施城乡信息化建设工程，实施农村中小学远程教育工程，加快实现城乡校舍、设备、图书、师资、课程等共享及教改成果共享、教育信息共享。建议城市条件好的学校向其他条件相对差的学校开放、校舍资源在假期向社区开放，校际教育资源向社区、农村开放，依托农村中小学现代远程教育成立农民网校，使农村学校成为实现农民教育培训、技术推广、就业指导及政策咨询的重要基地。

加强学校办学体制改革，强化学校自主治学的能力，实施城乡学校特色化和协同发展建设工程，扩大政府对学校办学保障的覆盖面。积极引入社会资本发展民办教育，落实民办教育发展的各项优惠政策，创建民办教育资本运转和投融资体制，积极探索非义务教育阶段联合办学模式。强化职业教育在城乡统筹发展中的作用，探索职业教育城校互动、园校互动、集团化、连锁化办学新机制，推广实施一所城市高校或中职学校与多所农村职业学校结对发展的连锁办学模式，实施非义务教育阶段股份制办学试点工作。依托高校，建立农民工学院，以进城农民工为对象开展职业培训，毕业后经过考核可获得职业技能资格证书，加大农村劳动力的有效转移，服务统筹城乡。[①]

（二）不同类别教育的统筹重点

1. 学前教育

《教育规划纲要》提出了"基本普及学前教育"、"明确政府责任"和"重点发展农村学前教育"的统筹思路。"缩小城乡学前教育的发展差距已成为缩小城乡教育差距的重要任务。实现城乡学前教育发展的一体化无疑是教育发展的时代使命。"[②]当前，学前教育的薄弱点明显在农村，在不少农村地区，学前教育的发展迟缓落后，很多地方没有学前教育机构，即使设立了学前教育机构，大多数的设施、条件及师资状况

[①] 李涛：《公平的基点：中国城乡教育统筹改革的路径思考》，《辽宁师范大学学报》（社会科学版）2009 年第 3 期。

[②] 张乐天：《城乡教育一体化：目标分解与路径选择》，《复旦教育论坛》2011 年第 6 期。

也与城市差距悬殊。近两年来，农村学前教育的发展主要体现在规模和数量方面，新建了一批幼儿园，但教师队伍建设明显滞后。所以，城乡学前教育统筹的重点是加快农村学前教育发展。当前应重点统筹好农村学前教育发展的量与质，统筹好当前急需与后续发展。首先，加大对农村学前教育的财政投入，弥补历史欠账，建议尽快将学前三年教育纳入义务教育范围；其次，抓紧制定城乡一体的学前教育发展规划，为学前教育的发展制定时间表和路线图；另外，要尽快着手农村学前教师队伍建设，制定落实学前教师培养储备、准入、聘用、转岗交流等具体政策。

2. 义务教育

《教育规划纲要》提出巩固提高九年义务教育水平、推进义务教育均衡发展的战略设计和建立城乡一体化义务教育发展机制。当前，高水平高质量"普九"的"短板"主要在农村和少数民族地区，特别是西部地区的高原、高寒、山区、农牧和边疆地区。这表明，到 2020 年前以均衡为导向的统筹城乡义务教育的任务还相当繁重。现阶段农村义务教育中突出存在的优质教育资源缺乏问题实质上是结构问题、制度问题。如何进一步消解这种结构与制度障碍已成为促进城乡义务教育均衡发展和一体化发展的关键。[1] 城乡义务教育统筹的重点内容是均衡城乡义务教育资源配置，打破城乡义务教育资源配置的二元结构和二元制度，建立起城乡一体的制度，在这方面的统筹的最主要责任主体是各级政府。近几年，在国家一系列政策的关照下，城乡义务教育的硬件资源配置总体趋向公平，统筹城乡义务教育的重点应转向师资方面，着重解决城乡教师配置不均衡问题，制定一系列增强农村教师职业吸引力、保证优秀教师在农村长期从教的政策，建立有效的城乡教师交流制度及配套政策。

3. 高中教育

《教育规划纲要》提出"加快普及高中阶段教育"与"推进普通高中多样化发展"，这意味着，要加快农村高中学校的建设和提高农村学生升入高中的比例。城乡高中教育统筹的重点是加强城乡高中教育的互

---

[1] 张乐天：《城乡教育一体化》，《复旦教育论坛》2011 年第 6 期。

通共融，农村高中应尽快步入城乡教育统筹发展的互动阶段，即农村高中应更快摆脱城市高中同质化发展模式的观念影响，充分挖掘农村特色，办出具有与城市高中相互补充与互惠的自身特色，走多样化发展道路。具体建议如下：一是加强普通高中教育，扩大普通高中教育规模，尤其是扩大县镇及以下的普通高中教育规模；二是建立城乡高中教育发展结构评价制度，合理调整城乡普高和中职比例，建立适应社会发展的普通高中教育结构；三是完善普通高中学生培养评价制度，推动普通高中多样化发展；四是深化改革高考招生制度；五是国家应适时地将高中阶段的教育纳入义务教育范围。

4. 职业教育

《教育规划纲要》专门提到了要加快发展面向农村的职业教育，并将加强职业教育作为服务新农村建设的重要内容，同时要求加强基础教育、职业教育和成人教育统筹，促进农科教结合。实际上，职业教育的发展是最可能直接促进城乡社会统筹发展的。[①] 当前，城乡职业教育的发展依然存在较大差距。在不少农村地区，尤其是相对欠发达的农村地区，职业教育的发展和普通教育或基础教育相比处于弱势地位。所以，城乡职业教育统筹的重点是，搭建城乡职业教育的"立交桥"，从培养目标、办学模式、课程设置、师资建设的改革入手，把面向城市的职业教育和面向农村的职业教育更有机地结合起来，实现城乡职业教育的一体化。具体建议如下：一是完善区域职业教育统筹政策的制度安排，其重点在于区域城乡职业教育统筹，关键在于在城乡通盘考虑的思维框架下，推进职业教育各环节多方面的联动；二是建立完善重点发展农村职业教育的补偿性制度，构建以农村发展为重点，以城市支持农村、城市反哺农村的一系列的补偿性制度安排，实现城乡职业教育一体化。

5. 继续教育

《教育规划纲要》指出继续教育的重点在于构建起覆盖城乡且灵活开放的终身教育体系，加大和促进继续教育管理体制的统筹调整，广泛

---

① 一方面，职业教育生源的主体主要是农村新增劳动力，高水平的职业教育能够直接促进农村新增劳动力实现技能升级，从而为农村向城市化与新农村两个方向发展提供优秀的人力资本；另一方面，能够有效培养新型农民、进城务工人员和农村转移劳动力。

开展城乡社区教育，促进网络建设。国家终身教育体系是指向全体人民的"学有所教、学有所成、学有所用"的教育体系，这里的全体人民包含全体城市人和农村人。基本形成学习型社会自然意味着既要形成学习型的城市社会，也要形成学习型的农村社会。目前，农村社区的继续教育机构和设施都远不能满足农村居民继续教育的需求，所以，现阶段城乡继续教育统筹的重点是统筹扩大继续教育资源，在进一步促进城市继续教育发展的同时，大力发展农村继续教育，促进农村学习型社区的广泛形成。建议设置继续教育行政管理机构，加强与政府相关部门的协调，打破条块分割状态，整合城乡继续教育资源，合理调整城乡继续教育结构，在经费投入、城乡布局、城乡发展战略等诸多方面进行协调。①

---

① 周晔、王晓燕：《城乡教育统筹治理：概念与理论框架》，《教育研究》2014 年第 8 期。

参考文献

专著、论文集、学位论文及其他

1. 〔法〕布尔迪厄《文化资本和社会炼金术》，包亚明译，上海人民出版社 1997 年版。

2. 晏阳初、〔美〕赛珍珠：《告语人民》，广西师范大学出版社 2003 年版。

3. 劳凯声：《中国教育改革 30 年：政策与法律卷》，北京师范大学出版社 2009 年版。

4. 刘世清：《教育政策伦理》，上海教育出版社 2010 年版。

5. 李秉德：《教育科学研究方法》，人民教育出版社 2001 年版。

6. 〔美〕米尔斯：《社会学的想象力》，陈强、张永强译，生活·读书·新知三联书店 2001 年版。

7. 〔德〕卡尔·曼海姆：《意识形态与乌托邦》，黎鸣、李书崇译，商务印书馆 2000 年版。

8. 〔美〕迈克尔·W. 阿普尔：《意识形态与课程》，黄忠敬译，华东师范大学出版社 2003 年版。

9. 陈向明：《质的研究方法与社会科学研究》，教育科学出版社 2000 年版。

10. 马戎：《中国农村教育问题研究》，福建教育出版社 2000 年版。

11. 南京师范大学教科所教育系：《农村教育学》，人民教育出版社 1988 年版。

12. 吴畏、李少元：《农村教育整体改革研究》，山西教育出版社 1990 年版。

13. 张传燧：《中国农村教育学》，西南师范大学出版社 1994 年版。

14. 李少元：《农村教育论》，江苏教育出版社 2000 年版。

15. ［瑞典］胡森、［德］波斯尔思韦特：《国际教育百科全书》（第七卷），贵州教育出版社 1990 年版。

16. 国家教育委员会、中国联合国教科文组织全国委员会：《当代国际农村教育发展的改革大趋势（农村教育国际研讨会论文集上）》，教育科学出版社 1993 年版。

17. 国家教委办公厅：《改革中的中国教育——中国教育发展改革的实践与经验》，高等教育出版社 1993 年版。

18. 郭福昌、孙文正：《农村教育改革 20 年的回顾与展望》，北京师范大学出版社 1999 年版。

19. 廖其发：《中国农村教育问题研究》，四川教育出版社 2005 年版。

20. 何东昌：《中国农村教育综合改革的伟大实践——农村教育综合改革案例选编》，教育科学出版社 1993 年版。

21. 张焕庭：《教育辞典》，江苏教育出版社 1988 年版。

22. 袁振国：《教育政策学》，江苏教育出版社 1996 年版。

23. 孙绵涛：《教育政策学》，武汉工业大学出版社 1997 年版。

24. 成有信：《教育政治学》，江苏教育出版社 1993 年版。

25. 张乐天：《教育政策法规的理论与实践》，华东师范大学出版社 2002 年版。

26. 胡伟：《政府过程》，浙江人民出版社 1998 年版。

27. ［德］沃尔夫冈·布列钦卡：《教育科学的基本概念——分析、批判和建议》，胡劲松译，华东师范大学出版社 2003 年版。

28. 《辞海》，上海辞书出版社 1979 年版。

29. 马培芳、王琳：《农村教育综合改革研究》，甘肃教育出版社 1997 年版。

30. 国家教育委员会农村教育综合改革（燎原计划）办公室、天津市教育卫生委员会（燎原计划）办公室：《全国农村教育综合改革实验县概览》，教育科学出版社 1993 年版。

31. 国家教育委员会政策法规司：《十一届三中全会以来重要教育文献选编》，教育科学出版社 1992 年版。

32. 何东昌：《中华人民共和国重要教育文献（1949—1997 年）》，海南出版社 1998 年版。

33. 黄明东：《教育政策与法律》，武汉大学出版社 2007 年版。

34. ［美］史蒂文·凯尔曼：《制定公共政策》，商正译，商务印书馆 1990 年版。

35. Charles O. Jones，*An Introduction to the Study of Public Policy*，North Scituate，Ma：Duxbury Press，1977.

36. J. E. Anderson，*Public Policy-Making*，N. Y：Praeger Publishers，1975.

37. B. W. Hogwood and L. A. Gunn，*Policy Analysis For The Peal World*，Oxford University Press，1986.

38. 林水波、张世贤：《共政策》，五南图书出版公司 1982 年版。

39. 郑新立：《现代政策研究全书》，中国经济出版社 1991 年版。

40. 张金马：《政策科学导论》，中国人民大学出版社 1992 年版。

41. Nagel S. S. *Policy Studies—Integration and Evaluation.* New York：Greenwood Press，1988.

42. 朱志宏：《公共政策》，三民书局 1991 年版。

43. 刘复兴：《教育政策的价值分析》，教育科学出版社 2003 年版。

44. ［美］R. M. 克朗：《系统分析和政策科学》，陈东威译，商务印书馆 1987 年版。

45. 《中国统计年鉴（2000—2009 年）》。

46. 欧阳河等：《职业教育基本问题研究》，教育科学出版社 2006 年版。

47. 中国教育年鉴编辑部：《中国教育年鉴 2003》，人民教育出版社 2003 年版。

48. 中国教育事典编委：《中国教育事典》，河北教育出版社 1994 年版。

49. 袁桂林：《中国农村教育发展指标研究》，经济科学出版社 2009 年版。

50. 《中国农村统计年鉴 2001》，中国统计出版社 2001 年版。

51. 国家高级教育行政学院：《新中国教育行政管理五十年》，人民教育出版社 1999 年版。

52. 余永德：《农村教育论》，人民教育出版社 2000 年版。

53. 郭福昌：《教育综合改革的探索与实践》，人民教育出版社 1998

年版。

54. 王浦劬：《政治学基础》，北京大学出版社 1995 年版。

55. D. Easton, *The Public System*, New York：Knopf, 1953.

56. 张国庆：《现代公共政策导论》，北京大学出版社 1997 年版。

57. ［法］E. 迪尔凯姆：《社会科学方法的规则》，胡伟译，华夏出版社 1998 年版。

58. 陈振明：《政策科学》，中国人民大学出版社 1998 年版。

59. 沈承刚：《政策学》，北京经济学院出版社 1996 年版。

60. ［美］肯尼斯·阿罗：《社会选择与个人价值》，陈志武译，四川人民出版社 1987 年版。

61. 司马云杰：《文化价值论》，山东人民出版社 1990 年版。

62. 全国十二所重点师范大学：《教育学基础》，教育科学出版社 2007 年版。

63. 顾明远：《教育大辞典：第 6 卷》，上海教育出版社 1992 年版。

64. ［美］约翰·罗尔斯：《正义论》，何怀宏等译，中国社会科学出版社 1988 年版。

65. J. Bashler, *The Metaphysics of Natural complex*, Columbia University Press, 1966.

66. 景天魁等：《社会公正理论与政策》，社会科学文献出版社 2004 年版。

67. 孙彩平：《教育的伦理精神》，山西教育出版社 2004 年版。

68. 国家教育发展与政策研究中心：《发达国家教育改革的动向和趋势（第 2 集）》，人民教育出版社 1987 年版。

69. 余秀兰：《中国城乡教育差异》，教育科学出版社 2004 年版。

70. 毛泽东：《实践论》，《毛泽东选集》，人民出版社 1964 年版。

71. 联合国教科文组织：《学会生存——教育世界的今天和明天》，教育科学出版社 1997 年版。

72. 王一涛：《农村教育与农民的社会流动——基于英县的个案分析》，社会科学文献出版社 2008 年版。

73. 陆学艺：《当代中国社会流动》，社会科学文献出版社 2004 年版。

74. 联合国教科文组织：《教育——财富蕴藏其中》，教育科学出版社

1996 年版。

75. 徐勇：《乡村治理与中国政治》，中国社会科学出版社 2003 年版。

76. 袁桂林等：《农村初中辍学现状调查及控制辍学对策思考》，《中国教育学刊》2004 年第 2 期。

77. 李书磊：《村落中的国家——文化变迁中的乡村学校》，浙江人民出版社 1999 年版。

78. 国家教育行政学院：《基础教育改革新视点》，教育科学出版社 2003 年版。

79. ［英］米切尔·黑尧：《现代国家的政策过程》，赵成根译，中国青年出版社 2004 年版。

80. ［法］夏尔·德巴什：《行政科学》，葛智强、施雪华译，上海译文出版社 2000 年版。

81. ［法］亚当·斯密：《国民财富的性质与原因的研究（上卷)》，郭大力、王亚南译，商务印书馆 1972 年版。

82. ［美］布坎南：《自由、市场和国家》，吴良健译，北京经济学院出版社 1988 年版。

83. ［美］加里·贝克尔：《人类行为的经济分析》，王业宇、陈琪译，上海三联书店 1993 年版。

84. ［美］格林、沙皮罗：《理性选择理论的病变——政治学应用批判》，徐湘林、袁瑞军译，广西师范大学出版社 2004 年版。

85. ［美］艾伦·C. 艾萨克：《政治学：范围与方法》，郑永年等译，浙江人民出版社 1987 年版。

86. ［美］盖伊·彼得斯：《理性选择理论与制度理论》，何俊志、任军锋、朱德米译，天津人民出版社 2007 年版。

87. ［美］丹尼斯·缪勒：《公共选择理论》，杨春学等译，中国社会科学出版社 1999 年版。

88. ［美］尼古拉斯·亨利：《公共行政学》，项龙译，华夏出版社 2002 年版。

89. ［美］珍妮特·V. 丹哈特、罗伯特·B. 丹哈特：《新公共服务：服务而不是掌舵》，丁煌译，中国人民大学出版社 2004 年版。

90. 陶行知：《中国乡村教育之根本改造》（陶行知全集卷二），四川教育出版社 1991 年版。

91. 俞可平：《治理与善治》，社会科学文献出版社 2000 年版。

92. ［美］罗伯特·罗茨：《新的治理》，木易编译。

93. ［美］格里·斯托克：《作为理论的治理：五个论点》，华夏风译。

94. 杨冠琼：《政府治理体系创新》，经济管理出版社 2000 年版。

95. 张国庆：《行政管理学概论》，北京大学出版社 2000 年版。

96. ［法］皮埃尔·卡蓝默：《破碎的民主：试论治理的革命》，高凌瀚译，生活·读书·新知三联书店 2005 年版。

97. ［英］戴维·布莱克莱吉：《当代教育社会学流派》，王波译，春秋出版社 1989 年版。

98. 丁钢：《中国教育研究与评论（第 5 卷）》，教育科学出版社 2003 年版。

99. 游心超、余恭庆：《中国农村经济振兴的必由之路：农村教育综合改革与物质文明建设的研究》，人民教育出版社 1997 年版。

100. 国家教育委员会、中国联合国教科文组织全国委员会：《当代国际农村教育发展的改革大趋势》（农村教育国际研讨会论文集上），教育科学出版社 1993 年版。

期刊文章

101. 徐勇：《当前中国农村研究方法论问题的反思》，《河北学刊》2006 年第 2 期。

102. 中共浦北县委：《积极开展农村教育综合改革》，《中国教育学刊》1992 年第 2 期。

103. 陶西平：《全面推进农村教育综合改革》，《中小学管理》1993 年第 6 期。

104. 雷克啸：《探索、实践、开拓、创新——上海市嘉定区农村教育综合改革考察报告》，《教育研究》1994 年第 9 期。

105. 陈世楷、张海龙：《整体着眼单项突破——泸县农村教育综合改革的初步实践》，《中国教育学刊》1992 年第 3 期。

106. 万迪人：《新形势下对深化农村教育综合改革的思考》，《教育研究》1994 年第 2 期。

107. 赵家骥、杨东：《构建农村大教育体系——四川省乐山市农村教育综合改革的理论与实践》，《教育研究》1998 年第 5 期。

108. 刘纯：《关于佳木斯市农村教育综合改革的调查与思考》，《国家高级教育行政学院学报》2011 年第 3 期。

109. 赵其国、王龙飞、赵进华、马胜涛：《河北省顺平县农村教育综合改革调查》，《河北师范大学学报》（教育科学版）2000 年第 2 期。

110. 吴德刚：《中国农村教育综合改革十年回顾与展望》，《教育研究》1998 年第 8 期。

111. 张军凤、廖其发：《对我国农村教育综合改革现存问题的思考》，《成人教育》2005 年第 2 期。

112. 张军凤、廖其发：《推进农村教育科学发展的步伐——天津市静海县农村教育综合改革实践探索》，《成人教育》2011 年第 8 期。

113. 张家智：《欠发达地区农村幼儿教育存在的问题及对策——以安徽省某县农村学前教育综合改革为例》，《河南工业大学学报》（社会科学版）2013 年第 2 期。

114. 刘秀峰、廖其发：《对农村教育综合改革与统筹城乡教育综合改革关系的思考》，《教育学术月刊》2010 年第 3 期。

115. 邵晓枫、廖其发：《论农村教育综合改革与城乡教育均衡发展、城乡教育一体化的关系》，《河北师范大学学报》（教育科学版）2015 年第 6 期。

116. 张鹏：《对三教统筹的理解》，《成人教育》1989 年第 5 期。

117. 陈智祥：《立足解决地方性人才的供需矛盾 实行"三教"统筹》，《江西教育》1989 年第 2 期。

118. 刘桂文：《推进三教统筹 立足服务三农》，《职业教育为三农服务的新思路新模式——中国职业技术教育学会 2004 年学术年会论文集》，2004 年。

119. 张永晶：《深化教育改革的重要战略措施——集安县"三教"统筹、协调发展的尝试》，《教育与职业》1988 年第 9 期。

120. 黄宇：《三教统筹是农村教育改革的必然》，《东南学术》1991 年第 2 期。

121. 李少元：《谈三教统筹结合模式的选择》，《吉林教育科学普教研究》1997 年第 6 期。

122. 于龙斌：《三教统筹与农科教结合的历史局限性及其现代价值取向》，《中国成人教育》2004 年第 8 期。

123. 杨亚敏：《重新审视农村"三教"统筹的必要性》，《保山师专学报》2006 年第 1 期。

124. 贾建国：《新制度经济学视野中的农村"三教统筹"》，《教育与职业》2008 年第 21 期。

125. 兰惠敏：《论农村"三教统筹"困境的消解》，《长沙大学学报》2009 年第 6 期。

126. 嵇辉、郭婧：《农村"三教统筹"与农村劳动力的转移》，《安康师专学报》2006 年第 1 期。

127. 段作章、嵇辉：《三教统筹：农村剩余劳动力转移的"助推器"》，《徐州师范大学学报》（哲学社会科学版）2006 年第 6 期。

128. 李涛：《统筹城乡教育的实践探索》，《教育发展研究》2008 年第 20 期。

129. 刘秀峰：《论统筹城乡综合改革的要义》，《教育与教学研究》2010 年第 9 期。

130. 林克松：《城乡教育统筹的国际经验与本土实践》，《教育研究》2013 年第 3 期。

131. 李涛：《中国统筹城乡教育综合改革：统筹什么？改革什么?》，《西南大学学报》（社会科学版）2011 年第 5 期。

132. 郝志峰：《重庆推进城乡教育统筹发展的成效、问题与对策》，《教育发展研究》2008 年第 20 期。

133. 赵鑫：《统筹城乡教育发展中的思维误区及其对策》，《教育发展研究》2015 年第 7 期。

134. 李涛：《均衡城乡资源　凸显统筹特色》，《教育发展研究》2007 年第 10B 期。

135. 周晔：《农村"三教统筹"的成效检视与政策定性》，《当代教育与文化》2012 年第 3 期。

136. 王维平、赵斌：《政策分类的新思路与西部开发的政策供给》，《中国社会科学院研究生院学报》2003 年第 5 期。

137. 强海燕：《发展中国家的非正规教育及其对我们的启示》，《教育理论与实践》1987 年第 1 期。

138. 宋广文、吴黛舒：《试论学校教育对非正规教育的有效控制》，《教育研究与实验》1995 年第 1 期。

139. 陈乃林、孙孔懿：《非正规教育与终身教育》，《教育研究》2000 年第 4 期。

140. 顾晓波：《成人非正规教育概念、背景及若干思考》，《职教论坛》2005 年第 11 期。

141. B. Barry，D. W. Rae，"Political Evaluation"，*Handbook of Science* (*Melon Park, calif.*)，Vol. 1，No. 2，1975.

142. 肖远军、李春玲：《政策评价概念探析》，《理论探讨》1995 年第 2 期。

143. Douglas E. Mitchell. "Six Criteria for Evaluating State – Level Education Policies"，*Education Leadership*，Vol. 4，No. 14，1986.

144. 王春福：《试论政策评价及其标准》，《学术交流》1993 年第 3 期。

145. 李伟涛：《我国教育政策评价中的三个难题及其对策》，《上海教育科研》2006 年第 2 期。

146. 陈绍芳：《主体价值取向在政策评价中的作用》，《理论探讨》2002 年第 2 期。

147. 张玉林：《2004 中国教育不平等状况蓝皮书》，《校长月刊》2005 年第 5 期。

148. 邬志辉：《农村义务教育质量至关重要》，《教育研究》2008 年第 3 期。

149. 周晔：《农村教师继续教育：问题与政策建议》，《继续教育研究》2009 年第 9 期。

150. 王欢：《我国农村职业教育资源配置主要问题探析》，《教育发展研究》2012 年第 1 期。

151. 陈非亚：《我国农村成人教育发展中的"瓶颈"问题与对策》，《河南广播电视大学学报》2003 年第 4 期。

152. 郭炳德：《我国当前成人教育面临的问题与对策》，《成人教育》1999 年第 5 期。

153. 李飞燕:《加快发展我国农村成人教育事业》,《生产力研究》2002 年第 5 期。

154. 张德元:《中国农村职业教育和成人教育的现状与问题》,《职业教育研究》2005 年第 6 期。

155. 石非:《浅谈农村职业教育发展的现状及对策》,《甘肃农业》2009 年第 9 期。

156. 闻连利:《农村职业教育的现状分析和思考》,《教育发展研究》2010 年第 3 期。

157. 万迪人:《论农村教育综合改革的成功方略》,《教育研究》2001 年第 4 期。

158. 潘正云、彭水生:《论价值选择》,《浙江大学学报》1994 年第 4 期。

159. 劳凯声、刘复兴:《论教育政策的价值基础》,《北京师范大学学报》(人文社会科学版)2000 年第 6 期。

160. 孙绵涛、邓纯考:《错位与复归——当代中国教育政策价值分析》,《教育理论与实践》2002 年第 10 期。

161. 刘复兴:《教育政策价值分析的三维模式》,《教育研究》2004 年第 4 期。

162. James S. Coleman, "The Concept of Equality of Educational Opportunity", *Harvard Educational Review*, Vol. 38, No. 1, 1968.

163. 周晔、袁桂林:《教育的公正的发展与城乡教育差距问题——兼论教育政策的价值选择》,《教育科学研究》2009 年第 8 期。

164. 姜同河:《农村教育改革的新思路、新探索——全国深化农村教育改革呼兰县现场研讨会综述》,《教育探索》2002 年第 11 期。

165. 王本陆:《消除双轨制:我国农村教育改革的伦理诉求》,《北京师范大学学报》(社会科学版)2004 年第 5 期。

166. 王长乐:《教育方针的形态变化与教育本性的回归》,《西北师大学报》(社会科学版)2006 年第 4 期。

167. 萧宗六:《教育方针、教育政策和教育法规》,《人民教育》1997 年第 11 期。

168. 杨天平:《论教育方针的基本规律》,《浙江师大学报》(社会科学版）2001 年第 1 期。

169. 蔡中宏：《新中国教育方针嬗变的考察与反思》，《兰州大学学报》（社会科学版）2005 年第 5 期。

170. 安宝珍：《我国教育目的价值取向的分析思考》，《中北大学学报》（社会科学版）2006 年第 6 期。

171. 李孔珍、洪成文：《教育政策的重要价值追求——教育公平》，《清华大学教育研究》2006 年第 6 期。

172. 孙中民：《效率 VS 公平：我国教育政策价值取向的反思》，《学理论》2009 年第 2 期。

173. 周晔：《应该培养什么样的人——对农村基础教育培养目标的思考》，《中国农村教育》2008 年第 12 期。

174. 周晔：《从"二元割裂"走向"一体化"——再论农村基础教育的培养目标》，《教育学报》2009 年第 2 期。

175. 肖雪慧：《从根本上检讨教育政策——反思 1990 年代的教育》，《中国改革》2004 年第 12 期。

176. 刘尧：《农村教育目标的一元化与多元化》，《职业技术教育》（教科）2004 年第 4 期。

177. 葛新斌：《农村教育：现代化的弃儿及其前景》，《教育理论与实践》2003 年第 12 期。

178. 李艳、李双名：《简论农村教育的培养目标》，《学术交流》2005 年第 5 期。

179. 阎亚军：《论当前我国农村基础教育的目标定位——对一种目标定位的质疑》，《江西教育科研》2005 年第 1 期。

180. 陈敬朴：《教育政策城市倾向的要害及其特点》，《当代教育科学》2004 年第 20 期。

181. 姜岩、陈通、潘淑英：《加快发展我国农村教育，不断满足农民的教育需求》，《未来与发展》2006 年第 9 期。

182. 赵延东：《城乡流动人口的经济地位获得及决定因素》，《中国人口科学》2002 年第 4 期。

183. 周青：《农村职业教育办学目标定位的双重选择》，《经济与社会发展》2007 年第 2 期。

184. 赵耀辉：《中国农村劳动力流动及教育在其中的作用》，《经济》1997 年第 2 期。

185. 廖寅：《新技能：农民教育的主面——立足于广西新农村的调查与研究》，《广西财经学院学报》2009 年第 1 期。

186. 王平：《农民教育需求信息研究》，《现代农业科学》2009 年第 9 期。

187. 彭小霞：《公平视角下农民受教育权缺损及对策研究》，《内蒙古农业大学学报》（社会科学版）2010 年第 3 期。

188. 金燕、彭泽平：《新中国基础教育管理体制改革：历程、经验与启示》，《教育学术月刊》2016 年第 2 期。

189. 曾天山：《完善农村教育管理体制是发展农村教育的治本之策》，《教育研究》2003 年第 8 期。

190. 职业技术教育编辑部：《我国职业教育的办学和管理体制基本情况》，《职业技术教育》2001 年第 30 期。

191. 俞仲文：《职业教育管理体制须动大手术》，《西北职教》2009 年第 1 期。

192. 张爱国：《地方化：农村教育改革的目标与过程》，《教育研究》（农村教育增刊）1993 年第 2 期。

193. 张劲松：《论农村义务教育投入缺欠及其改善——一个委托—代理理论的模型分析》，《湖北社会科学》2008 年第 8 期。

194. 许华安、李建伟：《"理性经济人"：一个批判性考察》，《哲学动态》2007 年第 6 期。

195. 李文溥：《理性经济人假定的制度规范性分析》，《厦门大学学报》（哲学社会科学版）1999 年第 1 期。

196. 陈彬：《关于理性选择理论的思考》，《东南学术》2006 年第 1 期。

197. 倪星：《论寻租腐败》，《政治学研究》1997 年第 4 期。

198. 孔祥国：《委托—代理关系中的中国行政管理》，《求索》1996 年第 3 期。

199. 黄友珍：《论陶行知的乡村教育思想及现实意义》，《教师教育研究》2006 年第 4 期。

200. 王海棠：《农村教育改革的重新审视：三教统筹与农科教结合协调

发展》，《教学与管理》2014 年第 6 期。

201. 王晓辉：《关于教育治理的理论构思》，《北京师范大学学报》（社会科学版）2007 年第 4 期。

202. 徐勇：《Governance：治理的阐释》，《政治学研究》1997 年第 1 期。

203. 张成福：《责任政府论》，《公共行政》2000 年第 4 期。

204. 唐娟：《政府治理模式变迁：理论范式和实践绩效》，《行政与法》2004 年第 10 期。

205. 陆道平：《当代政府治理：模式与过程》，《西北大学学报》（哲学社会科学版）2006 年第 6 期。

206. 胡仙芝：《治理理论与行政改革》，《中国行政管理》2001 年第 1 期。

207. 张立荣：《当代中国政府治理范式的变迁机理与革新进路》，《华中师范大学学报》（人文社会科学版）2007 年第 2 期。

208. 包国宪、郎玫：《治理、政府治理概念的演变与发展》，《兰州大学学报》（社会科学版）2009 年第 2 期。

209. 程毅：《从单一垄断到多元互动：政府治理模式嬗变的多维视角》，《浙江学刊》2009 年第 3 期。

210. 劳凯声：《面临挑战的教育公益性》，《教育研究》2003 年第 2 期。

211. 李瑞昌：《统筹治理：国家战略和政府治理形态的契合》，《学术月刊》2009 年第 6 期。

212. 周晔：《城镇化背景下的农村教育新探》，《河北师范大学学报》（教育科学版）2013 年第 7 期。

213. 陈敬朴：《中国农村教育观的变革》，《东北师大学报》（哲学社会科学版）2001 年第 4 期。

214. 张乐天：《重新解读农村教育》，《教育发展研究》2003 年第 11 期。

215. 张晓霞：《农村基础教育改革质疑》，《云南师范大学学报》2007 年第 2 期。

216. 李少元：《城镇化的挑战与农村教育决策的应对》，《东北师大学报》（哲学社会科学版）2003 年第 1 期。

217. 张济洲、孙天华：《论农村教育目标定位的困境与出路》，《天津市教科院学报》2006 年第 1 期。

218. 陈敬朴：《彻底的农村教育改革将是农村的二次革命》，《国家教育行政学院学报》2004 年第 3 期。

219. 张斌贤：《教育历史：本性迷失的过程》，《清华大学教育研究》2003 年第 4 期。

220. 张济洲：《农村教育不能永远姓"农"——论城乡教育关系的现实定位》，《教育学术月刊》2008 年第 11 期。

221. 袁桂林：《我国农村学校教育诸政策评析》，《中国教育学刊》2009 年第 2 期。

222. 李少元：《城镇化对农村教育发展的挑战》，《中国教育学刊》2003 年第 1 期。

223. 余秀兰：《乡土化？城市化？——我国农村教育发展的困境与出路》，《江苏教育研究》（理论版）2008 年第 4 期。

224. 周晔：《城乡一体化视角下的农村职业教育的培养目标》，《教育与职业》2009 年第 23 期。

225. 陈希玉：《论城乡统筹》，《发展论坛》2003 年第 10 期。

226. 田美荣、高吉喜：《城乡统筹发展内涵及评价指标体系建立研究》，《中国发展》2009 年第 4 期。

227. 胡进祥：《统筹城乡发展的科学内涵》，《学术交流》2004 年第 2 期。

228. 张乐天：《新世纪以来我国城乡教育统筹发展政策之审思》，《南京师大学报》2014 年第 3 期。

229. 欧岚：《城乡教育统筹的问题与突破——关于重庆建设国家统筹城乡教育综合改革试验区的几点思考》，《重庆三峡学院学报》2009 年第 5 期。

230. 黄龙威、邹立君：《城乡教育统筹发展：目标、责任与监测》，《教育研究》2009 年第 2 期。

231. 陈坚：《内卷化：农村教育研究的新视角》，《教育发展研究》2008 年第 17 期。

232. 褚宏启：《教育制度改革与城乡教育一体化——打破城乡教育二元

结构的制度瓶颈》，《教育研究》2010 年第 11 期。

233. 周晔、王晓燕：《城乡教育统筹治理：概念与理论架构》，《教育研究》2014 年第 8 期。

234. 李涛：《公平的基点：中国城乡教育统筹改革的路径思考》，《辽宁师范大学学报》（社会科学版）2009 年第 3 期。

235. 邬志辉：《城乡教育一体化：问题形态与制度突破》，《教育研究》2012 年第 8 期。

236. 郝俊杰：《重庆推进城乡教育统筹发展的成效、问题与对策》，《西部论坛》2013 年第 5 期。

237. 李涛、邬志辉：《统筹城乡教育改革的实践探索——以重庆市为例》，《教育发展研究》2012 年第 7 期。

238. 吴宏超、赵丹：《农村学校合理布局标准探析——基于河南省的调查分析》，《教育发展研究》2008 年第 11 期。

239. 于伟、张力跃、李伯玲：《我国欠发达地区农村教师队伍建设中的结构性困境和超越》，《教育研究》2007 年第 3 期。

240. 张乐天：《城乡教育一体化：目标分解与路径选择》，《复旦教育论坛》2011 年第 6 期。

硕博论文

241. 王伟：《重庆市石柱土家族自治县农村教育综合改革发展模式研究》，硕士学位论文，西南大学，2012 年。

242. 包月红：《四川省农村义务教育经费投入不足的调查》，硕士学位论文，四川师范大学，2010 年。

243. 鞠冬莲：《农村中等职业教育现状分析与研究——基于江西省某县的个案调查》，硕士学位论文，江西师范大学，2007 年。

244. 王锋辉：《农村成人教育教师素质现状及提高对策的研究》，硕士学位论文，西南大学，2009 年。

245. 马福云：《二十世纪八十年代以来甘肃农村教育综合改革的回顾与反思》，硕士学位论文，西北师范大学，2005 年。

246. 孙艳霞：《教育政策道德性研究——义务教育城乡差距的归因与路径探索》，博士学位论文，东北师范大学，2006 年。

报纸文章

247. 《发挥各级政府的统筹协调作用 甘肃动员多方力量发展职业教育》，《中国教育报》1987 年 8 月 18 日第 1 版。

248. 朱世和、高文元、鞠庆友、张增伦、李国早：《平度教育的新格局——山东省平度县教育工作考察之五》，《中国教育报》1988 年 1 月 28 日第 2 版。

249. 闻志强：《甘肃动员多方力量发展职业教育》，《中国教育报》1987 年 8 月 18 日第 1 版。

250. 刘永曾、朱玲：《清水县教育形成为本地经济服务的新格局》，《中国教育报》1987 年 11 月 28 日第 1 版。

251. 何东昌：《十二大指明了开创教育事业新局面的道路》，《人民日报》1982 年 10 月 3 日第 1 版。

252. 温家宝：《百年大计 教育为本》，《人民日报》2009 年 1 月 5 日第 01 版。

253. 刘志强：《重庆：城乡统筹 教育先行》，《人民日报》2012 年 8 月 29 日第 05 版。

网络

254. 中华人民共和国教育部网站：http://www. moe. edu. cn/。

255. http://www. chinanews. com. cn/edu/edu-jygg/news/2009/08 – 04/1803105. shtml.

256. 教育部：《农村教育经费投入依然不足》，2013 年 10 月 15 日，http://roll. sohu. com/20131015/n388247646. shtml。

257. 《教育部 2006 年第 4 次新闻发布会散发材料（4）》，http://www. edu. cn/article/20060509/3188956. shtml。

258. 中国统计信息网：http://tjcn. org/tjgb/201001/3150_ 2. html。

259. http://www. china. com. cn/news/edu/2009 – 12/22/content_ 19108300. htm.

260. http://news. qq. com/a/20050720/001170. htm.

261. http://news. sina. com. cn/c/2005 – 08 – 11/16006668044s. shtml。

262. http：//www. moe. edu. cn/edoas/website18/89/info1240969223515489. htm.

263. 重庆市教委：《重庆市统筹城乡教育发展的主要做法及成效》，2008 年 6 月 10 日，http：//www. cq. gov. cn。

264. 黄炳辉：《城乡教育统筹　重庆为农村学生"上好学"助力》，中国新闻网，2012 年 9 月 16 日。

265. 重庆市教委：《重庆市统筹城乡教育发展的主要做法及成效》，2008 年 6 月 10 日，http：//www. cq. gov. cn。

266. http：//www. moe. edu. cn/edoas/website18/89/info1240969223515489. htm.

后　记

　　西部农村贫困家庭的出身，注定了我关注农村、关注弱势群体的情结，也在一定程度上决定了我的学术立场和性格，甚至决定着我的人生和学术道路选择。选择农村教育的研究方向，始于十年前我在西北师范大学教育学院攻读教育学硕士学位期间。十年时光荏苒，我的学术兴趣始终没有脱离农村教育。

　　书稿是在我博士学位论文基础上，对农村教育长期思考的结果。近二十万字的书稿，不是我一个人的成果，许多人共同赋予它份量。在此，我必须感谢：

　　感谢博士生导师袁桂林先生。2007 年，怀揣梦想与狂傲，开始就读北京师范大学教育学原理专业，师从袁桂林教授，攻读教育学博士学位。我博士学位论文的选题、定题、研究的开展与论文的写作，先生都给予了悉心的指导；论文最艰难的时候，先生的鼓励坚定了我的信心；一次次和先生的讨论，有时甚至是争论，使我对研究中的问题有了更清晰的认识。三年期间，先生对我亦师亦友，严慈相济，教我做人做学问。博士毕业后，经常和先生交流讨论。先生的教诲，我当铭记。

　　感谢朱小蔓教授、劳凯声教授、郑新蓉教授、檀传宝教授、刘复兴教授和石中英教授。感谢各位老师在上课期间给予我学术启发与灵感，感谢对我博士论文的建议和指导。

　　感谢西北师范大学教育学院的李瑾瑜教授、张学强教授，他们对我的博士学位论文提出了宝贵的意见和建议。

　　感谢我的博士生同学。张宁娟、孙艳霞、李敏、周生芳、王舟、李醒东、贾建国、陶圣琴、邝红军、冯婉桢、叶飞、王晓燕、莫丽娟、郭靖、钟晓玲、段会东、常宝宁给予我了很大的鼓励和帮助。

感谢我的硕士研究生。贾秉权、孙德冲、张文斌、陈立焕、付翠和赵宁，帮我查找资料，校对书稿。

感谢家人。父母含辛茹苦，辛勤劳作，竭尽所能解决了我求学和生活中的后顾之忧，让我能够安心学业，专心研究，撰写论文。妻子张海燕，给于我全心全意的照顾和支持。

还要感谢中国社会科学出版社的罗莉编审和刘艳编辑对书稿提出的宝贵意见。

书稿是十年来我对农村教育关注的一个小结，因个人能力有限，书中定有不少瑕疵和不成熟之处，我将在以后不断努力完善。在此，也恳请学界同仁和读者批评指正。

周　晔

2016 年 7 月

于西北师范大学